TESTEMUNHOS
DE CHICO XAVIER

Suely Caldas Schubert

TESTEMUNHOS
DE CHICO XAVIER

Copyright © 1986 by
FEDERAÇÃO ESPÍRITA BRASILEIRA – FEB

5ª edição – 1ª impressão – 2 mil exemplares – 1/2020

ISBN 978-85-9466-026-8

Todos os direitos reservados. Nenhuma parte desta publicação pode ser reproduzida, armazenada ou transmitida, total ou parcialmente, por quaisquer métodos ou processos, sem autorização do detentor do *copyright*.

FEDERAÇÃO ESPÍRITA BRASILEIRA – FEB
SGAN 603 - Conjunto F - Avenida L2 Norte
70830-106 – Brasília (DF) – Brasil
www.febeditora.com.br
editorial@febnet.org.br
+55 61 2101 6198

Pedidos de livros à FEB
Comercial
Tel.: (61) 2101 6155/6177 – comercial@febnet.org.br

Dados Internacionais de Catalogação na Publicação (CIP)
(Federação Espírita Brasileira – Biblioteca de Obras Raras)

S384t	Schubert, Suely Caldas, 1938–
	Testemunhos de Chico Xavier/ Suely Caldas Schubert. – 5. ed. – 1. imp. – Brasília: FEB, 2020.
	484 p.; 21 cm
	Inclui índice geral
	ISBN 978-85-9466-026-8
	1. Xavier, Francisco Cândido, 1910–2002. 2. Espiritismo 3. Espíritas – Brasil – Correspondência. I. Federação Espírita Brasileira. II. Título. III. Coleção.
	CDD 133.9
	CDU 133.7
	CDE 90.02.00

À prezada irmã e distinta escritora Suely Caldas Schubert a cuja nobre inspiração e grande bondade passamos a dever os esclarecedores comentários que muito nos sensibilizaram e instruíram nos textos deste livro, a homenagem do meu reconhecimento, rogando a Jesus continue a protegê-la e abençoá-la sempre em sua elevada missão de Paz e Amor, em nossa Seara de Luz, sempre reconhecidamente
Chico Xavier
Uberaba, 27-3-87

Sumário

Prefácio 11
Apresentação 18

1 Originais do livro – O mandato mediúnico (7-12-1943) 24
2 Controle doutrinário das publicações (9-12-1943) 29
3 Pescador – Pescaria – Cartão-Postal (23-12-1943) 32
4 Cartas escritas com lágrimas – Não devemos desagradar a
   ninguém (23-11-1944) 34
5 Boatos da confusão – Vendido à FEB (12-2-1945) 40
6 Surge "Irmão X" – O caso Humberto de Campos (2-3-1945) 44
7 Lutas contra as restrições – Fechamento da FEB (6-4-1945) 53
8 Art. 282 e 284 do Código Penal Brasileiro – Política (26-4-1945) 59
9 Se Jesus cobrasse direitos autorais – Livros infantis (30-3-1946) ... 66
10 Veneranda – Livros infantis (9-4-1946) 73
11 Alto preço dos livros (14-4-1946) 78
12 Emmanuel, pregador de cartazes do Reino (21-4-1946) 81
13 Preocupação de Chico Xavier quanto ao avanço da
   Doutrina – O seu trabalho (31-7-1946) 84
14 Toda tempestade é transitória (15-9-1946) 97
15 O que é prioritário – Fotografias (25-9-1946) 99
16 Mãos amigas no trabalho espiritual (29-9-1946) 103
17 Surge André Luiz – Detalhes de *Missionários da luz* e da
   obra de André Luiz (12-10-1946) 106
18 Aula de Emmanuel sobre os Evangelhos (15-10-1946) 118
19 Perda de originais (24-10-1946) 122
20 Mandato mediúnico (31-10-1946) 124
21 Visitas perturbadoras (10-11-1946) 127
22 Dificuldades (24-11-1946) 129
23 O impossível na obra de Wantuil de Freitas (21-12-1946) 131

24	*Síntese de o novo testamento* (27-12-1946)	133
25	Aprender o Esperanto (15-1-1947)	135
26	Chico desiste do legado de Frederico Fígner (30-1-1947)	137
27	Acusações por ter desistido da herança (12-3-1947)	143
28	Trecho de Roustaing, em *Brasil* (25-3-1947)	146
29	Caso Marcelo – Zêus (7-4-1947)	150
30	Comentários diversos (15-4-1947)	156
31	Mudanças no *Parnaso* – O que é o *Parnaso* (3-5-1947)	158
32	Doença de Wantuil (28-5-1947)	163
33	Visita de políticos – A fama (25-6-1947)	165
34	Nosso serviço é de construção (14-8-1947)	169
35	Recusa ajuda para os sobrinhos – Problemas das juventudes – Divisões (21-8-1947)	174
36	Cuidado com o livro mediúnico – Coerência entre a obra de Chico Xavier e a Codificação – Três fases distintas de sua obra (24-8-1947)	181
37	Leis das manifestações (30-8-1947)	191
38	Fluidos venenosos – Vergastadas por servir à causa (15-9-1947)	196
39	Necrológio – Consultas em nome de Chico Xavier (28-10--1947)	202
40	Critérios da FEB – Corrigir com amor (29-10-1947)	205
41	Adversários – Amigos estimulantes (10-11-1947)	212
42	Considerações sobre os adversários – Os verdadeiros espíritas (13-11-1947)	216
43	Cinco livros novos – Fígner promete escrever (22-11-1947)	219
44	A questão das visitas (27-12-1947)	222
45	O nosso Deus é um fogo consumidor (4-1-1948)	225
46	Luz espiritual de cada um (28-1-1948)	230
47	Significado de *Luz acima* (26-2-1948)	234
48	Ouvir o Plano Espiritual (18-3-1948)	238
49	Livrar-se do desânimo (25-3-1948)	239
50	Declaração aos jornalistas (9-4-1948)	244

51	Congelamento de mãos nos serviços de passe – Cenas de um crime (12-6-1948)	246
52	Papel de palhaço (18-7-1948)	250
53	Visita de jovens à Cidade do Livro (28-7-1948)	253
54	Cessão dos direitos autorais – Endeusamento (15-8-1948)	255
55	Responsabilidade de Wantuil (27-10-1948)	258
56	A maior contribuição deste século (11-11-1948)	261
57	I Congresso de Unificação – A obra de André Luiz – Cartas insultuosas (18-11-1948)	266
58	Um sonho que se realizou (25–11-1948)	269
59	Chegar ao fim é crucificar-se (9-12-1948)	275
60	Não há problema insolúvel (28-1-1949)	278
61	Perder o perispírito (9-3-1949)	281
62	*Libertação* – Referência ao *Voltei* (13-3-1949)	288
63	Jacob e Marta (18-3-1949)	293
64	Novas referências sobre *Voltei* (24-3-1949)	295
65	Polêmicas (10-5-1949)	297
66	O outro André Luiz (15-12-1949)	299
67	Incenso do mundo (11-1-1950)	302
68	Novos médiuns (23-2-1950)	305
69	Só os inúteis não possuem adversários (22-4-1950)	308
70	Incentivos a Wantuil (2-8-1950)	311
71	A Casa de Ismael (21-8-1950)	313
72	O cão Lorde (25-1-1951)	315
73	Ataques – Silenciar – A lição de Kardec (14-2-1951)	318
74	Unificação – Dia da morte (15-3-1951)	321
75	José Bonifácio e Rui Barbosa (19-7-1951)	324
76	O casamento de Chico Xavier (28-7-1951)	327
77	Certas cruzes – Marteladas (1-1-1952)	331
78	Insultos ao médium (23-10-1952)	340
79	Novo romance (1-3-1953)	342
80	Emoções com o *Ave, Cristo!* (28-5-1953)	343

81	Preconceito – Redenção (27-6-1953)	345
82	Fé na vanguarda (10-9-1953)	349
83	Trabalho exige harmonia – *Ave, Cristo! (24-9-1953)*	352
84	Investigadores do trabalho de Chico Xavier (26-11-1953)	356
85	Autorização para retirar poesias do *Parnaso (18-6-1954)*	359
86	Cansaço, não desânimo – Acerca de *F. Xavier (3-10-1955)*	367
87	Ramiro Gama e os *Lindos casos de Chico Xavier (16-10-1955)*	373
88	Levar ao ridículo (12-11-1955)	375
89	*Nas telas do infinito* (28-11-1955)	378
90	Yvonne Pereira (5-12-1955)	381
91	*Memórias de um suicida (12-12-1955)*	383
92	Novas referências sobre Yvonne Pereira (14-1-1956)	387
93	Visita inesperada (11-6-1957)	389
94	Primeira referência a Waldo Vieira – Médiuns para o trabalho (28-8-1957)	391
95	Esperança no novo companheiro (16-9-1957)	396
96	Bofetões no rosto (25-11-1957)	399
97	Sorrir para isso ou aquilo (12-2-1958)	406
98	Desdobramento (14-3-1958)	409
99	*Evolução em dois mundos (10-12-1958)*	413
100	Mudança para Uberaba (22-4-1959)	427
101	*Mecanismos da mediunidade* – O estilo de Emmanuel (23-9-1959)	432
102	Surge Hilário Silva (4-3-1960)	440
103	*Almas em desfile (30-9-1960)*	443
104	*Antologia dos imortais (27-5-1963)*	446
105	Livros doados à C.E.C. (29-6-1964)	452
106	Desobsessão (4-8-1964)	454

Palavras finais 461
Índice geral 468

PREFÁCIO

Quando Wantuil de Freitas assume a Presidência da Federação Espírita Brasileira, as Portarias policiais ainda vigoravam, constrangendo as instituições espíritas a cumprirem exigências descabidas, em desacordo com a liberdade de culto existente no País. Wantuil lançou-se, então, à luta, para que o Espiritismo tivesse a igualdade de direitos concedidos às demais religiões (Testemunhos de Chico Xavier, p. 59).

Antônio Wantuil de Freitas não quis continuar concorrendo à reeleição para o cargo de Presidente da Federação Espírita Brasileira, em agosto de 1970, por motivo de saúde e de sua avançada idade, desencarnando em 11 de março de 1974.

Por várias vezes conversamos com o antigo Presidente — cuja experiência era enorme, haja vista que foi Diretor da FEB por trinta e quatro anos consecutivos, sendo os últimos vinte e sete no posto máximo — sobre assuntos de interesse do trabalho espírita, no Movimento, e sobre questões ligadas notadamente às atividades que estávamos exercendo na *Casa-Mater* do Espiritismo no Brasil.

Numa tarde, em sua residência, disse-nos Wantuil o seguinte:

> Thiesen, quero que saiba que se existe o Departamento Editorial, que você está administrando por delegação do atual Presidente, Armando de Oliveira Assis, devemo-lo, em grande parte, à existência de um homem sem o qual a obra do livro espírita talvez não tivesse prosperado — Francisco Cândido Xavier.

E, depois de estender-se em considerações interessantes quanto ao livro espírita, aduziu:

> Quero recomendar-lhe, com os olhos voltados para o futuro, que entenda habitualmente as hostilidades e ataques à Federação com a maior naturalidade, e sempre que acusações nos sejam endereçadas, não se preocupe em a elas responder, porque a nossa Casa está suficientemente preparada para resistir ao assédio de adversários gratuitos, graças à sua experiência quase secular. Mas, se porventura formos levados a defender-nos, evitemos expor o médium a dificuldades a que ele, como homem, compreensivelmente talvez não possa resistir por longo tempo. Preservá-lo, portanto, é para nós simples dever.

* * *

Ocorrida a desencarnação de seu pai, Zêus, Wantuil entregou à Federação os livros e papéis que o ex-presidente ainda conservava em seu poder. Como se sabe, Wantuil havia transformado parte de sua residência no escritório central do qual comandava todos os labores febianos.

Zêus, no entanto, consultou-nos sobre se devia também entregar, ou não, as cartas dirigidas a A.W. de Freitas por Chico Xavier e por algumas outras personalidades. Pensara mesmo, num primeiro momento, em incinerá-las, com o louvável propósito de prevenir divulgações extemporâneas de documentos não suficientemente analisados e explicados, caso caíssem em mãos de pessoas descomprometidas com os altos fins da Doutrina, do Movimento Espírita e da Casa de Ismael. Sugerimos-lhe, na oportunidade, que no-las confiasse à guarda, esperando o desenrolar dos acontecimentos e os conselhos do tempo.

Foi assim que nos tornamos depositários desse acervo de imenso valor. Levando em conta os alvitres de Wantuil e a confiança com que Zêus nos honrou, poucas vezes estampamos em cartas de Chico Xavier e de outros confrades, só o fazendo quando esse procedimento podia ser útil aos leitores para sua melhor elucidação a respeito da linha doutrinária da Federação, para esclarecimento de fatos históricos da Unificação ou para dirimir dúvidas de vulto.

Selecionadas, mais tarde, em dois grupos, as cartas principais tiveram seu arquivo acompanhado de indicações, peça por peça, de seus conteúdos. Oportunamente, excertos dessas missivas foram datilografados e com eles formamos um volume de regular proporção. Pensávamos em escrever um livro, mas o considerável trabalho administrativo e a precariedade da resistência física cedo nos demoveram desse intuito.

Mantendo-nos no propósito de dar à publicidade alguns tópicos dessa correspondência, já que o tempo e as circunstâncias atuais afastaram, em grande parte, os temores referidos por Wantuil, deveríamos designar, como de outras vezes o fizemos, alguém para realizar a tarefa. A escolha recaiu na pessoa de Suely Caldas Schubert, dedicada médium e estudiosa da mediunidade há longos anos. Era necessário, segundo pensávamos, que o trabalho fosse executado por quem estivesse familiarizado com a teoria e a prática da Doutrina Espírita e com os assuntos e fatos gerais do Movimento; que bem conhecesse a pessoa e a obra de Chico Xavier; que estivesse, para maior facilidade de consultas e contatos, ligado à Administração da Federação Espírita Brasileira e fosse, por isso mesmo, merecedor de sua confiança e, se possível, com trabalho já publicado e bem aceito sobre temas pertinentes à mediunidade. A autora de *Obsessão/desobsessão: profilaxia e terapêutica espíritas*, convocada ao cometimento — dentro das coordenadas preestabelecidas — dispôs-se à obra, efetuando, inclusive, contatos pessoais com Chico Xavier e deste obtendo sugestões de valia e explicações para pontos menos explícitos de determinadas missivas.

Transcorridos quatro anos, o livro ficou concluído. Recebeu a contribuição de companheiros na revisão a que foram submetidos os originais. Devidamente satisfeitas as formalidades legais com a obtenção da autorização especial do médium Francisco Cândido Xavier, para utilização, pela Federação Espírita Brasileira, da correspondência dirigida a A. Wantuil de Freitas, o trabalho está pronto para o prelo. As cessões de direitos autorais à FEB, sempre gratuitas, são, neste livro, da autora e do missivista.

De futuro, certamente, outras cartas integrarão novos estudos e comentários, pois, por ora, somente parte das cartas aludidas está sendo objeto de publicação.

* * *

Bem documentada para responder às agressões contínuas a que a submetem pessoas afoitas, nem por isso se abalançou a Federação a dar-lhes resposta, cônscia de seus deveres e responsabilidades, atenta às diversificadas áreas de sua atuação no Movimento, cuidando da divulgação da Doutrina e impondo-se pelas obras que realiza, ocupada com as atividades da unificação dos espíritas, com a educação espírita das gerações novas e com o estudo sistematizado do Espiritismo. Sua revista *Reformador*, centenária porta-voz da Casa de Ismael, continua primando pelo equilíbrio e pela sensatez, enquanto os demais órgãos e serviços da casa prosseguem trabalhando, e o Espiritismo estende em todas as direções a sua influência. A presença da Federação transcende as fronteiras do País e neste é sentida nos empreendimentos e realizações mais respeitáveis.

A obra do livro espírita ganha proporções jamais vistas, assegurando a continuidade da Revelação progressiva da Doutrina dos Espíritos.

Por intermédio de Chico Xavier temos recebido do Plano Mais Alto — e bem assim por meio de um pugilo valoroso de outros médiuns cristãos — desenvolvimentos e esclarecimentos dos ensinos que foram confiados a Allan Kardec e à equipe de seus abnegados auxiliares e cooperadores.

A Federação Espírita Brasileira, publicando os livros-astros da Espiritualidade Superior, ao longo de decênios dessa transferência de conhecimentos avançados, o fez graças à sintonia ideal estabelecida entre Chico Xavier, Emmanuel e Wantuil de Freitas, o que fica demonstrado por palavras simples e precisas do médium e da coordenadora/comentadora da correspondência que para esse fim lhe confiamos.

É o compromisso da mediunidade com Jesus, permitindo e facilitando às pessoas simples de coração e aos sedentos da alma — ao povo faminto de consolação e de esclarecimento —, mas valorizando a inteligência, o estudo e o trabalho em todos os níveis de evolução dos seres humanos, o acesso à mensagem excelsa do Consolador, prometido e enviado pelo Senhor.

Mostrando, por dentro, o processamento de luminosas e sacrificiais realizações, este livro cumpre a sua finalidade.

Os detalhes necessários às elucidações ficaram a cargo da autora. Neles não precisamos entrar.

Concordamos com as considerações e ponderações dela, com as transcrições e citações de textos de apoio doutrinário e evangélico, de páginas de Allan Kardec, Léon Denis e credenciados escritores e médiuns.

* * *

O porvir reservar-nos-á ensejos novos de estudo da Grande Planificação Espiritual que deu origem às contribuições de Chico Xavier/Emmanuel, interessando milhares de Espíritos que seguem as inspirações do Cristo de Deus e, no Brasil, do guia Ismael, cuja casa, na feliz definição de Chico Xavier, é comparável a um Estado da Espiritualidade na Terra.

Encerrando estas linhas, queremos consignar aqui, de maneira explícita e muito sincera, a nossa solidariedade à conduta exemplar de Francisco Cândido Xavier, também carinhosamente conhecido pelo nome de Chico Xavier.

Que a paz de Jesus, Nosso Senhor e Mestre, seja com todos nós.

FRANCISCO THIESEN
Brasília (DF), 14 de julho de 1986.

Presidente da Federação Espírita Brasileira[1]

---

1   N.E.: 1975-1990

APRESENTAÇÃO

A correspondência de Chico Xavier a Wantuil de Freitas, ora parcialmente tornada pública pela gama de ensinamentos que transmite, é impressionante depoimento sobre a vida desse autêntico missionário do Cristo que é *Francisco Cândido Xavier*.

Por meio dos trechos dessas cartas, a verdade dos fatos vem à tona de maneira cristalina, apagando vestígios de possíveis distorções e dirimindo dúvidas.

Ao nos inteirarmos do conteúdo dessa correspondência, enorme e profundo sentimento invadiu-nos. À emoção unia-se a admiração e a perplexidade. Comovemo-nos por encontrar o Chico na intimidade de suas lutas. Jamais ele aparecera assim aos olhos do mundo. Aqui estão seus depoimentos pessoais, os seus sentimentos mais íntimos, a sua vivência de cada dia, portas adentro do próprio coração.

Em muitos instantes a confissão de seus sofrimentos, de suas reações ante as perseguições soezes, as calúnias torpes que lhe eram lançadas, as críticas ferinas e agressões que com espantosa frequência se repetiam em seu cotidiano causaram-nos impacto muito grande.

A verdadeira dimensão da figura humana de Chico Xavier surge assim por meio de suas cartas. Estas representam o sinete da autenticidade da vida missionária de um dos maiores médiuns psicógrafos que o mundo conhece.

Passo a passo vamos acompanhando-lhe a trajetória.

A sua vida é a mais lídima mensagem de amor e paz do nosso tempo.

Sua obra se reveste de característica singular, pois fala não apenas por ele mesmo, mas também por Emmanuel, a nobre entidade que é o seu guia espiritual; por Bezerra de Menezes, que durante mais de meio século dirige a sua mediunidade receitista; por Humberto de Campos e André Luiz; por centenas de poetas e muitos escritores, perfazendo um sem-número de autores — para um único médium!

A oportunidade de comentar parte da riquíssima correspondência de Chico Xavier para Wantuil de Freitas, no tempo em que este ocupou a Presidência da Federação Espírita Brasileira, trouxe-nos também o ensejo de constatar a notável coerência de seus depoimentos ao longo dos anos. É admirável encontrarmos nessas cartas muitas das citações que ele faz em entrevistas as mais diversas, realizadas mais de 30 ou 40 anos depois, em todas mantendo sempre o mesmo relato fiel e coerente.

Chico Xavier! Nome repetido, amado e respeitado! Quantos são os consolados, os esclarecidos, os acordados para a vida, os salvos da morte, os redimidos, os que reviveram na esperança, os que aprenderam a amar, os que retornaram ao Cristo por intermédio da sua mediunidade abençoada?

Quantos renasceram para a vida após serem atendidos por ele?

Quantos ingressaram no Espiritismo graças às suas páginas psicográficas?

Quantas obras assistenciais foram inspiradas por ele?

A força dessa figura humana exponencial, frágil na sua aparência, dimana principalmente do exemplo, da sua extraordinária vivência evangélica.

Estas cartas propiciam-nos uma visão mais completa de Chico Xavier.

Lendo-as, vamos gradativamente descobrindo que os testemunhos dolorosos fazem parte da *subida através da Luz*, na feliz expressão de Emmanuel sobre o livro *Luz acima*, comentado por nós no transcurso desta obra.

As lutas, as dores, as perseguições são íntimas companheiras do médium e lhe maceram o corpo e a alma, deixando cicatrizes profundas.

São *as marcas do Cristo* de que nos fala o Apóstolo Paulo.

Os comentários que fazemos dessa correspondência não trazem o intuito do elogio, mas sim o de reconhecer a verdade que está diante dos nossos olhos. A pretexto de não elogiarmos, não podemos incorrer no engano de permanecermos indiferentes ou omissos.

A figura veneranda de Chico Xavier inspira-nos respeito e amor.

O seu maior livro é a sua vida que ele escreve página a página com as tintas do próprio suor, com sofrimentos e lágrimas na jornada sacrificial a que se impôs.

Entretanto, fá-lo com amor e por amor.

A sua obra psicográfica e caritativa é a mais eloquente lição de Doutrina Espírita. O tempo só faz consagrar a autenticidade de sua mediunidade.

Os nossos comentários têm o propósito de evidenciar a programação espiritual entre Emmanuel e Chico Xavier, envolvendo a FEB, Wantuil de Freitas e uma equipe de trabalhadores dedicados; a vivência evangélica de Chico Xavier; a sua coerência doutrinária e a mediunidade com Jesus.

Esperamos ter alcançado os nossos objetivos.

Essa correspondência é riquíssimo filão de ensinamentos. Muita coisa mais poderá ser escrita a partir de agora.

Estamos felizes pela honrosa incumbência que recebemos do Presidente da Federação Espírita Brasileira, Francisco Thiesen, de comentar parte das cartas de Chico Xavier para Wantuil de Freitas, no período de 21 anos desse intercâmbio.

Leitor amigo! Você vai encontrar, a partir de agora, o mundo particular de Chico Xavier. Como nós, você certamente ficará surpreso.

Almejamos que este livro seja um estímulo definitivo para todos nós. Um estímulo que nasce da força viva do exemplo, das lições silenciosas que ele, Chico, nos transmite, das sementes que brotam nessa semeadura de quase 60 anos, dos frutos que o tempo sazonou, da coragem e da fé que sentimos renascer no recôndito de nosso coração ante a coragem e a fé de que ele dá testemunho dia após dia, dessa existência, enfim, que é um livro sublime.

Erasto nos fala da missão dos espíritas:

> Ide e pregai a palavra divina. É chegada a hora em que deveis sacrificar à sua propagação os vossos hábitos, os vossos trabalhos, as vossas ocupações fúteis. Ide e pregai. Convosco estão os Espíritos elevados. Certamente falareis a criaturas que não quererão escutar a voz de Deus, porque essa voz as exorta incessantemente à abnegação. Pregareis o desinteresse aos avaros, a abstinência aos dissolutos, a mansidão aos tiranos domésticos, como aos déspotas! Palavras perdidas, eu o sei; mas não importa, faz-se mister regueis com os vossos suores o terreno onde tendes de semear, porquanto ele não frutificará e não produzirá senão sob os reiterados golpes da enxada e da charrua evangélicas. Ide e pregai!
>
> [...]
>
> Ide, pois, e levai a palavra divina; aos grandes que a desprezarão, aos eruditos que exigirão provas, aos pequenos e simples que a aceitarão; porque, principalmente entre os mártires do trabalho desta provação terrena, encontrareis fervor e fé. Ide; estes receberão, com hinos de gratidão e louvores a Deus, a santa consolação que lhes levareis, e baixarão a fronte, rendendo-lhe graças pelas aflições que a Terra lhes destina (*O evangelho segundo o espiritismo*, cap. 20, it. 4).

Esta é a própria vida de Chico Xavier.

SUELY CALDAS SCHUBERT
Juiz de Fora (MG), abril de 1985.

Dos Presidentes da FEB [...], com quem tenho tido maior, mais intenso e mais prolongado intercâmbio é o nosso caro Dr. Antônio Wantuil de Freitas, em cujo dinamismo e abnegação reconheço haver encontrado um verdadeiro apóstolo na causa do livro espírita, não apenas desde 1943, quando foi eleito para a Presidência da FEB, mas desde 1932, quando nos conhecemos através de correspondência (da entrevista de Chico Xavier, in: BARBOSA, Elias. No mundo de Chico Xavier. São Paulo: Calvário, 1968, p. 85).

* * *

Façamos de conta que eu sou um pescador, no dizer de um Espírito amigo. Hei de enviar-te sempre o resultado da pescaria, e examinarás o material antes de ir ao mercado, não é? Lançarás apenas o que achares de utilidade (de Chico Xavier a Wantuil de Freitas, em 23-12-1943).

— 1 —
ORIGINAIS DO LIVRO – O MANDATO MEDIÚNICO

7-12-1943

Wantuil estava há pouco na Presidência, à qual ascendera em vista da sua escolha, após a desencarnação, a 26-10-1943, do Dr. Luiz Olímpio Guillon Ribeiro. Wantuil era o gerente do *Reformador*. Chico Xavier dirige-lhe palavras de estímulo, referindo-se ao apoio que está dando o novo Presidente ao programa do Esperanto, a cargo de Ismael Gomes Braga, que, por isso, se sente muito feliz. Chico agradece, outrossim, o envio do primeiro número de *Reformador* da edição já sob a responsabilidade do novo Presidente e que contém palavras referentes à desencarnação de seu antecessor, cujo retrato foi estampado na primeira página. As referências de Chico Xavier a Guillon são muito carinhosas: *generoso orientador que nos antecedeu na grande jornada*.

1.1

[...] Relativamente aos originais dos nossos humildes trabalhos mediúnicos, para mim será muito mais interessante que a Federação os guarde nos arquivos da casa. Fico muito grato ao seu carinho. Havia pedido a restituição dos mesmos, porque tendo tido necessidade, em 1942, de rever algumas páginas de Paulo e Estêvão, pedi à Livraria me emprestasse o original do livro, crendo que estivessem sendo arquivados, mas fui informado de que os originais, após a publicação, eram inutilizados. Felizmente, ainda tínhamos aqui uma cópia que descobri, depois, por ter sido guardada por um companheiro de Doutrina, que muito me ajuda no serviço de datilografia, e pude, assim, fazer a consulta. Desde então, pedi ao nosso amigo Sr. Carvalho que me enviasse os originais de que não precisasse, porque ficariam guardados conosco. Tenho aqui apenas o original de Renúncia, porque os anteriores a esse livro não foram arquivados. O meu amigo daqui, porém, ao qual já me referi linhas acima, tem cópias a carbono, e isso me alegra porque tinha receio de não ficarmos com cópia alguma dos trabalhos senão as publicações. Já que você, porém, quer fazer o grande obséquio de arquivar aí os originais, creia, meu bom Wantuil, que isto me conforta e alegra muitíssimo. Não digo isto por mim, pois bem sei que de nada valho, mas é que a obra de Emmanuel costuma ser atacada, de vez em quando, pela ignorância de algumas criaturas sem a claridade do Evangelho e será sempre útil que tenhamos esses originais em mão para qualquer exame, não acha você? [...]

1.2   Chico Xavier não é apenas o médium, o meio para a comunicação dos benfeitores espirituais, mas também o zeloso guardião desse tesouro espiritual, atento e vigilante em todos os instantes, para que a obra não seja atingida.

O mandato mediúnico e, no caso de Chico Xavier, o mediunato,[2] é muito mais abrangente do que

---

2   N.E.: Mediunato é a missão providencial dos médiuns. Essa palavra foi criada pelos Espíritos (vide cap. 31, Comunicação, e cap. 32, ambos do livro *Vocabulário espírita*).

se poderia supor. O mediunato confere ao médium a responsabilidade de ser copartícipe de toda uma planificação do mundo maior. Ele não será somente o instrumento, mas parte integrante de um programa que a Espiritualidade Superior traçou, portanto, plenamente identificado com os objetivos a serem alcançados e pelos quais labora de comum acordo e sintonia com os que, na esfera espiritual, também sejam partes dessa programação. O médium torna-se o representante dos Espíritos benfeitores no plano terrestre. Assim, desde o instante em que os ensinamentos vertem do Mais Alto e pelos canais mediúnicos se expressem nas dimensões terrenas, ele — o médium — torna-se-lhe o guardião, o depositário, que terá, a partir desse momento, de cuidar para que a obra projetada tenha o curso esperado.

Para que isso se dê, evidentemente, outros companheiros são convocados à colaboração entre os encarnados, cada um deles com tarefas definidas e que somarão seus esforços para que o programa seja executado.

1.3

Essa é a primeira carta, sob nosso exame, da correspondência mantida entre Chico Xavier e Wantuil de Freitas, no decorrer dos anos em que este ocupou o cargo de Presidente da Federação Espírita Brasileira.

Quando Chico Xavier endereçou-a a Wantuil de Freitas, este acabara de assumir a Presidência. Dirige-lhe então palavras de estímulo.

Na realidade, Chico está saudando em Wantuil de Freitas o companheiro que assumira, juntamente com ele, a grandiosa tarefa de difundir o livro espírita em nosso País. A nobre tarefa do livro — com a qual ambos se comprometeram, ainda no Plano Espiritual Maior, a desenvolver na Pátria do Evangelho.

1.4 Wantuil de Freitas chega na hora certa à Presidência da Casa de Ismael. O trabalho mediúnico de Chico Xavier se ampliava. A partir daquela data, livros e mais livros sairiam de suas mãos abençoadas, transmitidos pelos Espíritos de Luz, para que a missão do Consolador prometido por Jesus se estendesse e, sobretudo, se tornasse mais acessível a todas as criaturas.

O programa está traçado. Todos seriam atendidos e consolados, independentemente de seu nível socioeconômico e cultural. Haveria consolo para todos os corações, far-se-ia luz para todas as consciências e a palavra de Jesus prosseguiria ecoando em todos os quadrantes da Terra.

Para isso, a figura de Wantuil de Freitas é peça essencial nessa grandiosa programação. É o homem talhado para abrir o caminho e implantar definitivamente a estrutura que os Altos Planos Espirituais requeriam.

É o programa de Ismael — o guia espiritual do Brasil — a se ampliar.

Atendendo ao seu chamado, vários obreiros disseram *presente* e colocaram mãos à charrua para a edificante tarefa da sementeira de luz.

Por certo que Chico Xavier se sente feliz e sossegado quando reconhece em Wantuil aquele coração amigo e companheiro do seu, ao qual poderia entregar o imensurável tesouro que Ismael lhe confiara. Sabe ele, Chico, que há agora uma equipe a postos, unindo esforços nos dois planos da vida, sob a tutela de Emmanuel, garantindo assim o êxito da tarefa do livro espírita no Brasil.

Chico Xavier fica profundamente feliz, pois entende que Wantuil de Freitas, ao pretender a guarda na Federação dos originais dos livros, o está auxiliando a zelar por toda a obra. Em sua característica humildade diz ao final: "Não digo isto por mim, pois bem sei que de nada valho, mas é que a obra de Emmanuel costuma ser atacada, de vez em quando, pela ignorância de algumas criaturas sem a claridade do *Evangelho* [...]". 1.5

— 2 —
CONTROLE DOUTRINÁRIO DAS PUBLICAÇÕES

9-12-1943

2.1 [...] tendo consultado Emmanuel sobre o assunto da tradução dos livros dele e de Humberto de Campos para o espanhol, conforme sua notícia, disse-me o nosso generoso amigo espiritual que o caso é da alçada da Diretoria da Federação [...].

Falamos, portanto, o aqui, não como espíritas regionais, mas como companheiros da Federação e concluímos que não seria razoável ir entregando assim, sem condições, esse trabalho pelo qual a Casa de Ismael tanto se tem esmerado. Não seria dar tudo por nada? Cremos que a Federação tem o direito de exigir alguma coisa, mormente no que se refere ao controle doutrinário das publicações e a determinada parte do problema de venda dos livros. (Os últimos destaques são da compilação.) Estamos diante de um negócio material, porque, se a Federação não agir com espírito de vigilância, também não poderá reclamar quanto a qualquer desvio de natureza espiritual nessas traduções, não acha você? E, além disto, a Federação é uma casa de auxílios concretos. Não está aí a multidão de problemas pedindo recursos materiais? Qualquer percentagem exigida pela Casa de Ismael nesse assunto viria atender a muitas questões de beneficência, inclusive o próprio alívio na aquisição de papel com que a nossa Livraria pudesse facilitar cada vez mais o acesso do povo ao livro de nossa Doutrina Consoladora.

Este é o nosso humilde ponto de vista — o do modesto grupo espírita de Pedro Leopoldo. Espero que nossas palavras sejam recebidas na conta do nosso grande amor à realização evangélica da Federação, com quem nos sentimos profundamente irmanados.

2.2

Gostaríamos de que você levasse nosso ponto de vista ao Quintão, pois muito temos ganho na experiência e conselhos dele. Quanto ao mais, o que resolverem há de ser sob o amparo da proteção de Jesus e nisto confiamos [...].

O texto acima é bastante interessante. Quando Chico Xavier cedeu à FEB todos os direitos sobre a sua produção mediúnica, fê-lo conscientemente, por ter reconhecido na Casa de Ismael as condições imprescindíveis para a execução de todo o programa elaborado pelo Mais Alto. Portanto, no instante em que dá a sua opinião sobre as traduções, faz questão de ressaltar que, ele, de conformidade com Emmanuel, apoia a orientação a ser seguida pela Diretoria da FEB.

Por isso analisa o assunto sob a perspectiva muito mais ampla, não fosse ele um dos esteios básicos de toda essa planificação do Mundo Maior. Compreendendo a importância do momento, pois dali para frente cada vez mais se apresentariam ensejos de expansão dos livros dos quais se fazia medianeiro, opina com vistas ao futuro. Que a FEB mantenha *o controle doutrinário das publicações*. E que, muito justamente, tenha também parte na venda dos livros a fim de atender a todos os seus encargos no plano material. Prevê, ainda, que seria imprescindível que a Federação agisse com *espírito de vigilância*, pois, caso contrário, poderia haver algum *desvio de natureza espiritual* nas traduções.

2.3 Chico Xavier, ao emitir essa opinião, evidenciou firmeza e segurança, não admitindo que se fizessem concessões a quem quer que fosse em prejuízo da Casa de Ismael, legítima depositária dos seus livros mediúnicos. E não admitindo, principalmente, qualquer alteração que viesse a desfigurar a obra orientada por Emmanuel.

Observamos, entretanto, o cuidado com que escolhe as palavras para formular um enunciado tão seguro e positivo, cuidado este que lhe é inerente, já que tendo autoridade moral não é, por isso mesmo, *autoritário*. Fala e escreve com brandura e amor. E destaca no penúltimo tópico que este é o "humilde ponto de vista" do Grupo espírita de Pedro Leopoldo, ressaltando o grande amor que têm pelo trabalho da Federação, "com quem nos sentimos profundamente irmanados".

— 3 —
PESCADOR – PESCARIA – CARTÃO-POSTAL

23-12-1943

[...] Façamos de conta que eu sou um pescador, no dizer de um Espírito amigo. Hei de enviar-te sempre o resultado da pescaria, e examinarás o material, antes de ir ao mercado, não é? Lançarás apenas o que achares de utilidade [...]. **3.1**

Somente a plena identificação entre Chico Xavier e Wantuil de Freitas justificariam essa frase e esse pedido.

Chico Xavier está tão seguro e confiante na fidelidade de Wantuil de Freitas ao compromisso assumido que deixa ao seu encargo a seleção de suas páginas psicográficas.

E, de fato, dali em diante, cada vez mais Chico confiaria ao amigo a incumbência de analisar e selecionar o material que deveria ser dado à luz da publicidade.

Mais adiante veremos isso confirmado e que Chico Xavier não se apoiaria nele em vão.

3.2   É de relevância o fato de Chico ser denominado *pescador* por um *Espírito amigo*. E ele próprio diz a Wantuil: "façamos de conta que eu sou um pescador"; admite o fato apenas como hipótese ou comparação. O tempo veio demonstrar o quanto de acerto houve na palavra desse *Espírito amigo*, pois Chico Xavier tem sido em toda a sua existência um verdadeiro *pescador de almas*, tal como os apóstolos e os missionários de Jesus.

Ele se refere à pescaria como sendo as suas páginas psicográficas. Mas essa pescaria é muito mais abrangente e se estende e se aprofunda pelo vastíssimo *oceano* das inquietudes e dos sofrimentos humanos, como quem pesc/a/dor e, simultaneamente, oferece o bálsamo dos ensinos da Doutrina Espírita — O Consola/dor Prometido.

Como se pode ver, há perfeita identidade de objetivos e tarefas.

— 4 —
CARTAS ESCRITAS COM LÁGRIMAS – NÃO DEVEMOS DESAGRADAR A NINGUÉM

23-11-1944

4.1 [...] O que me dizes, referentemente à atitude de certos confrades que descambam para o terreno das provocações declaradas, é a cópia do que sinto também. É muito triste vermos companheiros, com tantas expressões de cultura evangélica, arvorarem-se em lutadores e combatentes sem educação. Logo que houve o agravo da sentença (caso H. Campos), observando a agressividade de muitos, escrevi mais de cinquenta cartas privadas e confidenciais aos amigos da Doutrina, com responsabilidade na imprensa espiritista, rogando a eles me ajudarem, por amor de Jesus, com o silêncio e a prece e não com defesas precipitadas e, confesso-te que algumas dessas cartas foram escritas com lágrimas por mim, tal a desorientação de certos amigos que facilmente se transformam em provocadores e ironistas, esquecendo os mais comezinhos deveres cristãos [...].

O que nos impressiona nesse texto é, sobretudo, a sua atualidade.

4.2   Chico Xavier escreve-o sob o guante de sofrimento advindo das perseguições. Mas não especialmente das perseguições que lhe moviam os familiares de Humberto de Campos. Ele não padecia tanto pelo ataque que lhe vinha de fora, do exterior, mas, sim, pelas agressões de dentro do nosso próprio meio, de irmãos que o não compreendiam.

Tanto ele quanto Wantuil de Freitas estavam entristecidos por constatarem que muitos companheiros, com expressiva cultura evangélica, se transformaram em verdadeiros combatentes, *até* sem educação. Diante de tanta agressividade, diante de tantos confrades que tomaram iniciativa precipitada de defendê-lo, Chico escreve mais de cinquenta cartas confidenciais a amigos com tarefas na imprensa espírita, rogando-lhes em nome de Jesus que o ajudem, sim, mas "com o silêncio e a prece".

Tal é a sua preocupação, que muitas dessas cartas são *escritas com lágrimas*.

Imaginemos a serenidade de Chico Xavier ante o problema que se agrava e imaginemo-lo a escudar-se na prece e no trabalho, firme na sua fé, seguro no seu testemunho. Imenso é, portanto, o seu sofrimento ao verificar que vários companheiros, não entendendo o significado daquela hora e muito menos as suas condições espirituais para superá-lo, se arvoram em seus defensores, agindo, porém, de maneira totalmente oposta à atitude que ele, Chico, assumira. Atitude esta plenamente coerente com a de Wantuil e, vale dizer, de toda a FEB.

Nesse episódio, Chico Xavier sente, por extensão, 4.3
a dor de ver que a Mensagem do Cristo não havia sido
assimilada por esses irmãos. Que se transformaram,
sem o sentirem, em fomentadores da discórdia e em
instrumentos das trevas.

Que magistral lição ressuma dessa passagem da vida de Chico Xavier! Atacado injustamente, não revida.

Ofendido, silencia.

Caluniado, recolhe-se à oração.

Jogado à opinião pública de todo o País, aguarda serenamente o resultado do julgamento dos homens, sabendo de antemão que, qualquer fosse ele, estaria em paz com a sua consciência, na certeza de ter cumprido fielmente o seu dever.

Toda a sua defesa é Jesus. É n'Ele que encontra o exemplo a ser seguido. É para o Mestre Divino que volve o seu olhar confiante. E enquanto se abriga nesse imenso amor, Chico é surpreendido com a reação nada cristã e nada espírita de muitos confrades.

Num relance percebe não apenas essa conduta incoerente com os princípios que dizem esposar, mas, principalmente, a estratégia dos planos inferiores a se armar, subrepticiamente, infiltrando-se sutil e usando como pretexto a necessidade de defesa de Chico Xavier.

> Como sabes, meu caro Wantuil, nem todas as publicações poderiam ser corretas, no caso escandaloso, e nem todos os jornalistas me procuraram com boas intenções. Mas como sabes também, e conforme assevera o nosso Emmanuel, na tarefa mediúnica, não podemos agradar a todos, mas não

devemos desagradar a ninguém. Minha situação era muito delicada e mesmo assim não faltaram inúmeros confrades que me escreveram cartas impiedosas e irônicas, quando liam reportagens em desacordo com a verdade dos fatos, como se eu devesse controlar todos os jornais que escreveram sobre o acontecimento. Alguns me perguntaram acremente se eu não estava obsidiado e se já não havia enlouquecido [...]. Continuemos, meu amigo, em nossos trabalhos, edificados na consciência tranquila.

4.4   Cremos que a maioria dos companheiros de nosso Movimento serão tomados pela mesma perplexidade que nos acometeu ao lermos essas cartas e constatarmos que existem irmãos nossos, isto é, pessoas que se dizem espíritas, capazes de, com toda tranquilidade, escreverem uma carta a alguém de maneira impiedosa e irônica. E mais: de se dirigirem a Chico Xavier ofendendo-o, pedindo-lhe contas de seus atos, transformando-se em juízes descaridosos e frios, como se lhes coubesse esse direito em relação a outro ser humano.

É triste verificarmos quanto ainda somos pouco cristãos. Não assimilamos quase nada dos ensinamentos do Cristo. É o caso de nos perguntarmos: onde está o Evangelho em nós? E da Doutrina Espírita, o que aprendemos, assimilamos e incorporamos à nossa vivência?

A lição do Mestre prossegue ecoando ao longo dos tempos para aqueles que têm ouvidos de ouvir: "Aquele que dentre vós está sem pecado seja o primeiro que atire pedra contra ela" (*João*, 8:7).

Mas, Chico nem sequer menciona nomes. Poderia tê-lo feito, pois escreve a um amigo do seu coração. Não acusa, todavia, a ninguém. Não faz referências desairosas. Apenas explica a Wantuil que muitas publicações não são corretas e que alguns jornalistas não o procuram com boas intenções. Chico quer que Wantuil esteja a par da verdade. Interessa-lhe que o amigo saiba do que ocorre. Não se preocupa em divulgar a realidade ou esclarecer os demais. Permanece, como sempre faz, em sua extraordinária vivência evangélica.   4.5

De suas palavras neste trecho, reponta a frase de Emmanuel: "Na tarefa mediúnica, não podemos agradar a todos, mas não devemos desagradar a ninguém". Realmente, com paciência apostolar Chico tem procurado seguir este conselho, doando constantemente o melhor de si mesmo. As pessoas, entretanto, em sua maior parte, não se contentam com o que recebem. Querem sempre mais. Estão sempre exigindo e cobrando. E especialmente dos médiuns.

Bem poucos têm uma noção correta do que seja a tarefa mediúnica. Creem que o médium tem consigo a fórmula mágica que resolve problemas, afasta dissabores e, sobretudo, que suas mãos guardam o segredo do milagre capaz de curar e cicatrizar males e feridas do corpo e da alma.

Chico Xavier dá-nos os parâmetros do que seja a vivência da mediunidade com Jesus, plena e integral. Ele não é espírita apenas quando está no centro ou cercado pela multidão. Ele não é médium somente nos horários restritos das reuniões. A sós ou junto do povo, no seu lar ou no centro, ele é sempre o espírita e o médium que vive e exemplifica o que escreve e fala.

4.6 Com a simplicidade que lhe é característica, transmite a Wantuil a *fórmula milagrosa* para superar a tantas dificuldades: "Continuemos, meu amigo, em nossos trabalhos, edificados na consciência tranquila".

— 5 —
BOATOS DA CONFUSÃO
– VENDIDO À FEB

12-2-1945

[...] Não te incomodes, meu caro amigo, com os boatos da confusão.   5.1

[...] Em Belo Horizonte, amigos nossos em Doutrina proclamaram de público que "o Chico Xavier não passa de uma propriedade da Federação", outros me escrevem me perguntando qual foi o preço pelo qual me vendi a ela. Confrades da própria Bahia costumam escrever-me, começando assim: "Prezado amigo Chico Xavier, você que se enriqueceu com a literatura mediúnica, envie--nos tanto para auxiliar-nos nisto ou naquilo". Muitos me indagam sobre os preços de meu contrato mediúnico com a Federação e alguns irmãos aí do Rio, quase que semanalmente, me escrevem em termos ásperos, me acusando de estar vendido à Casa de Ismael. A princípio incomodava-me, hoje, porém, deixo que digam o que quiserem. E isso ainda me serve de confortadora advertência, porque se muitos dos nossos companheiros de crença não podem compreender a amizade de um médium a uma instituição venerável como a Federação, que esperar dos nossos inimigos gratuitos? Temos de

> ouvir-lhes as leviandades, receber-lhes os golpes e seguir para a frente.
>
> **5.2** Grato pelas notícias do caso H. C. Esperemos por Jesus e pelas decisões do Supremo Tribunal com o Dr. Timponi à frente. Do que surgir, espero o obséquio de tuas notícias, sim?
>
> Em anexo, te envio no original um trabalho que recebi ontem de André Luiz. Estou certo de que, com a ajuda de Deus, receberemos, em breve, novo livro dele.
>
> Estou a seguir para Guaxupé e Ouro Fino, logo que chegar a determinação telegráfica. É a luta das exposições pecuárias que recomeçam no novo período anual [...].

Chico Xavier inicia aconselhando Wantuil de Freitas a não se incomodar com os *boatos da confusão*. E relaciona algumas das leviandades e agressões com as quais está sendo *presenteado* pelos confrades. São tão absurdas que, realmente, não há nada a ser comentado sobre o teor dessas acusações. À nossa sensibilidade repugnam tais acusações. O nosso bom senso rejeita--as imediatamente.

Mas disso ressuma preciosa lição. Não apenas para os médiuns, mas para quantos trabalham na seara do bem.

Paulo de Tarso deixou-nos um alerta: "Em tudo somos atribulados, mas não angustiados; perplexos, mas não desanimados" (*II Coríntios*, 4: 8).

Em toda parte e em todos os tempos observamos que os obreiros do Senhor conhecem de perto as tribulações e perplexidades sob as mais variadas formas, por permanecerem fiéis. Mas, por isso mesmo, isto é, porque dão o testemunho de fidelidade a Jesus, não se deixarão dominar pela angústia ou se abater pelo desânimo.

Essa a lição que Chico Xavier nos transmite.   5.3

Que não nos deixemos abater pelas tribulações e pelas surpresas dolorosas. Importa é perseverar no bem, prosseguir no trabalho e manter-se vigilante. Lembremo-nos de que o trabalho edificante é a nossa melhor defesa. Nele adquirimos resistência para vencer as tribulações.

Muitos companheiros se deixam ficar no meio do caminho porque sofreram decepções, calúnias e ingratidões. Prostrados e abatidos, interrompem a marcha evolutiva, o que redundará em graves prejuízos para si mesmos.

Sigamos o exemplo que Paulo viveu no passado.

Imitemos o exemplo que Chico Xavier vive hoje, ao nosso lado.

Prosseguir sempre, com ânimo firme, perseverando no bem, atribulados e perplexos, mas não abatidos e angustiados. Afinal, se Chico Xavier tivesse desistido ante os embates, ante todas essas perseguições e calúnias, diante de todos os sofrimentos que a esta altura do ano de 1945 já eram em profusão em sua vida, nós não teríamos toda essa maravilhosa literatura mediúnica que ultrapassa, em 1985, a casa dos 250 títulos.

5.4   Se Chico Xavier se deixasse abater e parasse, angustiado e prostrado, desiludido e vencido, não teria cumprido o seu apostolado e nem seria o missionário que identificamos nele atualmente.

Se Chico Xavier tivesse interrompido a sua caminhada, a pretexto de lágrimas e dores, injustiças e incompreensões, estaria dando campo às trevas e semeando novos e amargos dissabores em sua existência.

Com que rara felicidade ele deve *hoje* abençoar todos esses aguilhões que o impeliram a lutar e a vencer a si mesmo e que tornaram mais valiosa a sua vitória!

* * *

Dando mostras de sua alta compreensão das dificuldades humanas, lembra a Wantuil, no segundo tópico transcrito de sua carta:

> [...] se muitos dos nossos companheiros de crença não podem compreender a amizade de um médium a uma Instituição venerável como a Federação, que esperar dos nossos inimigos gratuitos? Temos de ouvir-lhes as leviandades, receber-lhes os golpes e seguir para a frente.

— 6 —
SURGE "IRMÃO X" – O CASO HUMBERTO DE CAMPOS

2-3-1945

[...] Tenho uma novidade para dar-te. O nosso amigo voltou a escrever, fazendo-se sentir agora com o nome de *Irmão X*. Achei curioso o primeiro trabalho que nos traz, nesta nova fase, e envio-te a cópia que datilografei para mandar-te. Se quiseres publicá-la no *Reformador* poderás fazê-lo, sendo que te envio o trabalho para esse fim.

6.1

Emmanuel, pela audição, me recomendou te pedisse, caso julgues oportuna a publicação da mensagem inclusa, que ela seja feita pelo *Reformador*, sem qualquer alusão especial ao fato de o nosso amigo ter-se decidido a usar pseudônimo e nem qualquer referência ao nome que usou, como escritor, em nosso meio, poupando-lhe o Espírito de novos dissabores. Para treinar no que Emmanuel me pediu, não farei mesmo alusão ao antigo nome dele nem mesmo em carta. Peço-te, pois, meu amigo, caso publiques o trabalho, que ele seja apresentado puramente assim como te envio, sendo que, segundo Emmanuel me disse, os leitores do *Reformador*, companheiros do coração, entenderão de pronto o assunto, sem necessidade de esclarecimentos escritos, ao mesmo tempo que evitaremos o assédio da grande imprensa, da qual, segundo o que

Emmanuel me disse hoje, temos necessidade de descansar para atender ao que ele denomina produção mediúnica pacífica e construtiva [...].

6.2 Temos assim o esclarecimento de como surgiu o *Irmão X*, pseudônimo adotado pelo Espírito Humberto de Campos, após o rumoroso processo que os familiares do escritor desencarnado moveram contra a Federação Espírita Brasileira e o médium Francisco Cândido Xavier.

Todo esse caso do processo está esplendidamente registrado pelo advogado Dr. Miguel Timponi, convidado pela FEB para defendê-la e ao médium, no seu livro *A psicografia ante os tribunais* (FEB).

O processo chamou a atenção de todo o País, pois a família de Humberto de Campos, ao acusar a Federação Espírita Brasileira e a Francisco Cândido Xavier do uso indevido do nome do escritor e de auferirem vantagens monetárias com a venda dos livros, pretendia então que o tribunal sentenciasse se essa obra literária mediúnica *era* ou *não* do Espírito Humberto de Campos. Em caso negativo, pedia a apreensão de todos os exemplares, proibição do uso do nome do escritor e pagamento de perdas e danos. Em caso afirmativo, isto é, se ficasse provado que o autor era mesmo Humberto de Campos, solicitava que o juiz declarasse a quem pertenceriam os direitos autorais, se à família do autor espiritual ou à FEB.

O Dr. Miguel Timponi fez brilhantemente a 6.3 defesa e recomendamos ao leitor o livro citado para se inteirar de todo o andamento do curioso processo e da decisão do juiz.

Todavia, não somente a FEB e Chico Xavier sofrem com o episódio. A outra vítima dos comentários desencontrados, do alarido perturbador que se levantou por toda parte, é Humberto de Campos. Evidentemente, também ele é atingido. Sendo o centro da questão, o alvo maior dos comentários, recebe vibrações de todos os lados. Acresce ainda a sua preocupação com o seu médium e com a Federação.

E se isto não bastasse, imaginemos o seu sofrimento, as suas inquietações em relação àqueles a quem estava ligado por laços de parentesco. São esses sentimentos e emoções que ele extravasa em mensagem psicografada em 15 de julho de 1944:

> Não desconheço minha pesada responsabilidade moral, no momento, quando o sensacionalismo abre torrente de amargura em torno de minh'alma.
>
> Recebeu-me a Federação Espírita Brasileira, generosamente, em seus labores evangélicos, publicou-me as páginas singelas de noticiarista desencarnado, concedendo-me o ingresso na *Academia da Espiritualidade*. E continuei conversando com os desesperados de todos os matizes, voluntariamente, como o hóspede interessado em valer-se da casa acolhedora.
>
> [...]

6.4   Eis, porém, que compareçam meus filhos diante da Justiça, reclamando uma sentença declaratória. Querem saber, por intermédio do Direito humano, se eu sou eu mesmo, como se as leis terrestres, respeitabilíssimas embora, pudessem substituir os olhos do coração.

Abre-se o mecanismo processual, e o escândalo jornalístico acende a fogueira da opinião pública. Exigem meus filhos a minha patente literária e, para isso, recorrem à petição judicial. Não precisavam, todavia, movimentar o exército dos parágrafos e atormentar o cérebro dos juízes. Que é semelhante reclamação para quem já lhes deu a vida da sua vida? Que é um nome, simples ajuntamento de sílabas, sem maior significação? Ninguém conhece, na Terra, os nomes dos elevados cooperadores de Deus, que sustentam as Leis Universais; entretanto são elas executadas sem esquecimento de um til.

Na paz do anonimato, realizam-se os mais belos e os mais nobres serviços humanos.

Quero, porém, salientar, nesta resposta simples, que meus filhos não moveram semelhante ação por perversidade ou má-fé. Conheço-lhes as reservas infinitas de afeto e sei pesar o quilate do ouro da carinhosa admiração que consagram ao pai amigo, distanciado do mundo. Mas que paisagem florida, em meio do mato inculto, estará isenta da serpente venenosa e cruel? É por isto que não observo esse problema triste, como o fariseu orgulhoso, e sim como o publicano humilhado, pedindo a bênção de Deus para a humana incompreensão.

[...]

Diante, pois, do complicado problema em curso, ajoelho--me no altar da fé, rogando a Jesus inspire os dignos juízes de minha causa, para que façam cessar o escândalo, em torno do meu Espírito, considerando que se o próprio Salomão funcionasse nesta causa, ao encarar as dificuldades do assunto, teria, talvez, de imitar o gesto de Pilatos, lavando as mãos... (*A psicografia ante os tribunais*, p. 55 e 56, 5. ed., FEB).

Entretanto, se analisarmos mais profundamente essa celeuma que se formou em torno dos personagens desse drama incomum, chegaremos à conclusão de que os envolvidos, em maior ou menor intensidade, deveriam estar cônscios dos obstáculos que poderiam surgir. Todos sabiam antecipadamente os riscos que teriam de correr. Tanto Humberto de Campos quanto Chico Xavier e Wantuil de Freitas não estavam alheios aos percalços da ingente caminhada da difusão da Doutrina Espírita por meio da mediunidade com Jesus.

6.5

Quando da preparação que antecedeu à reencarnação de Chico Xavier e dos demais companheiros que iriam apoiá-lo na esfera terrestre, particularmente Wantuil de Freitas, por certo todos foram prevenidos das dificuldades da tarefa, dos prováveis sofrimentos, das lágrimas e adversidades que, possivelmente, lhes assinalariam a jornada redentora. Simultaneamente, foi-lhes mostrada a sublimidade da obra a ser encetada, o alcance do trabalho a ser desenvolvido, a importância de toda aquela programação que recebera a inspiração e aprovação direta de Ismael.

6.6 O próprio Humberto de Campos diria no prefácio de *Crônicas de além-túmulo*, datado de 25 de junho de 1937, numa espécie de previsão ou, talvez, com a preocupação de deixar tudo bem esclarecido desde o início:

> Desta vez, não tenho necessidade de mandar os originais de minha produção literária a determinada casa editora, obedecendo a dispositivos contratuais, ressalvando-se a minha estima sincera pelo meu grande amigo José Olímpio. A lei já não cogita mais da minha existência, pois, do contrário, as atividades e os possíveis direitos dos mortos representariam séria ameaça à tranquilidade dos vivos.
>
> Enquanto aí consumia o fosfato do cérebro para acudir aos imperativos do estômago, posso agora dar o volume sem retribuição monetária. O médium está satisfeito com a sua vida singela, dentro da pauta evangélica do *dai de graça o que de graça recebestes*, e a Federação Espírita Brasileira, instituição venerável que o prefeito Pedro Ernesto reconheceu de utilidade pública, cuja livraria vai imprimir o meu pensamento, é sobejamente conhecida no Rio de Janeiro, pelas suas respeitáveis finalidades sociais, pela sua assistência aos necessitados, pelo seu programa cristão, cheio de renúncias e abnegações santificadoras.

É óbvio que não há o determinismo para o mal nas Leis Divinas. Portanto, não consta de qualquer programação, de quaisquer processos reencarnatórios, que uma pessoa esteja fadada a ser elemento de perturbação, que tenha, enfim, a missão de fazer o mal, como se costuma dizer. As coisas se encaminham por força do livre-arbítrio das criaturas, que optam pelos próprios rumos e atitudes.

6.7 Assim, não se afastava a hipótese de perseguições soezes, de agressões de toda sorte, porquanto o preconceito contra a Doutrina Espírita era muito grande ainda àquela época, como também porque as trevas sempre tentam impedir a chegada da luz.

Para enfrentar os naturais e previstos óbices da caminhada, todos os envolvidos nessa programação, que tem em Chico Xavier o polo centralizador, traziam consigo reservas espirituais compatíveis. Quando o problema surgiu, de inopino, foi normal a reação de perplexidade e dor. Mas, refazendo as energias, refugiaram-se na prece e na busca de uma defesa equilibrada, o que conseguiram com muito sucesso por intermédio do Dr. Miguel Timponi e seus colaboradores. A FEB mobilizou-se, ao comando de Wantuil de Freitas, cercando Chico Xavier de todo carinho e apoiando-o com os recursos imprescindíveis que o momento exigia.

Em decorrência disso tudo, Humberto de Campos volta a se comunicar trazendo a sua identidade oculta sob o pseudônimo de *Irmão X*. Chico diz, então, que devem ter prudência em não mencionar o seu verdadeiro nome, atendendo à orientação de Emmanuel. Mesmo porque, o nobre instrutor reconhece ser preciso uma pausa, um descanso, com vistas a uma *produção mediúnica pacífica e construtiva*.

6.8 [...] devo dizer-te que, ao sentir-me de novo visitado por esse amigo espiritual, a que nos referimos aqui, experimentei preocupações e receio. Por causa das mensagens dele, tenho entrado em lutas muito fortes que eu, francamente, não desejaria ver repetidas, embora saiba que é a Vontade do Senhor que deve ser cumprida e não a nossa. Não fugirei, de modo algum, aos meus deveres para com a mediunidade, mas rogo a Jesus para que cessem as lutas de opinião, por vezes tão amargas, não para a minha miserável pessoa que nada vale, mas para o campo de trabalhos de nossa Consoladora Doutrina e para os meus amigos da Federação, dedicadíssimos à luta venerável do bem e que não devo estar perturbando com assuntos desagradáveis. Sei que me compreendes e isto me conforta. Desse modo, se a Federação lançar o trabalho da fase nova desse companheiro espiritual que tanto tem se esforçado pela causa do Espiritismo Cristão, reservar-nos-emos quanto à identificação do autor tão só para as conversações e entendimentos verbais, evitando-se qualquer referência escrita. Se alguém, noutras publicações doutrinárias, mais tarde, escrever alguma coisa nesse sentido, o que não poderemos evitar, correrá por conta dos que escreverem semelhantes observações em outros círculos, não achas? Quanto a nós, com a ajuda de Deus, ficaremos em contato doravante com o *Irmão X*, amando-o pelo que ele é e pelo que nos traz e não pelo seu nome. Ao enviar-te esta mensagem, rogo a Jesus para que esta nova fase dele seja pacífica. Perdoa-me estas considerações [...], mas sinto que, em te escrevendo, não devo ocultar meus estados de alma [...].

Quando Humberto de Campos retorna à lida, por meio da psicografia, Chico sente-se receoso. As lutas enfrentadas foram duras e difíceis. Não se sente em condições de recomeçá-las. O tom de desabafo marca as linhas iniciais deste segundo trecho, mas, logo em seguida, Chico assinala que é a *Vontade do Senhor que deve ser cumprida.*

6.9 Observemos que ele manifesta, primeiramente, a preocupação que o domina com o retorno de Humberto de Campos. Confessa seus receios e deixa transparecer que está um tanto desgastado pela refrega. Mas, imediatamente, ressalta que não fugirá dos seus deveres para com a mediunidade. Sabe que poderão advir novos problemas e dissabores, mas não se esquivará ou se afastará do seu dever.

Diante desse exemplo de tenacidade, e, sobretudo, de coragem da fé, quedamo-nos a refletir.

Incontável é o número de pessoas que, conhecendo o labor de Chico Xavier, aspiram a ser também médiuns com os recursos e aptidões que ele, Chico, possui. Mas bem poucos conhecem o altíssimo preço que têm de pagar no sacrifício e na abnegação, na silenciosa e contínua renúncia de si mesmos.

A sementeira do bem é sempre árdua e custosa. Esse o preço da felicidade real e definitiva que todos teremos de pagar, um dia, se quisermos conquistá-la.

Quantos de nós não teríamos abandonado o serviço em meio, ao primeiro sinal de tempestade? Quantos teríamos prosseguido, mesmo chorando e sofrendo, humilhados e injustiçados pelos próprios companheiros e pelos inimigos gratuitos?

Quem estará disposto a beber desse cálice?

— 7 —
LUTAS CONTRA AS RESTRIÇÕES
– FECHAMENTO DA FEB

6-4-1945

7.1 [...] Muito grato pela remessa de *O psicógrafo* e *Materializa*ção com as instruções. Ótima lembrança! Ao recebê-la, recordei o nosso Dr. Guillon, em 1942, quando se organizou o *Reportagens de além-túmulo*. Ele e eu, embora distantes um do outro, combinamos o esforço para o mesmo fim [...]. Meus parabéns pelo trabalho que foi efetuado, junto à Chefatura de Polícia. Hoje, os jornais, aqui em Minas, já noticiam a decisão administrativa de fazer cessar as restrições contra as nossas atividades religiosas. A notícia me alegrou muito e felicito-te pela medida [...]. Admiro-te a fibra de trabalhador incansável e peço a Jesus te fortaleça na Obra de Ismael, na restauração do Evangelho de Nosso Senhor Jesus Cristo [...].

Guillon Ribeiro e Wantuil de Freitas, convocados ambos a tarefas pioneiras e de grandes responsabilidades, na implantação da Doutrina Espírita em nosso País, tiveram — como não podia deixar de ser — vínculos muito profundos no desempenho da missão que lhes fora confiada. Ambos subiram à Presidência da

Federação Espírita Brasileira e durante o período em que exerceram o labor administrativo enfrentaram graves dificuldades, talvez as mais difíceis e cruciais vividas pelo Espiritismo no Brasil. Ambos souberam agir com fidelidade aos compromissos assumidos, procurando vivenciar, em cada instante de testemunho, o Evangelho do Cristo que tão bem traziam no coração.

Foi na Presidência de Guillon Ribeiro que Chico Xavier iniciou publicamente a sua atividade missionária, com a publicação, pela FEB, do seu primeiro livro psicografado, *Parnaso de além-túmulo*, em 1932.

7.2

É bastante óbvia a posição de Guillon Ribeiro à frente da Casa de Ismael, no momento em que Chico Xavier vai iniciar, na vida pública, a sua singularíssima missão. Praticamente, todos os que estavam vinculados a Chico Xavier estão, àquela altura, em suas posições estratégicas, determinadas numa programação traçada na Espiritualidade Maior, e dando cumprimento aos compromissos assumidos.

Com a desencarnação do Dr. Guillon Ribeiro (em 26-10-1943), Wantuil de Freitas, que era gerente de *Reformador*, é escolhido para assumir a Presidência da Federação Espírita Brasileira, conforme já nos referimos na primeira carta deste livro.

No trecho da carta acima, Chico refere-se a Guillon Ribeiro e demonstra, pelas suas palavras, o quanto havia também de afinidade entre ambos. Diz Chico a Wantuil: "Ao recebê-la, recordei o nosso Dr. Guillon, em 1942, quando se organizou o *Reportagens de além-túmulo*. Ele e eu, embora distantes um do outro, combinamos o esforço para o mesmo fim".

7.3 Como se observa, os dois, sintonizados com o trabalho do Alto, embora estivessem separados no espaço, vibravam uníssonos, conjugando esforços para um objetivo comum.

No trecho seguinte, assinalamos uma das mais significativas passagens da história do Espiritismo no Brasil. Chico Xavier cumprimenta Wantuil de Freitas:

> Meus parabéns pelo trabalho que foi efetuado junto à Chefatura de Polícia. Hoje, os jornais, aqui em Minas, já noticiam a decisão administrativa de fazer cessar as restrições contra as nossas atividades religiosas. A notícia me alegrou muito e felicito-te pela medida.

Este pequeno texto traz ao nosso conhecimento uma grande vitória conquistada pelo extraordinário trabalho de Wantuil de Freitas. Trabalho esse que fora, porém, iniciado pelo Dr. Guillon Ribeiro e ao qual Wantuil deu prosseguimento e levou avante, com seu dinamismo e decisão, até obter o êxito almejado.

Essas restrições, a que Chico se refere, tiveram início na administração do Dr. Luiz Olympio Guillon Ribeiro, mais precisamente no dia 27 de outubro de 1937, quando — pela primeira vez — a Federação Espírita Brasileira teve fechadas as suas portas por quase 72 horas. O segundo fechamento da FEB ocorreu em 10 de abril de 1941, também ao tempo do Dr. Guillon Ribeiro.

Para melhor entendermos esses acontecimentos, transcrevemos a palavra abalizada do então Presidente da *Casa-Mater* do Espiritismo, em seu relatório, de 15-7-1941.

7.4

Estes dados, extraímo-los do substancioso trabalho do confrade Clóvis Ramos, intitulado *Documentos e Depoimentos para a História do Espiritismo no Brasil* (2ª parte), publicado em *Reformador*, n° 1.835, de fevereiro de 1982. Eis a narração minuciosa de Guillon Ribeiro:

> Se bem vos acheis a par de todo o ocorrido, não podemos, nem devemos, para conhecimento dos que, de futuro, tratando da marcha do Espiritismo em nosso País, estudem o período que ora transcorre, deixar de dizer alguma coisa acerca do fato singularíssimo do fechamento de todas as agremiações espíritas desta Capital, a Federação inclusive, em virtude de uma Portaria do Chefe de Polícia, datada de 9 de abril do ano corrente e publicada no dia seguinte.
>
> Segundo rezava a ordem de fechamento, cujas determinantes reais ainda desconhecemos e não perquirimos, por nos parecer inútil, quando não ocioso, tinha ela por fim obrigar aquelas agremiações, para poderem funcionar normal e regularmente, a se registrarem no departamento policial, mediante a apresentação dos documentos que a Portaria indicava.
>
> Obedecendo sem hesitar, como lhe cumpria, de conformidade com o espírito da Doutrina Cristã, à referida ordem, a Federação cerrou suas portas a 10 daquele mês [...].

7.5 Tendo requerido, ainda em cumprimento da Portaria em questão, o seu registro, instruindo o pedido com os documentos que esta última exigia, a Federação, que já no dia 14 obtivera permissão para o funcionamento da sua secretaria e tesouraria, da sua biblioteca e do serviço de pagamento de pensões, foi autorizada, no dia 17, a funcionar livremente, até que o seu requerimento de registro fosse despachado.

Esse despacho saiu publicado faz poucos dias, em termos que não nos surpreenderam menos do que os do próprio ato com que nos ocupamos, mas que nos abstemos de apreciar, uma vez que, seja como for, permitem que a Casa de Ismael prossiga sem constrangimento em suas atividades e labores habituais.

Com relação às sociedades desta Capital que lhe são adesas, a Federação, como não podia deixar de agir de outra maneira, em favor delas, visto que cada uma tinha de satisfazer individualmente às exigências da Portaria, exigências que se estendiam até à identificação pessoal dos respectivos diretores, fez o que estava ao seu alcance, orientando-as sobre a forma de se conduzirem no caso ocorrente, ministrando-lhes todas as instruções e esclarecimentos de que necessitavam e dizendo-lhes de que modo deveriam proceder, uma vez requerido o registro, para desde logo reencetarem seus trabalhos ordinários. Assim se houve na emergência a Federação, cônscia de estar cumprindo estrito dever, mas, por isso mesmo, sem estrépito e sem alardear a prestação de serviços excepcionais, ao que, aliás, sempre e sempre se furta, por incompatível semelhante atitude com os postulados básicos da Doutrina dos Espíritos, acorde, natural e logicamente, em todos os pontos, com a Doutrina Cristã.

Quando Wantuil de Freitas assume a Presidência da Federação Espírita Brasileira, as Portarias policiais

ainda vigoravam, constrangendo as instituições espíritas a cumprirem exigências descabidas, em desacordo com a liberdade de culto existente no País. Wantuil lançou-se, então, à luta, para que o Espiritismo tivesse a igualdade de direitos concedidos às demais religiões.

Extraímos da 3ª parte de *Documentos e Depoimentos para a História do Espiritismo*, publicada em *Reformador* n° 1.836, de março de 1982, o trecho do Relatório de Wantuil de Freitas, no período de julho de 1944 a junho de 1945:

7.6

> Conforme noticiou o nosso órgão, a Diretoria nomeou uma comissão para se entender com o Chefe de Polícia, Sr. Ministro João Alberto, a respeito das celebérrimas Portarias policiais, criadas desde há alguns anos e que impediam os nossos confrades de exercer livremente o direito de liberdade de culto, assegurado pela Constituição do País. Diante da exposição que esses companheiros fizeram àquela autoridade, as portarias foram revogadas e o Espiritismo teve os seus direitos respeitados quanto à liberdade de se reunirem os espíritas, sem necessidade de se registrarem na polícia, em perfeita igualdade com os direitos sempre concedidos às demais religiões.

E como diz Clóvis Ramos em seu comentário: "Uma vitória que ainda nos felicita!".

— 8 —
ART. 282 E 284 DO CÓDIGO PENAL BRASILEIRO – POLÍTICA

26-4-1945

8.1 [...] Tenho consagrado todas as minhas horas disponíveis ao trabalho de André Luiz. Recebi as mensagens publicadas em *Reformador*, a que te referes. Há dias, ouvi Emmanuel sobre o assunto, sendo que ele aconselhou fossem todas elas (com exceção de algumas) colocadas em futura edição provável do *Novas mensagens*. Diz ele que não será útil fazer uma nova publicação com esses trabalhos e, de agora em diante, o nosso velho amigo é o *Irmão X* para todos os efeitos, sendo de esperar que ele nos dê algo, de novo, mais tarde, sob esse nome igualmente novo, não é? Recebi ontem a 3ª edição do *Novas mensagens*, o que te agradeço e, assim, esperaremos o futuro e teremos bastante tempo para tratar do caso, não achas? A propósito, envio-te a nova mensagem que recebi do *Irmão X* ontem, e que passo para as tuas mãos. Achei-a muito interessante.

Muito grato pelas notícias do nosso estimado e bom amigo Sr. Fígner. Espero em Jesus, que, conforme me contas, possa eu, em breve, ouvi-lo ao telefone [...].

Muito grato pela notícia do *Parnaso* nas alturas. Creio que é a primeira vez que as suas páginas terão sido lidas em avião, não é mesmo?

Chico se dedica, como declara, ao novo livro de André Luiz, cujo título ele informa a Wantuil na próxima carta.

Em seguida, refere-se às mensagens de Humberto de Campos e que levariam agora — conforme fora combinado — a assinatura de *Irmão X*. Naturalmente, tanto ele quanto Wantuil têm ainda em mãos algumas mensagens com o verdadeiro nome do célebre escritor brasileiro e, prudentemente, segundo a orientação de Emmanuel, não fariam nova publicação com esses trabalhos. Aguardariam, assim, que com o pseudônimo de *Irmão X* ele transmitisse outras páginas mediúnicas. Como o próprio Chico diz, estava sendo lançada a 3ª edição do *Novas mensagens*, onde consta o nome de Humberto de Campos como autor espiritual.

O último parágrafo do trecho da carta acima refere-se a uma viagem aérea que Wantuil tinha realizado, tendo este informado ao Chico que aproveitara o tempo do percurso para rever provas de máquina de nova edição do *Parnaso de além-túmulo*: "Estou rogando a proteção de Jesus para as tuas providências 'anti-282 e 284'. Que Jesus nos proteja, a fim de que possamos intensificar os serviços do bem".

Chico faz, no texto acima, importante menção ao trabalho verdadeiramente brilhante de Wantuil de Freitas no sentido de conseguir a modificação dos artigos 282 e 284 do Código Penal Brasileiro, os quais atingiam, especialmente, os médiuns curadores. Na

8.2

defesa destes, isto é, buscando assegurar a todos os médiuns o direito de ajudar o próximo e de praticar a caridade em nome de Jesus, Wantuil de Freitas irá até ao Presidente da República! Só este fato bastaria para assinalar indelevelmente a presença de Wantuil na história do Espiritismo no Brasil.

8.3 Também aqui, valemo-nos do trabalho de Clóvis Ramos, *Documentos e Depoimentos para a História do Espiritismo no Brasil*, em sua 3ª parte, publicada em *Reformador* n° 1.836, de março de 1982, transcrevendo um trecho do relatório de Wantuil de Freitas, no período de julho de 1944 a junho de 1945, apresentado à Assembleia Deliberativa da FEB. Primeiro, a explicação de Clóvis Ramos:

> A luta maior foi, e tem sido contra o que os inimigos do Espiritismo fizeram constar do Código Penal Brasileiro, com o fito de atingir os médiuns curadores, que tantos serviços prestavam, e ainda prestam, aos pobres deste País, dando de graça o que de graça recebem, como manda o Evangelho. Lutou, a FEB, com denodo, contra os artigos 282 e 284, do nosso Código em vigor.

E agora a palavra do Dr. Wantuil de Freitas:

> Não se descuidou também a Diretoria de defender o nosso ponto de vista relativo à interpretação que o Judiciário vem dando aos artigos 282 e 284 do Código Penal. Todas as nossas exposições anteriores foram mandadas arquivar pelos Srs. Ministros da Justiça, diante dos pareceres dos consultores jurídicos do Ministério; no entanto, no correr

do exercício, nova exposição e novos argumentos dirigimos ao Sr. Presidente da República, solicitando alteração, modificação ou revogação dos referidos artigos. Sobre essa última exposição de motivos, felizmente, nos é dado comunicar-vos, com absoluta segurança, que ela mereceu ser informada favoravelmente pelos juristas do Ministério; todavia, como o Sr. Ministro lhe desse o despacho: "Examine-se oportunamente" — resolvemos apelar para o Sr. Presidente da República, pedindo-lhe uma audiência, na qual lhe expusemos, em data de 16 de julho,[3] as razões em que nos baseamos.

Pode-se imaginar gesto mais positivo, mais firme, mais direto e decidido em defesa do Espiritismo? Por incrível que pareça, Wantuil de Freitas teria não apenas essa, mas outras atitudes igualmente arrojadas e decisivas, defendendo a nossa Doutrina, numa época em que era preciso lutar até mesmo pelo direito de ser espírita. Pelo direito de ir ao centro. Pelo direito de ver a Doutrina Espírita reconhecida e respeitada como religião.

8.4

E o *Reformador* de agosto de 1946 traz o relato complementar de Wantuil:

> Em 16 de julho estivemos em presença do Sr. Presidente da República, em audiência previamente marcada, a fim de conseguirmos que S. Exa. examinasse as ponderações que lhe apresentamos quanto à injustiça dos artigos 282 e 284 do Código Penal, criados pelos adversários do Espiritismo, em desrespeito à Constituição do País. Prometeu-nos S. Exa. que iria estudar o processo que se encontrava em mãos do seu Ministro da Justiça, aliás, segundo fomos informados,

---

3   N.E.: Trata-se de 16 de julho de 1945.

com parecer favorável; no entanto, encaminhado pelo Sr. Ministro para o Sr. Consultor-Geral da República, o processo não voltou às mãos do Presidente, visto que as Forças Armadas entregaram a direção do País ao Poder Judiciário. Dessa forma, deveremos esperar que a Nação volte ao seu estado normal, para prosseguirmos em nossos trabalhos.

8.5   Vejamos agora o que estatui o nosso Código Penal e que é tão prejudicial ao Espiritismo, ao livre exercício da caridade que visa a aliviar os males do corpo e da alma:

> Tratando do exercício ilegal da Medicina (esclarece Clóvis Ramos, acima citado), arte dentária e arte farmacêutica, diz o seguinte:
>
> Art. 282. Exercer, ainda que a título gratuito, a profissão de médico, dentista ou farmacêutico, sem autorização legal ou excedendo-lhe os limites:
>
> Pena — detenção, de seis meses a dois anos.
>
> Parágrafo único. Se o crime é praticado com o fim de lucro aplica-se também multa, de um a cinco contos de réis.
>
> Tratando do charlatanismo:
>
> Art. 284. Inculcar ou anunciar cura por meio secreto ou infalível:
>
> Pena — detenção, de três meses a um ano, e multa, de um a cinco contos de réis.
>
> Da interpretação desses dispositivos legais (prossegue Clóvis Ramos), aconteceram, e ainda acontecem, perseguições aos médiuns, que, de vez em quando, se veem às voltas

com a polícia, acusados do *exercício ilegal da Medicina*, confundidos, muitos deles, com mestres do charlatanismo...

8.6 O que me dizes sobre a política é o que eu penso. Nossa tarefa é com o Cristo de Deus. As *sereias estão cantando*, mas a verdade é que o nosso coração não foi chamado para esse gênero de lutas. O Bispo de Maura[4] me escreveu uma carta longa (cuja cópia com a cópia de minha resposta enviarei, breve, à leitura confidencial com o Ismael), acreditando eu que ele também está interessado em movimento político. Estou respondendo a ele, com instruções de Emmanuel (a mim, particularmente) lembrando que o nosso trabalho não pode esquecer aquele ensinamento do Divino Mestre — A César o que é de César e a Deus o que é de Deus. Logo que eu voltar da viagem te enviarei as cópias para leres com o Ismael [...].

Chico utiliza a interessante imagem *as sereias estão cantando* para simbolizar o fascínio, a atração que a política exerce sobre muitas pessoas. Também ele não escapou de *ouvir o canto das sereias*, isto é, de ser convocado a entrar no jogo político, com a promessa de ofertas tentadoras, caso desse seu apoio a algum político, entretanto, apesar de ouvir-lhes o canto, não hesita em prosseguir na sua caminhada. E sobre isto comenta com o amigo, dizendo: "Nossa tarefa é com o Cristo de Deus [...]. Nosso coração não foi chamado para esse gênero de lutas". É evidente que Chico sabe não ser essa a tarefa de ambos.

---

4   N.E.: Bispo dissidente da Igreja Católica.

8.7 Como detalhe curioso, a revelação de que o Bispo de Maura lhe escreve longa carta, supondo que Chico estaria interessado em se projetar no cenário político. A resposta de Chico Xavier, sob a orientação de seu mentor espiritual, enfatiza junto ao Bispo o ensinamento do Divino Mestre para aqueles que estão a Seu serviço: "A César o que é de César e a Deus o que é de Deus". Chico promete a Wantuil enviar-lhe, para que leia, juntamente com Ismael, a cópia da carta do Bispo de Maura e a cópia da resposta que ele lhe remeteu.

— 9 —
SE JESUS COBRASSE DIREITOS AUTORAIS – LIVROS INFANTIS

30-3-1946

[...] De todos os tópicos de tua última, destaco o caso [...] como um fato de amargar. Surpreendi-me bastante. Não o supunha capaz de semelhante gesto. Julgava-o distanciado das ideias de direitos autorais. E, como a questão por ele suscitada em carta endereçada às tuas mãos é muito triste, limito-me a dizer: "Que pena!" — Imagine, meu caro Wantuil, se Jesus nos cobrasse direitos autorais de suas bênçãos, aonde iríamos. É por isso que estranho a cobrança de tais vantagens por parte daqueles que o servem neste mundo. Isso é compreensível nos servidores da morte, sempre receosos do presente e do futuro, mas, nos filhos da Vida Eterna, não posso compreender.

9.1

Chico Xavier jamais aceitou um centavo pelas vendas de seus livros. Todas as suas obras mediúnicas tiveram os direitos autorais cedidos, inicialmente à FEB e, anos mais tarde, a outras instituições e editoras às quais ele quis beneficiar também.

É natural, portanto, que ele se admirasse ao ver que determinado companheiro não abria mão dos direitos autorais de suas obras. Tem então um comentário que merece destaque e que iremos analisar por partes: "Imagine, meu caro Wantuil, se Jesus nos cobrasse direitos autorais de suas bênçãos, aonde iríamos. É por isso que estranho a cobrança de tais vantagens por parte daqueles que O servem neste mundo".

9.2 Há dois milênios vimos mercadejando as bênçãos que o Senhor nos concede. Foi fácil estabelecer um preço para servi-lo. Foi extremamente simples para os homens transformarem os templos em verdadeiros mercados onde Jesus fosse comercializado, diariamente. Ainda hoje, o homem acha natural o comércio da fé e a freguesia se acostumou a pagar porque torna tudo mais cômodo e menos trabalhoso.

A Doutrina Espírita, o Consolador prometido por Jesus, veio restabelecer a Verdade. Ela nos traz o Evangelho em sua feição pura e real. Os erros humanos que descaracterizaram e desfiguraram quase totalmente os ensinos do Senhor já não mais obscurecem as suas luzes. Por isso, em Doutrina Espírita tudo é absolutamente grátis. Todos trabalham pela honra de servir, pelo anseio de fazer o bem e ser bom. A mediunidade é exercida com espírito de caridade e amor, compreendendo-se que todo bem promana de Deus e que os médiuns são instrumentos humanos de que se valem os benfeitores da Vida Maior para espalhar as bênçãos divinas. Da mesma forma a pregação doutrinária e todo e qualquer labor vinculados à Doutrina Espírita.

Isso é compreensível nos servidores da morte, sempre receosos do presente e do futuro [...]: **9.3**

os que transformam os benefícios e bênçãos do Senhor em comércio;

os que deturpam os ensinamentos do Mestre;

os que se valem de sua posição de condutores de almas, para desviá-las e induzi-las ao erro e ao mal;

os que sendo chamados se negam ao testemunho;

os que renegam o Cristo e se dizem céticos;

os que O combatem;

os que traem as promessas e compromissos assumidos com Ele, estes são os servidores da morte e, consequentemente, estão sempre receosos do presente e do futuro.

[...], mas, nos filhos da Vida Eterna não posso compreender.

Chico assim denomina os espíritas:
— aqueles que compreenderam os ensinos de Jesus;
— os que O servem com abnegação;
— os que O buscam com fé e esperança;
— os que trabalham por amor, em Seu nome;
— os que renunciam a si mesmos para que Ele viva.

Filhos da Vida Eterna: que doce e consoladora certeza esta. Que grandes e graves responsabilidades nos transmitem!

9.4 Vale-nos o gesto gentil do Dr. Chiodo, que, dedicado ao teu bom coração, nos reconforta a todos nós.

Comunico-te que terminei a cooperação mediúnica com André Luiz no novo livro, em 25 deste mês. O livro foi intitulado *Obreiros da vida eterna*, por nossos amigos espirituais. Remeti-o ao Quintão em 26 do corrente, esperando que já lhe tenha chegado às mãos. Pedi a ele fizesse a entrega do trabalho, após a sua leitura, à livraria da Federação, aguardando, para breve tempo, a tua opinião sobre o novo esforço. Acho muito interessante as descrições que o autor espiritual nos faz das zonas da Erraticidade,[5] bem como as narrativas sobre os fenômenos da desencarnação. Esperarei o teu parecer, com o interesse de sempre.

Ligeiro comentário de Chico sobre o assunto abordado por André Luiz em seu novo livro, o 4º da série. Neste, as descrições das zonas inferiores da Erraticidade são já bastante detalhadas, fazendo assim uma preparação para o livro que viria algum tempo depois — *Libertação* (o 7º da série). Outrossim, em *Obreiros da vida eterna* o autor espiritual relata quatro casos de desencarnação e uma desencarnação adiada.

Emmanuel tem comentado os nossos propósitos de algo receber para os círculos infantis. Diz ele que receberemos

---

[5] N.E.: Os Espíritos (desencarnados) que ainda necessitam reencarnar para se aperfeiçoar, enquanto aguardam (no Plano Espiritual) uma nova encarnação, encontram-se na Erraticidade. É o intervalo em que se encontra o Espírito de uma encarnação para outra. Os Espíritos puros que atingiram a perfeição não são errantes, porque não precisam mais reencarnar (Vide questões 223 a 233 — *Espíritos errantes*, de *O livro dos espíritos*, de Allan Kardec).

trabalhos simples, dedicados diretamente aos pequenos e aos adolescentes, acrescentando que precisamos de serviços como esses que interessem de modo mais fundamental o espírito infantil para que a matéria não fique tão somente nos ensinos dos professores de Doutrina, empenhados no esforço hercúleo de provocar o interesse dos pequenos aprendizes. Isso — diz ele — dificulta as lições, porque os orientadores se cansam antes de conquistar a atenção dos alunos. Afirmou-me, pois, que precisamos de livros de feitio pequeno e alegre que possam interessar os lares espiritistas ou cristãos de qualquer escola diferente. Para isso — assegurou-me o nosso amigo espiritual —, precisamos ir pensando em arranjar o concurso de um bom desenhista e, ainda que a publicação fique cara, poderíamos experimentar com edição reduzida. Transmito-te o que ouvi dele para irmos mentalizando, não é? Perdoa-me.

Nessa primeira notícia sobre o livro infantil, notamos a preocupação de Emmanuel em atender à criança. De fato, como veremos adiante, logo depois Chico Xavier inicia o trabalho de psicografia de livros infantis. 9.5

No programa traçado por Emmanuel, todas as faixas etárias são atendidas. Todas as necessidades humanas foram auscultadas e recebem o atendimento compatível. Hoje, transcorridas quase quatro décadas após essa carta, verificamos que o programa foi cumprido à risca. Há livros que atendem a todas as criaturas e a todos os problemas da Humanidade.

"Ultimamente, sinto-me algo adoentado, mas espero seja coisa passageira [...]. Aguardo teus informes sobre o novo livro de Zilda Gama [...], que possamos ter a alegria de vê-la cooperando ativamente nos serviços da causa".

9.6 Chico Xavier sempre apreciou o trabalho da médium Zilda Gama e falará sobre ele várias vezes nesta correspondência.

> Recebi teus apontamentos sobre os nossos irmãos [...], e os demais. Eles vão criticando e seguiremos trabalhando. O padre Júlio Maria (era um padre francês, segundo apontamentos de Wantuil, a lápis, na carta) começou uma série de trabalhos combativos contra o *Parnaso de além-túmulo* e, depois, contra Emmanuel e os nossos amigos da Espiritualidade, em agosto de 1932. Durante doze a treze anos, escreveu mensalmente artigos de excomunhão e perseguição sombrios. Quando esse amigo desencarnou, ultimamente, disse-me Emmanuel: "Vamos orar pelo nosso irmão Júlio Maria; com ele sempre tivemos um cooperador maravilhoso —, dava-nos coragem na luta e concitava-nos a trabalhar. Os adversários são nossos valiosos instrutores e colaboradores de importância." Foi Emmanuel que também me disse um dia: "Não te aflijas com os que te batem — o martelo que atormenta o prego com pancadas fá-lo mais seguro e mais firme [...]".

Com que serenidade Chico Xavier revela que a sua obra mediúnica e o próprio Emmanuel sofreram, de determinado irmão de outra crença, uma perseguição que durou doze a treze anos. Com a desencarnação desse irmão, Emmanuel lembra ao Chico a necessidade de orar por ele. E de novo nos ensina que o adversário coopera conosco, fiscalizando-nos e impelindo-nos a andar com mais cuidado e acerto.

9.7 É de Emmanuel a frase final, verdadeiramente sábia quão oportuna, merecendo destaque para nossa meditação: "Não te aflijas com os que te batem — o martelo que atormenta o prego com pancadas o faz mais seguro e mais firme".

— 10 —
VENERANDA – LIVROS INFANTIS

9-4-1946

10.1 [...] Meus parabéns pela inauguração das conferências espiritistas-cristãs na penitenciária. É um trabalho precioso, para o qual peço a cooperação de nossos Maiores [...]. Peço-te esperar mais um pouco a leitura do Quintão, no que se refere ao *Obreiros*... Aguardo a satisfação de trocarmos ideias em breves dias, quando terei a alegria de receber tua palavra estimulante e encorajadora de sempre [...]. Comecei a psicografar os primeiros trabalhos dedicados à infância. São de autoria de Veneranda, a ministra de Nosso Lar. Emmanuel tem cooperado nos serviços de transmissão e devo dizer-te, confidencialmente, que, segundo opinião íntima de nosso amigo espiritual, esses dois trabalhos que já estou psicografando são por ela utilizados nos círculos de educação infantil em Nosso Lar, feitas, como é natural, as precisas adaptações ao nosso meio. Peço-te guardar esta última informação contigo somente. Creio que ambos os livrinhos, dois pequenos contos, estarão prontos até o fim deste mês e, segundo estou supondo, serão levados ao Rio pelo nosso próprio amigo Dr. Rômulo Joviano [...]. Emmanuel, que está organizando o serviço de adaptação dos dois trabalhinhos, determinou que fossem reservadas grandes margens em cada página para facilitar o serviço do desenhista [...].

Dez dias após a carta anterior, Chico comunica a 10.2
Wantuil que iniciou o trabalho de psicografia dos dois
primeiros livros dedicados à infância. Estes livros são
Os filhos do grande rei e *O caminho oculto*, ambos de
autoria de Veneranda, a ministra de Nosso Lar.
Abrimos um parêntese para lembrar as referências
que André Luiz faz a respeito de Veneranda, no seu
livro *Nosso lar:*

> [...] É a entidade com maior número de horas de serviço na colônia e a figura mais antiga do Governo e do Ministério, em geral. Permanece em tarefa ativa, nesta cidade, há mais de duzentos anos [...]. Os onze ministros que com ela atuam na Regeneração ouvem-na antes de tomar qualquer providência de vulto. Em numerosos processos, a Governadoria se socorre dos seus pareceres. Com exceção do Governador, a Ministra Veneranda é a única entidade, em Nosso Lar, que já viu Jesus nas Esferas Resplandecentes, mas nunca comentou esse fato de sua vida espiritual e esquiva-se à menor informação a tal respeito. Além disso, há outra nota interessante, relativamente a ela. Um dia, há quatro anos, Nosso Lar amanheceu em festa. As Fraternidades da Luz, que regem os destinos cristãos da América, homenagearam Veneranda conferindo-lhe a medalha do Mérito de Serviço, a primeira entidade da colônia que conseguiu, até hoje, semelhante triunfo, apresentando um milhão de horas de trabalho útil, sem interromper, sem reclamar e sem esmorecer. Generosa comissão veio trazer a honrosa mercê, mas em meio do júbilo geral, reunidos a Governadoria, os Ministérios e a multidão, na praça maior, a Ministra Veneranda apenas chorou em silêncio. Entregou, em seguida, o troféu aos arquivos da cidade, afirmando que

não o merecia e transmitindo-o à personalidade coletiva da colônia, apesar dos protestos do Governador. Desistiu de todas as homenagens festivas com que se pretendia comemorar, mais tarde, o acontecimento, jamais comentando a honrosa conquista.

10.3   No texto da carta há dois pontos muito significativos que cumpre ressaltar. O primeiro, conforme explica Chico Xavier, é que Emmanuel *tem cooperado nos serviços de transmissão*. Trata-se, portanto, de um trabalho com características diversas dos demais no tocante à transmissão da mensagem, o que nos leva a deduzir que Emmanuel estaria servindo de elemento de ligação entre Veneranda e Chico. Pela elevada condição espiritual dessa, entende-se o porquê da necessidade de intermediação do instrutor espiritual do médium durante a psicografia.

Também em comunicações psicofônicas pode ocorrer o mesmo processo. Quando o Espírito que vai transmitir a mensagem está em Plano Espiritual muito elevado, ele se utiliza de outra entidade mais próxima do médium, geralmente o seu guia espiritual, que fica sendo o elemento de ligação. É o que ocorre, por analogia, com a alta-tensão na rede elétrica, que tem de passar pelo transformador, ser graduada para 110 ou 220 volts antes de chegar às residências. Podemos ainda interpretar de outro modo a explicação dada pelo Chico, já que ele não entrou em maiores detalhes. Nesta segunda hipótese, a cooperação de Emmanuel seria no sentido de ajustar uma graduação ideal entre a vibração de Veneranda e a do médium. Isto poderia ser conseguido com a elevação do padrão vibratório do Chico, a uma frequência tal que sintonizasse com a de Veneranda, por sua vez também graduando o seu padrão vibracional para o serviço que iriam empreender. Emmanuel atuaria, então, ajudando o médium, envolvendo-o com seus fluidos e propiciando-lhe condições de recepção.

O segundo ponto que nos chama a atenção é o trecho: "Esses dois trabalhos que já estou psicografando são por ela utilizados nos círculos de educação infantil em Nosso Lar, feitas, como é natural, as precisas adaptações ao nosso meio." Interessante recordarmos os serviços ligados à infância — segundo narra André Luiz — desenvolvidos nos Planos Espirituais mais elevados, como é o caso da colônia Nosso Lar, e, também, como narra o Irmão Jacob, em *Voltei*. Observamos nessas informações que Espíritos desencarnados na infância têm especial atendimento, em verdadeiros lares-escolas sob o zelo amorável de grande número de educadores especializados. É, pois, em um desses educandários de Nosso Lar, que Veneranda utilizava as duas obras que transmite a Chico Xavier.

10.4

Este fez a revelação acima citada a Wantuil e pede-lhe reserva quanto à informação. Prudentemente, achou melhor que tal particularidade não fosse do conhecimento geral. Dá assim uma lição de discrição, de humildade, que nos aproveita muito. Observa-se, hoje em dia, que não temos usado de discrição e

10.5 prudência quanto ao nosso trabalho doutrinário, seja ele qual for. Temos o afã exagerado de autopromoção, de divulgar ao máximo aquilo que possa causar admiração e elogios. Esquecemo-nos de que a discrição é sempre oportuna. Muitas invejas e perseguições seriam evitadas, tanto da parte dos encarnados quanto dos desencarnados, em nosso caminho, se tivéssemos um procedimento um pouco mais comedido e com certa dose de modéstia.

— 11 —
ALTO PREÇO DOS LIVROS

14-4-1946

[...] Ontem mesmo, Dr. Rômulo ausentou-se de PL levando consigo [...] *O caminho oculto* e *Os filhos do grande rei*. São trabalhos simples, de sabor infantil, mas que, se lançados com desenhos próprios e vivos, ao que acredito, despertarão muitas ideias novas nos pequeninos leitores. Deus te dê forças para receberes serenamente as acusações gratuitas dos nossos amigos do grupo *nada serve*. Acham preço alto nos livros edificantes, mas a grande maioria paga excessivamente por inutilidades, em cada dia. Soube, há poucos dias, que, em Belo Horizonte, cada entrada para o cinema ou para o futebol custa entre cinco e nove cruzeiros. Compreendo, pois, que será impossível produzirmos livros que eduquem, a preços desprezíveis. Assim, só peço a Jesus te ajude a suportar os calhaus da incompreensão humana.

Dr. Rômulo vai entregar os livros ao Quintão, logo surja a oportunidade [...].

11.1

Apenas cinco dias depois de informar a Wantuil da psicografia dos dois livros infantis, Chico volta a

escrever, desta vez dando notícias do término da tarefa. Os livros já estão a caminho, levados pelo Dr. Rômulo.

11.2   Chico pede a Deus que fortaleça a Wantuil para que ele possa superar com serenidade as acusações dos amigos do grupo "nada serve". Como se observa, já àquela época a FEB era acusada do alto preço dos livros. Muito boa a ponderação de Chico ao comparar o preço do livro espírita com o de uma entrada para o cinema ou o futebol. Em nossos dias, a situação ainda é a mesma. Embora o livro espírita seja mais barato que os de literatura comum, de qualquer editora, ainda há quem ache exorbitante o preço cobrado. Esquecem-se de que manter uma editora espírita, fazendo-se concessões no aspecto comercial e visando sempre ao interesse maior da Doutrina — como é o caso da FEB —, é tarefa sacrificial. Somente o idealismo puro, o amor à Doutrina Espírita e ao labor na seara do Mestre conseguem vencer as tremendas dificuldades operacionais de uma obra dessa ordem.

Seguindo o raciocínio de Chico Xavier, comparemos o preço do livro espírita com o do ingresso para o cinema, teatro ou futebol. Comparemos o que pagamos e o produto que recebemos em troca. Especialmente nos dias em que vivemos, em que o cinema e o teatro são veículos de uma subliteratura, de uma *arte* (?) desequilibrada e desequilibrante.

Comparemos também o preço de uma revista, dessas de maior circulação. Vejamos o seu preço. Analisemos então o seu conteúdo, a matéria que ela nos oferece, o que divulga, o que defende e prega através de suas páginas coloridas. Com vertiginosa rapidez essa mesma matéria se torna superada e em uma semana outras virão para substituí-la. Em sete dias, a maior parte do que foi lido no número anterior já terá sido esquecido. Em trinta dias ninguém mais se lembrará de nada. E, por incrível que pareça, tais revistas estão custando quase o mesmo preço de um livro espírita. Algumas são até mais caras!

Chico nos alerta há quase quarenta anos: pagamos excessivamente por inutilidades, todos os dias. E reclamamos do preço do livro espírita... "Assim (arremata Chico), só peço a Jesus te ajude a suportar os calhaus da incompreensão humana".

11.3

Ainda hoje os amigos do grupo "nada serve" prosseguem atuantes.

Recordemo-nos de que se em nosso dia a dia estamos sempre achando que "nada serve" (principalmente no que se refere ao trabalho de nossos companheiros), nada está bom e nada presta, o mal não está no mundo que nos cerca, mas, sim, em nós mesmos.

— 12 —
EMMANUEL, PREGADOR DE CARTAZES DO REINO

21-4-1946

12.1 [...] Foi uma nota de alegria a tua informação inicial do sonho dos cartazes. No fim da carta, li a tua referência às notícias do Ismael e ri-me bastante. Emmanuel afirmou, de fato, a um exaltado companheiro, que ele, Emmanuel, nada faz e que é um simples pregador de cartazes convidando à festa do Reino. E acrescentou que ele não foi ainda pessoalmente convidado à festa, mas que está espalhando cartazes por ordem superior. Achei também a ideia muito engraçada [...].

Muito grato pelas tuas instruções, quanto à cláusula a ser observada nos direitos a serem concedidos a outras entidades doutrinárias. Espero, porém, que não precisemos pensar nisso, senão muito raramente, pois a Casa de Ismael está à nossa frente, recordando-nos a extensão de nossos deveres para com ela. Vou entender-me com os nossos companheiros do abrigo Batuíra sobre o assunto. Muito grato ao teu carinhoso cuidado de sempre [...].

Um sonho e uma passagem verídica estão registrados por Chico Xavier, que escreve com alegria sobre ambos.

Chico está confirmando algum comentário feito na carta anterior de Wantuil, relacionado com um sonho. O que sobressai nessas linhas é a afirmativa de Emmanuel de que ele é um *simples pregador de cartazes convidando à festa do Reino*. Há fundamento nesta assertiva do querido instrutor espiritual. De fato, ele tem convidado por toda parte e a toda gente para o grande banquete espiritual de que nos fala o Evangelho. Toda a obra mediúnica de Chico Xavier, orientada por Emmanuel, é o convite amoroso do Cristo que se renova, através do Consolador Prometido. Todos estão sendo convidados. Mas, para comparecer é necessário o traje especial: " [...]. É preciso, antes de tudo e sob condição expressa, estar revestido da túnica nupcial, isto é, ter puro o coração e cumprir a Lei segundo o espírito [...]" (*O evangelho segundo o espiritismo*, cap. 18, it. 2).

Com humildade, Emmanuel acrescenta *que ele não foi ainda pessoalmente convidado à festa, mas que está espalhando os cartazes por ordem superior*. Uma beleza este ensinamento, feito com tanta singeleza e alegria.

Emmanuel é o pregador de cartazes convidando à festa do Reino. Quantos estarão atendendo ao convite? Quantos terão condições de comparecer?

* * *

12.3   No segundo tópico, Chico agradece a Wantuil pelas instruções enviadas para o caso de ceder direitos autorais a outras entidades doutrinárias. Chico admite que algum dia possa, eventualmente, ceder a outras instituições as suas obras psicográficas, embora mencione que só *muito raramente*.

Nessa correspondência, verificamos que foi exatamente quatro anos depois desta carta (22-4-1950) que Chico, conforme permissão de Emmanuel, cede o primeiro livro por ele psicografado para ser editado fora da FEB. Mais adiante veremos a carta em que ele comenta o assunto.

13
PREOCUPAÇÃO DE CHICO XAVIER QUANTO AO AVANÇO DA DOUTRINA – O SEU TRABALHO

31-7-1946

[...] Continuo fazendo votos a Deus para que tudo aí se processe calmamente. Sentindo a delicadeza da hora que atravessamos, rogo a Jesus nos guie na luta e te inspire na ação. Tenho receio de que se forme uma ala de descontentes e revoltados em torno de tua administração que vem produzindo tantos frutos benéficos e substanciais. Encontro-me, porém, em prece, pedindo ao Alto nos ajude e ilumine a todos [...]. 13.1

Grato pelas informações que me envias, quanto ao *Obreiros da vida eterna*. Fizeste muito bem, colocando o texto de acordo com o quadro de apresentação da capa. A tua ideia de modificar a expressão foi muito feliz [...].

Seis dias depois, Chico escreve novamente a Wantuil e, logo no início, refere-se às preocupações de ambos em relação à assembleia da FEB que se aproximava.

13.2   Reconhece, mais do que ninguém, os *frutos benéficos e substanciais* que a administração de Wantuil de Freitas produz. Este fato o leva a recear que se forme uma *ala de descontentes e revoltados*, pois sabe, à saciedade, que quando o trabalhador se empenha e persevera na obra do bem os resultados positivos se fazem sentir, mas logo surgem aqueles que não se afinam com tais resultados. Que sempre pensam poder fazer melhor. Que sentem inveja e ciúme. Que se revoltam por não serem responsáveis pelo êxito. Ou, ainda, aqueles que, tendo outra ótica da tarefa, não se conformam com os métodos adotados.

Intercalando os seus comentários sobre o assunto, menciona o livro de André Luiz, *Obreiros da vida eterna*, e deixa claro que está de acordo com a providência de Wantuil quanto a determinado texto em relação à capa. O mesmo acontece quando ele modifica uma expressão. A identificação entre os dois se torna, a cada dia, mais evidente.

Wantuil tem condições de argumentar, sugerir e modificar. Está à altura dessa tarefa. E consoante o espírito de liberdade existente entre ambos, quando não estão de acordo sobre algum ponto não há constrangimento nessa discordância, mas, sim, troca de ideias até que o pensamento se harmonize para o bom êxito do labor a que se dedicam.

[...] Imagino a tua luta nos círculos grandes do trabalho a que foste chamado. Estou praticamente num retiro distante, em pleno sertão, e, pelo pouco que vejo e sinto, às vezes me reconheço quase vencido pela extensão dos embates morais... Então, passo a calcular o que será a tua batalha enorme sob o fogo cruzado das opiniões contraditórias e das atitudes incompreensíveis. Deus te guarde e te conceda forças para prosseguir.

Chico avalia a extensão das lutas de Wantuil "nos círculos grandes do trabalho". De longe, do "retiro distante", que as características do seu labor assim o exigiam, Chico se mantém sintonizado com a tarefa ingente encetada por Wantuil de Freitas. 13.3

As tarefas dos dois, embora diferentes, se completam.

O trabalho de Chico Xavier para a recepção dos livros, das mensagens do Mundo Espiritual Maior, exige certa reclusão, um ambiente que não lhe traga problemas de cunho administrativo, mesmo os de âmbito menor, e um pequeno grupo de companheiros também sintonizados com o seu ministério apostolar, que lhe garanta um mínimo de tranquilidade imprescindível para levá-lo adiante.

Já Wantuil de Freitas, espírito decidido, culto, dinâmico, bastante avançado para a sua época, é bem aquele desbravador que a FEB necessita àquela hora — para ampliar o trabalho do livro e sedimentá-lo, sem, contudo, descurar-se de todas as outras imensas atividades afetas à Federação e que, igualmente, merecem da sua conhecida competência toda dedicação e empenho para o seu desenvolvimento constante. Durante a sua administração, momentos cruciais e decisivos enfrentados pela FEB, por Chico Xavier e pelo próprio Movimento Espírita foram por ele superados com o necessário descortino, zelo e inspiração.

13.4 Chico descreve muito bem a posição difícil de Wantuil: "Então, passo a calcular o que será a tua batalha enorme sob o fogo cruzado das opiniões contraditórias e das atitudes incompreensíveis".

Os encargos administrativos, conquanto por vezes sejam muito cobiçados, são bastante espinhosos, quando se deseja realmente servir a Jesus.

Aquele que ocupa um cargo diretivo é sempre alvo da análise crítica dos que o circundam. Está em posição de destaque pela natureza do encargo, mas carrega nos ombros graves responsabilidades, das quais deve desincumbir-se do melhor modo possível, se não quiser atrair para si, no futuro, pesado ônus.

Assim, os que ocupam cargos diretivos nas instituições espíritas, em especial os presidentes, têm sempre compromissos assumidos no Plano Espiritual Maior, que deles aguardam testemunhos de fidelidade e amor à causa.

No caso específico de Wantuil de Freitas houve toda uma programação conjunta para que ele desse a necessária cobertura, para que incrementasse e impulsionasse o trabalho missionário de Chico Xavier. Mas, não apenas esse trabalho, e, sim, todos os demais que são pertinentes à *Casa-Mater* do Espiritismo no Brasil. Ao longo de sua profícua administração à frente da

Casa de Ismael veremos os traços marcantes de sua passagem, de sua ação dinâmica e por vezes pioneira, ficando assim o seu nome registrado condignamente na história do Espiritismo no Brasil.

Pela importância de sua missão, naquele momento, Wantuil foi alvo, como não podia deixar de ser, do *fogo cruzado das opiniões contraditórias e das atitudes incompreensíveis*, como observa Chico Xavier.

13.5

A obra do bem é árdua e seu caminho juncado de espinhos. Os que desejam servir a Jesus, os que estão compromissados com Ele, os que escolheram a *porta estreita* não devem esperar flores sob os seus passos e os aplausos imediatos às suas atitudes. Em verdade, os discípulos que se conservam fiéis caminham enfrentando asperezas e obstáculos, quase sempre solitários e incompreendidos. E quanto mais ampla, quanto mais extensa for a responsabilidade do cargo, maiores serão as investidas negativas. Quase ninguém se lembra de oferecer as suas forças para ajudar. Pouquíssimos estão prontos a cooperar e a entender que a obra não é nossa, não é de A ou B, mas de Jesus. Que estão servindo não a este ou àquele, mas à Doutrina Espírita.

Por isso, não é nada fácil enfrentar esse *fogo cruzado* que Chico menciona. Isto porque o servidor atento e fiel não irá revidar com as mesmas *armas*, no mesmo padrão, no mesmo nível. Sua defesa serão seus atos, os exemplos que der, os resultados que apresentar. Terá que ser tolerante sem ser conivente ou omisso. Deverá ser firme e decidido na sua atuação, sem que isto expresse ou signifique qualquer tipo de agressão. Por certo, ocorrem erros, falhas e enganos, e isto é natural, já que ninguém é infalível. Mas, há que se levar em consideração os acertos, os pontos positivos, os resultados benéficos e que dão um saldo favorável, atestando a validade e a qualidade do trabalho.

13.6 Principalmente, aquele que está à frente de qualquer instituição, deverá caminhar com a serenidade que advém da certeza de que jamais conseguirá agradar a todos. Sempre haverá por perto alguém que lhe cobre mais. O essencial é que haja em seu íntimo a noção do dever cumprido.

Seja Jesus o nosso exemplo, o modelo que o Pai enviou aos homens, conforme está na resposta à questão 625 de *O livro dos espíritos*.

> Creio que estamos numa hora séria do Espiritismo no Brasil. A Doutrina avançou muito no terreno da estatística, da aceitação. Precisamos pensar que 400 a 500 mil pessoas declararam-se espíritas no recenseamento em 1940. Como atender aos interesses espirituais dessa comunidade tão grande? Como dar-lhes o pão da alma? Como organizar, isto é, auxiliar a organização dos núcleos iniciantes? Por que processo orientar os milhares de almas que começam, as ajudando a manter a claridade do bom ânimo? Os famintos e sedentos de consolação e de esclarecimento chegam em grande número às nossas fileiras, todos os dias. Como ampará-los e satisfazê-los? Essas perguntas dão-me tristeza. Sei que a obra é de Jesus, que o serviço é do Alto, mas não ignoramos que os mensageiros divinos precisam de mãos humanas. Diz Emmanuel que *não pode haver operação sem cooperação* e fico a cismar, meu caro amigo,

sobre este mundo enorme de trabalho com que somos atualmente defrontados. Sou um nada, uma migalha de pó, bem o sei. E por isso mesmo, sentindo a minha insignificância, peço a Jesus, meu amigo, te guarde o coração no grande ministério de orientação em que te encontras [...].

13.7 Texto atual esse, observadas as devidas atualizações estatísticas para a nossa época, quase quarenta anos depois.

As indagações de Chico Xavier merecem a nossa análise. Transcorridas essas quase quatro décadas já podemos ter algumas respostas. Ou enxergar os rumos que conduzem a soluções objetivas e práticas.

Como estamos hoje?

O próprio trabalho de Chico Xavier trouxe a principal contribuição para minimizar os problemas que ele relaciona. Para clarificar os caminhos.

A partir da sua obra psicográfica, uma nova mentalidade se forma no meio espírita. Seus livros indicam, eles mesmos, as respostas às indagações que ele fez naquele instante.

Hoje, em todo o País circulam as suas obras mediúnicas, numa clara resposta da Espiritualidade Maior, que zela para que o Consolador prossiga em seu avanço progressivo. Diz-nos o Espírito de Verdade:

> Os Espíritos do Senhor, que são as virtudes dos Céus, qual imenso exército que se movimenta ao receber as ordens do seu comando, espalham-se por toda a superfície da Terra e, semelhantes a estrelas cadentes, vêm iluminar os caminhos

e abrir os olhos aos cegos [...] (*O evangelho segundo o espiritismo*. Prefácio).

13.8   O que vemos na atualidade é a confirmação plena dessas palavras. Com os livros psicografados por Chico Xavier ampliou-se o gosto pelo estudo. Como também se formou uma consciência do quão pouco sabemos e do quanto há para aprender. Novos horizontes, amplas perspectivas se abriram. Foi como se no espaço profundo da nossa ignorância se descerrasse uma imensa cortina mostrando aos nossos olhos deslumbrados os planos do Infinito. Cada novo ensinamento nos recorda alguma coisa ou nos desperta para a razão. O raciocínio se amplia, a mente adquire aos poucos uma lucidez que tende a se expandir a cada momento.

E enquanto essa abençoada produção mediúnica, toda ela alicerçada na Codificação Kardequiana, nos abre perspectivas ilimitadas e impele-nos à transformação moral que caracteriza o verdadeiro espírita, conforme preconiza Allan Kardec, Chico Xavier espelha, ele próprio, o exemplo edificante do fiel discípulo do Senhor.

Recordemo-nos, porém, por uma questão de justiça, de que antes dele vamos encontrar também figuras exponenciais que igualmente exemplificaram, através de suas vidas, qual deve ser a atitude do verdadeiro espírita, e que merecem o nosso carinho e respeito: Bittencourt Sampaio, Bezerra de Menezes, Antônio

Sayão, Cairbar Schutel, Anália Franco, Adelaide Câmara, Eurípedes Barsanulfo, Zilda Gama, José Petitinga, Guillon Ribeiro, para citar apenas alguns, que se dedicaram integralmente a Jesus.

Quando Chico Xavier inicia a sua tarefa, vem atender exatamente à grande expansão que a Doutrina Espírita teria dali para frente. Fazia-se, pois, necessário incrementar a sua propagação mediante o livro, que chegaria a todos os rincões, suprindo assim as carências humanas. 13.9

Com que emoção podemos, hoje, responder ao amigo Chico Xavier quando ele pergunta a Wantuil de Freitas:

> Como atender aos interesses espirituais dessa comunidade tão grande? Como dar-lhes o pão da alma? Como organizar, isto é, auxiliar a organização dos núcleos iniciantes? Por que processo orientar os milhares de almas que começam, os ajudando a manter a claridade do bom ânimo? Os famintos e sedentos de consolação e de esclarecimento chegam em grande número às nossas fileiras, todos os dias. Como ampará-los e satisfazê-los? Essas perguntas dão-me tristeza. Sei que a obra é de Jesus, que o serviço é do Alto, mas não ignoramos que os mensageiros divinos precisam de mãos humanas.

Sim, querido Chico, os mensageiros divinos utilizaram-se de suas mãos generosas e produziram milhares de páginas consoladoras, milhares de conceitos esclarecedores que beneficiam hoje milhões de criaturas, derramando sobre elas o bálsamo da consolação, a luz do esclarecimento e abrindo-lhes as janelas da esperança de uma vida que não cessa no túmulo, que prossegue além da morte física, de uma vida que não se extingue porque continua *ad infinitum*, possibilitando transformar o ódio em amor e fortalecendo os amores já existentes, que se sublimam à medida que se despojam de todo o humano egoísmo.

13.10 Esse o pão para as almas, Chico, que você ajudou a repartir.

Estimulados, os espíritos integrados na seara desdobraram já alguma parte desse riquíssimo acervo de ensinamentos. Escritores, oradores, jornalistas, expositores, estudiosos de várias procedências foram despontando e, embora sejam em pequeno número, comparados à grande procura, a essa massa imensa de pessoas que buscam a Doutrina, estão realizando um trabalho de grande alcance, cujos frutos, por ora, apenas começamos a entrever. Novos núcleos espíritas surgiram. Os centros proliferaram, as instituições assistenciais se multiplicaram.

Conquanto possamos fazer restrições, em certos casos, quanto à preservação doutrinária, à qualidade do labor, ou a vários outros aspectos, o fato é que imbuídos de boa vontade e boa-fé muitas almas se arregimentaram para o trabalho da semeadura.

Por outro lado, o trabalho iniciado por Guillon Ribeiro e avivado por Wantuil na Federação Espírita Brasileira, com a ampliação da editora febiana, tem recebido continuadamente, das administrações subsequentes, o impulso necessário para que a gigantesca obra de divulgação da Doutrina Espírita, através do livro, atenda às necessidades de cada momento.

Assim é que a FEB tem, atualmente, um dos mais modernos parques gráficos do país, do qual todos nos orgulhamos.

13.11

A Unificação ganhou consistência, mormente a partir do Pacto Áureo. O sistema federativo foi aperfeiçoado. Com o transcurso do tempo, as ideias e os ideais amadureceram. O ideal de união tornou-se maior e mais firme a cada dia. Há uma aceitação e harmonização dos estados em torno da Federação Espírita Brasileira, graças, principalmente, à criação de um importante método de trabalho que são as zonais. Entendeu-se, finalmente, que a FEB não dita normas. Nunca teve e não tem a pretensão de governar. Não avoca para si o poder — se é que na simplicidade e singeleza da prática da Doutrina Espírita se possa enxergar alguma forma de poder temporal ou material. Não há poder algum em nosso meio. Isto não existe. Como não há supremacia alguma, a não ser a que advém das conquistas espirituais, mas, estas, por isso mesmo, não se jactam, não se impõem e nem procuram o aplauso passageiro do mundo. Se se torna evidente, é tão somente pelos resultados que apresenta, que, como é óbvio, suscita reações contrárias.

As bênçãos do Alto têm sido pródigas e incessantes, todavia vemos com pesar a cizânia em nossas fileiras. As dissidências, bem o sabemos, existem, mas não deixam de ser naturais se levarmos em conta a multiplicidade de níveis de compreensão, a vasta gama de estágios evolutivos. Querer que todos pensem de maneira idêntica, que haja unificação de pensamentos, é uma utopia. Há mesmo salutar efeito nessa variedade, pois as contribuições se diversificam e são essas diferenças que caracterizam cada ser humano. Entretanto, com o tempo, os homens se forjarão mais amadurecidos. O Espiritismo será melhor apreendido e as divergências tenderão, portanto, a diminuir. E acabarão por desaparecer (ainda que nos pareça tardar muito esse momento), como nos assevera o Espírito de Verdade:

13.12 [...] Tenho-vos dito que a unidade se fará na crença espírita; ficai certos de que assim será; que as dissidências, já menos profundas, se apagarão pouco a pouco, à medida que os homens se esclarecerem e que acabarão por desaparecer completamente. Essa é a vontade de Deus, contra a qual não pode prevalecer o erro [...] (*O livro dos médiuns*, cap. 27, it. 301).

Evidentemente, com o aumento considerável de pessoas que buscam o Espiritismo, muita coisa há para ser feita. Muitas lacunas, muitas falhas, muito o que aprimorar. Mas não podemos exigir e cobrar nada de quem quer que seja. Tudo vem a seu tempo. Estamos vivendo a hora em que a mensagem do Espiritismo está sendo espalhada como sementes de luz em milhares de corações. Como na parábola, as sementes encontrarão terreno árido, ou fértil. Não tenhamos pressa ou ansiedade pelos resultados. Trabalhemos no campo que nos foi confiado, fazendo o melhor. Se o nosso irmão ainda não assimilou a mensagem da Doutrina, compete-nos ajudá-lo com o nosso exemplo, com a permuta de experiências, com o estudo fraterno. Cada um está situado no campo de suas aquisições pessoais. O somatório de todas essas realizações forma o Movimento Espírita. São as *mãos humanas* que os mensageiros divinos procuram.

13.13 Compete-nos avaliar, em autoanálise criteriosa, qual tem sido a nossa contribuição para a Doutrina. De que maneira colocamos as nossas mãos a serviço desses mensageiros divinos.

Terminando as suas reflexões em torno do Movimento Espírita, Chico se diz *um nada, uma migalha de pó*, e deixa claro que ele próprio não tem noção de como poderá auxiliar efetivamente. Diz da sua insignificância, da sua pequenez espiritual. E nos dá, assim, a exemplificação da verdadeira humildade, na grandeza de suas conquistas íntimas. Como missionário que é, não se dá conta disso e nem tem a pretensão de sê-lo. Não se julga maior, ou melhor, ao contrário, tem consciência do muito que lhe falta ser. Porque já pode entrever a magnitude das Esferas Elevadas, entende o quanto há de grandiosidade na infinita espiral evolutiva, perante a qual ainda se acha na posição de uma migalha de pó.

Por isso, Chico Xavier diz ao amigo que apesar de sua insignificância estará vibrando por ele e pedindo a Jesus "te guarde o coração no grande ministério de orientação em que te encontras".

— 14 —
TODA TEMPESTADE É TRANSITÓRIA

15-9-1946

14.1 [...] Gratíssimo pelas notícias do nosso prezado Ramiro Gama. Ainda não vi o *Nosso Guia*, a que aludes [...]. De São Paulo me perguntaram se eu li o *Mundo Espírita*, a que te referiste [...], mas o correio não mo entregou, até hoje [...]. Por falar no Ismael, como vai ele? Não tenho notícias diretas desse nosso amigo desde muitos dias.

Espero que o ambiente na Federação esteja calmo. As informações que me deste, relativamente ao Dr. Roberto Macedo, são muito confortadoras. Faço votos para que o movimento continue construtivo, reconfortante. A mensagem de Bittencourt, de 28 último, da qual me mandaste cópia, é excelente. Referir-se-á ele, porventura, ao livro *Regina*, sobre o qual mantive, certa vez, uma conversação com Dr. Guillon? Sei que o grupo espera essa obra, há muito tempo [...]. É um pensamento que me consola sempre, o que nos faz sentir que toda tempestade é transitória, que toda perturbação é aparente.

Agradeço-te as notícias do retrato de André Luiz [...]. Aguardo, com justificado interesse, o teu trabalho sobre "Kardec-Roustaing". Deve ter sido um esforço exaustivo, mas muito lindo, o de procurar notícias das relações de ambos, nas publicações do *Espiritismo jovem*. Creio que esse trabalho, do qual te ocupas agora, é de profunda significação para o nosso Movimento. Esperarei o *Reformador*, de outubro próximo, ansiosamente.

[...] Espero o *Obreiros (da vida eterna)* com muito carinho e, desde já, agradeço-te quanto fizeste por esse novo trabalho de André Luiz. 14.2

Dr. Rômulo, ao que acredito, voltará ao Rio. Penso que tornará a te ver ou te ouvir.

Chico Xavier aguarda duas publicações: *Nosso Guia* e *Mundo Espírita*.

O segundo tópico nos leva a crer que os problemas enfrentados por Wantuil de Freitas foram contornados. A ligeira referência sobre uma mensagem de Bittencourt Sampaio, datada de 28 de agosto (28 último), e considerada excelente por Chico Xavier, é a evidência de que os benfeitores espirituais estão atentos e vigilantes e apoiam as iniciativas de Wantuil. Chico conclui, bastante reconfortado, que *toda tempestade é transitória, que toda perturbação é aparente*. Os instrumentos da perturbação e a perturbação em si mesma, conquanto nos possam parecer invencíveis, não subsistem ante as forças do Bem e da Verdade.

Chico manifesta, em seguida, o seu interesse sobre o trabalho que Wantuil faz sobre *Kardec-Roustaing*, em *Reformador*, de 1946, e tece comentários a respeito da pesquisa por ele efetuada.[6]

---

6 Nota à 2ª edição: *Kardec-Roustaing* é trabalho de autoria de Ismael Gomes Braga, e não de Wantuil. Faz parte, todo ele, do livro *Elos doutrinários*, editado pela FEB.

— 15 —
O QUE É PRIORITÁRIO
– FOTOGRAFIAS

25-9-1946

15.1 [...] Enviados por tua gentileza, tenho o *Mundo Espírita* e *Nosso Guia* nos quais li os trabalhos que nos interessam.

Deus te conceda forças para a batalha, silenciosa e incessante. Ainda bem que o teu espírito não se detém no que é secundário [...]. Muito te agradeço os parabéns pela conquista de natureza funcional em meus serviços. Não sei bem o que quer dizer a Constituição, mas espero que essa garantia seja, de fato, segura. Lemos o texto mal, mas estamos dependendo da interpretação das autoridades superiores aí do Rio. Vamos ver. Como a lei é boa, espero que a interpretação não seja má.

As duas publicações aguardadas por Chico Xavier chegam finalmente às suas mãos.

Ele se refere aos trabalhos ali publicados que são do interesse de ambos.

Pelo tópico seguinte, pode-se depreender que encerram artigos desfavoráveis a Wantuil, ou ao seu trabalho, pelo que Chico lhe dirige palavras confortadoras, terminando por dizer: "Ainda bem que o teu espírito não se detém no que é secundário".

E o que é *secundário* para o trabalhador afeiçoado ao bem? 15.2

Há muitas tentações, digamos assim, na sua caminhada. Situações criadas para distraí-lo no cumprimento da tarefa, desviando-lhe a atenção. Segundo a benfeitora espiritual Joanna de Ângelis, em seu livro *Rumos libertadores*, psicografado por Divaldo Franco, pessoas são colocadas no seu caminho — pelos que estão empenhados em perturbar e obstar-lhe a marcha — para criarem problemas que entravam a continuidade do labor. Diz ela: "Atiram pessoas-problemas nos braços da ação enobrecedora, objetivando situações embaraçosas e perturbadoras" (p. 109, 1. ed.).

Levantam-se críticas ferinas e injustas, criam-se intrigas, surgem suspeitas injustificadas, enfim, forma-se ao redor do bom seareiro o tumulto, o alarido, levando-o a perder precioso tempo em responder, em se justificar, em contestar, ou, ainda, a desanimar ante o assédio negativo. Entretanto, o operário vigilante saberá não se deter diante do que é *secundário*, tendo em vista a grandeza da obra que não lhe pertence. A meta prioritária é servir a Jesus, silenciosa e incessantemente, levando a toda parte o Seu Evangelho à luz da Doutrina Espírita. Esse o labor prioritário. Tudo o mais se torna, pois, secundário.

Gostei de tuas apreciações sobre a fotografia. Todos os fotógrafos deste mundo entendem de me ajudar. Imagina que um deles chegou a me fazer retratos tão escandalosamente retocados e coloridos que tive de agradecer, receber e... queimar. Em compensação, os retratistas do outro mundo não me perdoam e fazem-me sentir, a cada hora, a extensão de minha fealdade, para ver se eu conserto alguma coisa antes da morte do meu corpo. Esses fotógrafos são tão bons que não me retratam, porque se o fizessem toda gente fugiria de mim. Mandei também um retrato daqueles ao Ismael e estou esperando a reação dele. Vamos ver o que dirá. Estou certo de que ele me escreverá ajudando-me a combater a vaidade.

15.3 Chico faz, segundo a sua opinião, o seu autorretrato. São bastante curiosas as suas comparações sobre os fotógrafos da Terra que tentam melhorar o seu aspecto e os *retratistas do outro mundo*, que, conforme diz, não lhe perdoam a fealdade espiritual.

Em sua espontânea humildade, Chico afirma que estes últimos aguardam que ele conserte alguma coisa antes de desencarnar.

> Achei interessante tua notícia sobre a aquisição de *A bem da verdade*. Estou perseguindo esse livro, desde algum tempo, e nada consegui até agora. Se eu chegar a adquiri-lo, como espero, enviar-to-ei. Tenho encontrado muitos obstáculos.
>
> Lastimo a prisão dos originais últimos. Que pena, hein? Temos de estudar algum meio que solucione o assunto.
>
> Sinto inveja da leitura que vens fazendo com o Ismael da *Revue Spirite*. Deve ser um encanto entrar em contato com essas coleções antigas. Creio que estás fazendo esse trabalho com a inspiração de nossos Maiores. Creio, não tenho a

certeza disso. Que possamos recolher muitos frutos dessa tarefa abençoada, é o meu desejo muito sincero.

Aguardo tuas notícias novas sobre a revisão do *Roustaing*.   **15.4**
Não te excedas nesse serviço. Das 7 às 23 horas é demais. Resguarda teus órgãos visuais. Lembra-te de que a tua família espiritual é hoje enorme.

[...] Wantuil, envio-te uma cópia da mensagem de Emmanuel, solicitada por irmãos nossos do II Congresso Espírita de Maceió [...]. Como já sei que a publicidade é máquina inconsciente, dou-te ciência do fato, lamentando não ter podido ouvir-te antes. Quis telefonar-te [...], mas a rede estava com atraso de 11 horas, impedindo-me a realização do desejo. Desculpa-me [...].

No quarto tópico, Chico menciona o livro *A bem da verdade*. Diz estar interessado em lê-lo. Na carta seguinte ele volta ao assunto, quando faremos o nosso comentário.

— 16 —
MÃOS AMIGAS NO TRABALHO ESPIRITUAL

29-9-1946

16.1 [...] Deus te pague pelo conforto que me envias sempre com a tua palavra encorajadora. Seria difícil, impossível mesmo, transitar pelo caminho das obrigações rituais, sem mãos amigas que nos ajudem o entendimento. Meus agradecimentos, pois, à tua dedicação de sempre.

Chico assinala o apoio e a solidariedade com que Wantuil o cerca. Também ele não prescinde dessa ajuda espontânea e sincera. Aqueles que trilham o *caminho das obrigações espirituais*, que bem sabemos áspero e difícil, não podem prescindir das *mãos amigas*, da permuta de vibrações com os companheiros que se harmonizam com o mesmo ideal. É o que André Luiz denomina de vibrações compensadas, afirmando em belíssimo trecho:

> É da Lei, que nossas maiores alegrias sejam recolhidas ao contato daqueles que, em nos compreendendo, permutam

conosco valores mentais de qualidades idênticas aos nossos, assim como as árvores oferecem maior coeficiente de produção se colocadas entre companheiras da mesma espécie, com as quais trocam seus princípios germinativos. (*Nos domínios da mediunidade*, cap. 1, p. 18, 14. ed. FEB).

Wantuil de Freitas, embora distante fisicamente, é uma presença constante e amiga ao lado de Chico Xavier. 16.2

> [...] Tuas informações, referentemente ao livro que encontraste e que eu procurava, esmoreceram-me o desejo de lê-lo (*A bem da verdade*). A cópia do teu artigo [...] dá-me a ideia do que vem a ser o trabalho. Ê uma pena! Pensei que o livro apresentasse aspectos do assunto com substância mais elevada.
>
> [...] Aguardo com muito interesse a nova edição do *Roustaing*. Constituirá um grande serviço à Causa da Verdade e do Bem, nos moldes de que me tens dado notícias.

A bem da verdade, de autoria de Henrique Andrade, é livro de combate à obra *Os quatro evangelhos,* de J.B. Roustaing. Quando Wantuil informa a Chico quanto ao seu conteúdo, este desiste de lê-lo. Não porque fosse um livro contrário a *Os quatro evangelhos,* mas, sim, porque não corresponde à sua expectativa de encontrar em suas páginas *aspectos do assunto com substância mais elevada*. O comentário de Chico Xavier é feito sem qualquer laivo de crítica ferina, contundente ou depreciativa. Ele apenas lamenta que não haja argumentos e conteúdo substancial no livro mencionado.

[...] A publicação de um livro alusivo à organização federativa da FEB é excelente realização. Desenvolverá, a meu ver, novos campos educativos entre pessoas e agrupamentos.

O livro sobre pontuação que me enviaste, certamente chegará no correio amanhã [...]. Achei admirável a regra-síntese que me deste: "Não separar o sujeito do verbo e do objeto direto".

Grato pelas notícias do Grupo Ismael. Espero em Deus que tudo esteja bem. Não sabia que o Dr. Sylvio era médium. Conheci-o, pessoalmente, quando estive no Rio pela penúltima vez, apresentado pelo Dr. Henrique Andrade, que me conduziu à presença dele, no gabinete do ex-Ministro da Fazenda, Dr. Souza Costa. Foi muito generoso comigo, tratou-me com muita gentileza, mas até hoje ignorava que ele estivesse com tarefa mediúnica [...].

Por onde anda o professor Arnaldo São Thiago?

Desejo perguntar-te se o Dr. Guillon tem se comunicado no grupo. Aguardo tuas notícias e, se possível, alguma cópia de mensagem dele.

O novo livro dedicado à infância, que João de Deus vem escrevendo por meu intermédio, está quase a termo. Grato pelas notícias que me deste do retrato de Veneranda. Acho que a tua decisão de submeter o caso à apreciação da Diretoria foi muito bem inspirada [...].

O livro alusivo à FEB é o *Organização federativa do espiritismo*, publicado no ano seguinte.

O novo livro de João de Deus, lançado em 1947, intitula-se *Jardim da infância*. Outras notícias completam o texto.

— 17 —
SURGE ANDRÉ LUIZ – DETALHES DE *MISSIONÁRIOS DA LUZ* E DA OBRA DE ANDRÉ LUIZ

12-10-1946

[...] Anotei, comovidamente, a alusão do Indalício, a que te referes. Também eu tenho sentido a falta dos romances de Emmanuel. Ao recebê-los, tenho a impressão de que não estou na Terra. Parece que me transferem de sede de trabalho.

17.1

Assevera Allan Kardec:

Os Espíritos atuam sobre os fluidos espirituais, não os manipulando como os homens manipulam os gases, mas empregando o pensamento e a vontade. Para os Espíritos, o pensamento e a vontade são o que é a mão para o homem. Pelo pensamento, eles imprimem àqueles fluidos tal ou qual direção, os aglomeram, combinam ou dispersam, organizam com eles conjuntos que apresentam uma aparência, uma forma, uma coloração determinadas; mudam-lhes as propriedades, como um químico muda a dos gases ou de outros corpos, combinando-os segundo certas leis.

É a grande oficina ou laboratório da vida espiritual [...] (*A gênese*, cap. 14, it. 14).

17.2 O pensamento é força criadora. Ao influxo dessa força formam-se cenas, criam-se *quadros vivos*, volta-se ao passado ou projeta-se no futuro, e, dependendo de sua carga emocional, são emitidas vibrações positivas ou negativas, boas ou más.

Chico, ao referir-se aos romances de Emmanuel, informa que ao recebê-los sentese como que transportado para outro local, qual se não estivesse na Terra. O que ocorre é que Emmanuel, ao transmiti-los ao seu médium, fá-lo participar dos painéis mentais por ele criados. E seja porque Chico Xavier tenha já grandes conquistas espirituais e esteja convenientemente preparado, seja porque ele próprio fosse — no passado — participante dessas mesmas cenas, o fato é que Chico é de tal modo envolvido pelos acontecimentos (segundo suas próprias palavras em entrevistas dadas no decorrer dos anos), que se vê, muita vez, invadido por incrível emoção que o faz chorar copiosamente.

> Noto, contudo, que Emmanuel, desde fins de 1941, se dedica, afetuosamente, aos trabalhos de André Luiz. Por essa época, disse-me ele a propósito de algumas autoridades espirituais que estavam desejosas de algo lançarem em nosso meio, com objetivos de despertamento. Falou-me que projetavam trazer-nos páginas que nos dessem a conhecer aspectos da vida que nos espera no outro lado, e, desde então, onde me concentrasse, via sempre aquele

cavalheiro espiritual, que depois se revelou por André Luiz, ao lado de Emmanuel. Assim decorreram quase dois anos, antes do *Nosso lar.*

17.3 Supervisionando a produção mediúnica de Chico Xavier, é natural que Emmanuel se dedique com afeto, empenho e zelo ao trabalho que André Luiz estaria prestes a iniciar.

No final do ano de 1941, o mentor de Chico Xavier cientifica-o que *algumas autoridades espirituais* desejam realizar um trabalho de despertamento, de conscientização, através de páginas que falem da realidade da Vida Espiritual. E, logo depois, Chico vê a seu lado um novo amigo. É André Luiz que se aproxima do médium, em companhia de Emmanuel.

> Dentro de algum tempo, familiarizei-me com esse novo amigo. Participava de nossas preces, perdia tempo comigo, conversando. Contava-me histórias interessantes e muitas vezes relacionou recordações do Segundo Império, o que me faz acreditar tenha sido ele, André Luiz, também personalidade da época referida. Achava estranho o cuidado dele, o interesse e a estima; entretanto, decorrido algum tempo, disse-me Emmanuel que estava o companheiro treinando para se desincumbir de tarefa projetada e, de fato, em 1943, iniciava o trabalho com *Nosso lar.*

André Luiz não vem como um curioso ou um estranho. Não vem sozinho, por ele mesmo. Vem à presença de Chico Xavier trazido por Emmanuel, evidentemente dentro da programação prevista para o médium.

17.4 Todas as precauções são tomadas. A tarefa não se inicia de imediato. O trabalho que ambos vão realizar não é um trabalho comum de psicografia. Não se realiza como os anteriores e nem como aqueles que viriam depois. Não se trata agora de páginas confortadoras, poéticas ou romanceadas. O labor que vão iniciar reveste-se de características especiais e exige de ambos a melhor identificação possível. Para maior harmonização, André Luiz acompanha o médium em todas as suas tarefas e se demora em conversações. Não há pressa. Todos estão cônscios de suas responsabilidades, e Chico aguarda que André Luiz esteja pronto. Este, segundo esclarece Emmanuel, está treinando para o trabalho, e só em 1943 dá início ao seu primeiro livro — *Nosso lar*.

> Desde então, vejo que o esforço de Emmanuel e de outros amigos nossos concentrou-se nele, acreditando, intimamente, que André Luiz está representando um círculo talvez vasto de entidades superiores. Assim digo porque quando estava psicografando o *Missionários da luz*, houve um dia em que o trabalho se interrompeu. Levou vários dias parado. Depois, informou-me Emmanuel, quando o trabalho teve reinício, que haviam sido realizadas algumas reuniões para o exame de certas teses que André Luiz deveria ou poderia apresentar ou não no livro. Em psicografando o capítulo Reencarnação, do mesmo trabalho, por mais de uma vez, vi Emmanuel e Bezerra de Menezes, associados ao autor, fiscalizando ou amparando o trabalho.

Esse trecho revela a importância da tarefa encetada por André Luiz. Evidencia que este não escreve por si próprio. É antes um representante de *autoridades superiores*. É o médium. O porta-voz. Em toda a obra ele surge como o repórter, que dá notícias de tudo o que se passa. Quando há dúvidas, ele para a tarefa e aguarda a orientação superior. Isso nos leva a depreender que tudo quanto foi trazido por André Luiz recebeu a necessária autorização da Espiritualidade Maior. O próprio Emmanuel informa ao médium, quando o trabalho da psicografia de *Missionários da luz* fica interrompido, que foram realizadas — no Plano Espiritual — algumas reuniões *para o exame de certas teses que André Luiz deveria ou poderia apresentar, ou não, no livro.*

Obviamente, a escolha não pertence a André Luiz. Ele segue a orientação de *autoridades espirituais*. E tem o seu trabalho diretamente fiscalizado e amparado por Emmanuel e Bezerra de Menezes. 17.5

Atualmente, já se diz que a contribuição de André Luiz não teria sido absorvida pelo meio espírita. Sobre isso Chico Xavier tece comentários, no livro *Encontros no tempo* (IDE, 2. ed.), respondendo à pergunta alusiva.

A obra desse autor espiritual, especialmente aquela denominada *Coleção André Luiz, é* realmente notável pela riqueza de seu conteúdo, constituindo-se em material de estudos para muitos decênios ainda. Muitas das suas revelações aguardam que o tempo e o amadurecimento dos espíritas venham a confirmá-las.

> Essa é a razão pela qual, segundo creio, não tem o nosso amigo trazido a sua contribuição direta. Isso é o que eu

acredito, sem saber se está certo, porque no meio dessas realizações eu estou como um batráquio na festa. A luz que, por vezes, me rodeia me amedronta. Vejo, ouço, e me movimento, no círculo desses trabalhos, mas, podes crer, vivo sempre com a angústia de quem se sente indigno e incapaz. Cada dia que passa, mais observo que a luz é luz e que a minha sombra é sombra. Reconhecendo a minha indigência, tenho medo de tantas responsabilidades e rogo a Jesus me socorra.

17.6　Diante desse texto, ficamos a refletir na simplicidade e autenticidade do nosso Chico. Quase quarenta anos depois vêm a público essas impressões pessoais do médium. Ele não sai, àquela época e nos anos seguintes, alardeando elevação do trabalho que estava realizando. Não faz descrições e nem procura atrair para si a admiração geral. Discreto, simples, humilde, deixa que a própria obra fale por si.

Se Chico Xavier estivesse à cata de elogios e glórias humanas, bastaria fazer alarde de seus dotes mediúnicos. A maioria desses detalhes só agora chega ao nosso conhecimento. O fato de terem ficado profundamente velados dá-nos a medida da discrição, do zelo e cuidado com que Chico sempre encarou o seu labor mediúnico. Mas, sobretudo, nos traz uma segurança muito grande quanto à sua autenticidade. Tivesse ele apregoado todas as minúcias, todos os pormenores relacionados com as precauções adotadas pela Espiritualidade Maior e algumas — apenas algumas — das condições em que ocorreram, talvez hoje, já algo esmaecidas pelo tempo e pelo consumo, perdessem a força de que atualmente se acham revestidas.

Todas as revelações de Chico Xavier em relação à obra de André Luiz levam-nos a uma série de reflexões. Por que razão Emmanuel não escreveu, ele mesmo, tais livros? Ou Bezerra de Menezes, que foi médico na Terra? Quais os motivos que teriam levado à escolha de André Luiz? Quais os critérios adotados para essa escolha? A verdade é que houve atenta, meticulosa e completa preparação.

André Luiz foi o escolhido para transmitir os novos ensinamentos. E o fez, absolutamente de acordo com a orientação segura e sábia de Emmanuel e Bezerra. E ambos trabalhando de conformidade com altas autoridades espirituais.

A forma da narrativa foi planejada, visando a facilitar o entendimento. André Luiz corporifica o aprendiz, que se torna, depois, em repórter da vida Além-Túmulo. Conta as suas próprias experiências ou, quem sabe, um conjunto de outras experiências, que ele, como um recurso de escritor, as transforma em suas, sem que isto invalide em nada a força do seu discurso ou a sua autenticidade.

Se ele fosse um iniciante em Doutrina Espírita, nem por isso haveria o perigo de prejudicar o trabalho, já que ele era ali, também ele, *médium* de outros Espíritos mais elevados. Se se deixasse empolgar, teria Emmanuel e Bezerra ao seu lado, vigilantes. André sabe que as novas ideias a serem lançadas no meio dos

17.7

encarnados têm que ser dosadas e viriam progressivamente. Quando escreve *Nosso lar* tem um prazo e um limite dos assuntos, previamente estipulados. Outros livros viriam e cada um trataria de aspectos específicos.

17.8 Muitas são as dificuldades que ele vai enfrentar. Está cônscio de que não será fácil falar aos homens, revestidos da matéria física, das realidades do Plano Espiritual. Precisará adotar terminologia que expresse essa realidade e, muitas vezes, em seus livros, encontramos o autor a lutar contra a falta de termos adequados, ora escolhendo palavras, ora fazendo comparações, na tentativa, enfim, de traduzir em nossa pobre linguagem toda a grandeza e complexidade da Vida Verdadeira que estua no Universo. Ele tenta, e consegue, o melhor que pode, expressar na estreiteza da linguagem humana toda a magnífica visão da continuidade da Vida e da luta ingente do homem em sua escalada evolutiva.

Que de dificuldades e problemas ele e seus mentores encontram para efetivar o empreendimento. Na transmissão dos informes, como devem tê-los atenuado, amenizado e contornado! Yvonne A. Pereira disse certa vez, em uma de suas obras *(Devassando o invisível,* 15. ed. FEB), que o médium não revela, não diz e não transmite tudo o que vê ou capta dos Planos Espirituais, que o médium deve silenciar sobre as suas mais belas visões, para não ser tachado de mentiroso. Isso é uma grande verdade. Mas, em relação aos benfeitores espirituais, podemos imaginar a mesma coisa.

Quanto devem eles atenuar e contornar no momento de transmitirem as notícias do mundo extrafísico! Ainda assim os homens se negam a admitir, a aceitar muitas dessas realidades. É muito mais cômodo ajustá-los à nossa egoística e tacanha visão, pois elas nos incomodam, sacudindo-nos do marasmo a que nos viciamos. É-nos conveniente permanecer adormentados, ignorantes de uma realidade que entremostra o tão temido encontro com a verdade.

A Misericórdia Divina tem propiciado à Humanidade, em todas as épocas, os conhecimentos compatíveis com o seu estágio evolutivo. 17.9

> [...] Foi assim que os Espíritos procederam, com relação ao Espiritismo. Daí o ser gradativo o ensino que ministram. Eles não enfrentam as questões, senão à medida que os princípios sobre que hajam de apoiar-se estejam suficientemente elaborados e amadurecida bastante a opinião para os assimilar. É mesmo de notar-se que, de todas as vezes que os centros particulares têm querido tratar de questões prematuras, não obtiveram mais do que respostas contraditórias, nada concludentes. Quando, ao contrário, chega o momento oportuno, o ensino se generaliza e se unifica na quase universalidade dos centros [...]. (KARDEC, Allan. *A gênese*, cap. 1, it. 54).

Chico externa a sua opinião quanto ao trabalho de André Luiz, mas arremata dizendo não saber ao certo. Entretanto, podemos afirmar, sem medo de errar, que ele tem certeza do que diz. A sua natural humildade é que o leva a colocar como incerta a própria opinião.

17.10 Raciocinemos, porém, para uma conclusão. Um médium que esteja apto ao trabalho da mediunidade, que conheça a Doutrina e a estude com regularidade, que tenha alguns anos de prática mediúnica, que trabalhe com devotamento e amor, esse médium, mesmo sem ser um missionário, tem condições de perceber, no instante das comunicações, as circunstâncias espirituais que as envolvem. Assim, por exemplo, quando da comunicação de um obsessor, revoltado e enraivecido, ele sente, vê ou capta a sua figura atormentada, os clichês mentais que exterioriza, e sabe, inclusive, se o que ele fala é sincero ou se ele esconde e disfarça a sua real intenção. O que não quer dizer — que fique bem claro — que se está proclamando a sua infalibilidade. Mas ele tem todas as possibilidades de captar tudo isso. E até mais, conforme o estágio de sua mediunidade. O mesmo ocorre quando da comunicação de um benfeitor espiritual. Mesmo que o médium seja inconsciente, ele vai registrar as suas impressões quanto às vibrações que o envolvem, se são elevadas, equilibradas ou não.

Tal acontece com os médiuns da craveira comum. Vamos transpor essa realidade para o médium Chico Xavier. É muito fácil deduzir que todas essas percepções mencionadas, em relação a ele deixam de ser simples percepções para serem certezas, porque, como é do conhecimento geral, Chico vê e fala com os Espíritos como se estes pertencessem ao plano material. Vive ele entre os dois mundos, o físico e o Espiritual. Isto sem falar na natureza da sua missão, nos preparativos que antecederam à sua reencarnação e na assessoria de Emmanuel. Sendo assim, infere-se que ao externar a sua opinião sobre André Luiz e a obra deste, ele tem certeza do que diz, mas, modestamente, se coloca como quem ainda está tateando, porque, na realidade, ele se sente dessa maneira. Daí a razão de suas palavras: "Isto é o que eu acredito, sem saber se está certo, porque no meio dessas realizações eu estou como um *batráquio na festa*".

Mas, a explicação final desse seu posicionamento deve ser encontrada no trecho em que ele afirma: 17.11

> A luz que, por vezes, me rodeia me amedronta. Vejo, ouço e me movimento, no círculo desses trabalhos, mas, podes crer, vivo sempre com a angústia de quem se sente indigno e incapaz. Cada dia que passa, mais observo que a luz é luz e que a minha sombra é sombra. Reconhecendo a minha indigência, tenho medo de tantas responsabilidades e rogo a Jesus me socorra.

Essa conclusão do médium nos dá uma ideia do ambiente que o rodeava enquanto estava psicografando a *Série de André Luiz.*

Há necessidade de dizer mais?

* * *

Perdoa-me estas referências tão longas. Senti grande contentamento ao saber que teremos, em breve, novo romance das faculdades de nossa distinta irmã Zilda Gama. Aguardo-te as impressões quando fizeres a primeira leitura.

17.12   [...] Estimaria poder cooperar materialmente na publicação desses trabalhos dedicados à infância, reconhecendo quão pesados são já os encargos da Federação e da livraria, mas, se não posso fazê-lo agora, tenho confiança no futuro. Aliás, falei disso com o Ismael, quando ele esteve comigo neste ano. Agradeço muito o carinho que consagraste ao assunto.

[...] Leopoldo Machado seguiu para o norte mineiro, mas não pude vê-lo. O serviço não me permitiu.

Poderás desculpar-me esta carta-tratado? Espero que sim. Aqui, graças a Deus, tudo ocorre bem. Peço ao Alto para que o mesmo se dê contigo.

Entre os assuntos variados destacamos o comentário de Chico externando o desejo de um dia poder cooperar materialmente com a FEB, na publicação dos livros. Ao lado deste trecho, Wantuil escreveu a lápis: "E realmente o futuro lhe deu ensejo de contribuir materialmente, desistindo do legado de Fígner". Alguns meses depois dessa carta, Chico realizaria o seu desejo, como veremos mais adiante.

— 18 —
AULA DE EMMANUEL SOBRE OS EVANGELHOS

15-10-1946

[...] Grato pela informação alusiva ao Ismael [...]. Muito me reconforta a notícia referente ao novo livro psicografado por Zilda Gama. O título *Almas culpadas* é muito sugestivo. Aguardarei a saída com muito interesse.

18.1

Estou impressionado com a delonga dos originais. Tenho grande expectativa em teu parecer sobre o livrinho do Neio Lúcio. Parece-me endereçado, não propriamente à infância, mas à mentalidade juvenil.

Agradeço-te a notícia referente à filha do Sylvio [...].

Comove-me tua bondosa confiança, dando-me a conhecer teu valioso plano de organização do *Novo Testamento* para os nossos círculos doutrinários. Padre Rohden fez um trabalho nesses moldes para os meios católicos, intitulando-o *Os quatro livros do Novo Testamento*. Conheces? Creio que o trabalho idealizado por ti, com a interpretação espiritista cristã, é assinalado benefício à causa, extremamente valioso como roteiro para nós todos. Em face do carinho com que te acompanho a tarefa, só me preocupa um ponto — o da conjugação dos quatro livros. Há três anos, mais ou menos, assisti a uma aula de Emmanuel sobre os Evangelhos, em que ele afirmava terem os quatro livros personalidades distintas. Tendo perguntado a ele como é que eu poderia compreender, desenhou o nosso amigo uma figura que tentarei reproduzir para mandar-te em anexo. Nunca mais a esqueci. De qualquer modo, confio em tua inspiração e sei que o teu trabalho virá enriquecer o nosso campo, de luz e verdade. Rogo a Emmanuel te ajude sempre e te siga o ministério de dedicação a Jesus.

18.2 Meus parabéns pela organização do *Doutrina Espírita*. Espero possamos tê-lo em mãos muito breve.

Seguem algumas páginas [...]. Espero escrever-te, logo que o Ismael apareça. Estou com receio de ele adoecer de monotonia aqui em PL [...].

O livro psicografado por Zilda Gama, de autoria de Victor Hugo, teve posteriormente o seu título modificado para *Almas crucificadas*.

Referência ao primeiro livro ditado por Neio Lúcio — *Mensagem do pequeno morto*, que só foi lançado no ano seguinte.

Wantuil expõe o seu plano de compilação e condensação do *Novo Testamento*. Somente três anos depois, em 1949, é que o livro foi publicado, com o título *Síntese de o Novo Testamento* e assinado por Mínimus, pseudônimo por ele usado frequentemente.

Chico acha complexa a conjugação dos quatro livros e conta que três anos atrás lhe fora dado assistir a uma aula de Emmanuel sobre os Evangelhos — certamente em desdobramento espiritual. Mais à frente,

Chico volta a falar sobre aulas no Plano Espiritual. Deixamos para fazer nossos comentários nas cartas que virão.

Por ora, apenas assinalamos que essas aulas são peculiares à tarefa mediúnica de Chico Xavier. Muitas vezes surgem perguntas a respeito de como o médium adquiriu a cultura que hoje demonstra. Além do acervo intelectual que ele traz do passado, tem ainda a assistência constante de Emmanuel, que se encarrega de enriquecê-lo com novos conhecimentos. 18.3

Sobre o assunto ele fala em entrevista concedida a Elias Barbosa, quando se comemorava a passagem do quadragésimo aniversário de suas atividades mediúnicas, entrevista publicada no livro *No mundo de Chico Xavier*:

> P. – Você se reconhece pessoa inteligente, talvez genial como entendem muitos adversários da Doutrina Espírita, sempre interessados em desacreditar o fenômeno mediúnico?
>
> R. – Não. Nunca me senti assim. Basta lembrar que fui aluno repetente de quarto ano primário no Grupo Escolar São José, em Pedro Leopoldo, nos anos de 1922 e 1923.
>
> P. – Mas, você se reconhece atualmente dispondo de mais facilidade para falar ou escrever?
>
> R. – Sim, não posso esquecer que debaixo da disciplina de Emmanuel, que, por misericórdia de Jesus, me dispensa atenções constantes de um professor (não por mim, mas pela obra do Mundo Espiritual), estou numa escola constante, desde 1931, portanto, há trinta e seis anos

consecutivos. Algum proveito de tantas bênçãos recebidas devo demonstrar.

18.4 Há também uma referência de Chico a um livro do padre Rohden. Mas, houve um engano quanto ao título da obra e ele o corrige na carta seguinte.

— 19 —
PERDA DE ORIGINAIS

24-10-1946

[...] O Ismael ainda não chegou aqui, [...] Tens razão. O amigo que me informou sobre o livro de Huberto Rohden confirmou a tua notícia. O trabalho intitula-se, de fato, *Novo testamento* e não conforme notifiquei de início. 19.1

Espero que a obra a que te dedicas seja para nós todos um luminoso roteiro para os estudos evangélicos no futuro. Peço-te não enviares a parte pronta às minhas mãos. Tenho receio que se perca, mesmo em se tratando mediada por bom portador. Em 1939/40, perdi duzentas páginas manuscritas, de amigos espirituais, em originais que nunca mais apareceram. Constituíam um livro inteiro, tendo, como tema central, a impressão de desencarnados, no momento da morte e depois dela. Emprestei a um amigo para ler, companheiro honestíssimo, mas nunca mais, nem ele e nem eu, achamos o trabalho. Em virtude dessa experiência, receio que as tuas páginas sofram algum desvio. Esperarei o trabalho com entusiasmo e esperança. Estou certo de que os nossos benfeitores espirituais permanecem ao teu lado, inspirando-te na realização.

19.2   Logo de início Chico corrige o título do livro de Huberto Rohden, que é *Novo testamento*.

Revela, em seguida, ter perdido duzentas páginas psicografadas dos originais de um livro. Em razão disso previne a Wantuil para que se acautele.

Uma pergunta pode ocorrer: por que os amigos espirituais não auxiliaram para que os originais fossem encontrados? Conforme já foi dito, o médium é o guardião de todo o acervo ditado pelo Mundo Espiritual e compete-lhe zelar para que a obra siga o seu curso natural no plano terreno. Essa é a sua responsabilidade e ele responderá por ela.

Chico teve algumas contrariedades nesse campo, visto que por mais de uma vez houve extravio de originais.

— 20 —
MANDATO MEDIÚNICO

31-10-1946

[...] Não me digas que o nosso companheiro falou a ver-   **20.1**
dade a meu respeito em *Um só senhor*. A parte que me foi
debitada é terrível. Sabe Deus como me dói o mandato
mediúnico: E dói-me porque me veste de *penas de pavão*,
escondendo minhas feridas. Toda gente julga que sou um
Espírito são, quando não passo de pobre alma em provas,
com um coração enfermo e imperfeito [...].

Deduz-se que Chico está sendo elogiado de uma forma que o desagradou. Com o transcurso dos anos, em decorrência do seu próprio trabalho, cresceram e avultaram os elogios em torno da figura, por todos amada, de Chico Xavier.

Quanto mais ele se mostra humilde, simples e modesto, mais e mais elogios recebe da parte de quantos se mostram reconhecidos. É realmente difícil aproximar-se de Chico e controlar o impulso que temos de agradecer-lhe e agradá-lo de todas as maneiras. É realmente difícil controlar o impulso de um coração agradecido, que teve lenida a sua dor, através de mensagem de um ente querido que do Plano Espiritual transmite o seu recado pelas mãos de Chico Xavier.

20.2 Hoje, Chico Xavier talvez já esteja mais acostumado. Entretanto, em 1946, ele escreve: "E dói-me porque me veste de *penas de pavão*, escondendo minhas feridas." Observemos que o médium não reclama do sacrificial labor, das graves responsabilidades inerentes ao mandato mediúnico. Queixa-se, sim, porque se sentindo enfermo e imperfeito é visto por todos em condições opostas, graças às suas notáveis aptidões mediúnicas.

> É uma lembrança feliz mostrar o impessoalismo do serviço. E o artigo publicado revela continuidade de esforço para a consolidação da obra de todos com o Cristo, não é? [...] Dr. Guillon esteve em teu grupo doméstico, por intermédio do Celani, igualmente como acontece no grupo da residência do Rocha? Espero as tuas informações [...].
>
> Grato pela cópia da carta endereçada neste mês ao Diretor de *O espiritualista*. Achei interessante o plágio. Há tempos, quando compareci pela última vez numa grande reunião espiritualista em B. Horizonte, foi declamada uma poesia que reconheci bem. Consta do *Parnaso,* desde a primeira edição, mas a jovem declamadora apresentou um cavalheiro bem posto e de muito nome na Doutrina, então presente, como sendo autor. O senhor foi muito cumprimentado e tive de abraçá-lo também por minha vez. Ele recebeu meu abraço muito pálido e desconcertado, mas, no fundo, eu achei muita graça em tudo [...].

Chico considera que o serviço é de todos com o Cristo, não cabendo personalismos vaidosos. Acha que o artigo estampado em *Reformador* expressa com felicidade o *impessoalismo* da obra espírita, sem referência a pessoas ou a uma pessoa em particular.

20.3

O episódio narrado na carta é muitíssimo interessante. Qualquer outra pessoa dificilmente deixaria de retificar o erro da declamadora e de reclamar para si o direito de se dizer autor, ou, no caso, médium. Mas Chico é assim mesmo. Não segue o comportamento habitual das outras pessoas. Assistiu à declamação, ouviu os aplausos, e, também ele, acabou por cumprimentar o *autor*, que sem jeito nem teve palavras para dizer nada.

E Chico Xavier, intimamente, apenas achou graça de tudo.

— 21 —
VISITAS PERTURBADORAS

10-11-1946

21.1 [...] Ismael até hoje não apareceu. Continuo a esperá-lo. Quem está aqui é o nosso irmão [...], aquele jornalista de [...]. Estás lembrado? Ele vem fazendo, há muito, grandes publicações perturbantes. Confidencialmente digo-te que ele deve ser terrivelmente obsidiado. É uma tragédia volante, esse nosso confrade. Está aqui e não sei quando sairá. Já prevejo a confusão que ele vai fazer comigo pelo jornal. Mas louvado seja Deus. É a única frase que posso empregar.

Chico recebe uma visita. Mas nem sempre as pessoas que o visitam têm uma finalidade pacífica, benéfica ou edificante. Alguns o visitam com o fim de perturbá-lo. Instalam-se ao seu lado e vão criando confusões de diferentes maneiras. Agem como verdadeiros obsessores encarnados e autênticos instrumentos das trevas. No transcurso dos anos, muitos desses irmãos se aproximaram de Chico Xavier, que os tolerou com paciência verdadeiramente evangélica.

No episódio acima, Chico resguarda-se na confiança em Deus e espera os resultados.

> Agradeço-te as notícias da passagem do Dr. Guillon pelo teu grupo. De mim para comigo, creio que as reuniões familiares, íntimas, estão revestidas de admirável poder [...] Achei graça no recado do .... Para poucos que auxiliam, temos sempre milhões que criticam, conforme diz o nosso prezado Emmanuel [...]. 21.2

No trecho final, Chico emite a sua opinião a respeito das reuniões familiares, íntimas. Evidentemente, Chico está-se referindo ao alto grau de harmonização que é possível conseguir-se em certas reuniões familiares, o que as torna propícias para a aproximação de amigos espirituais. No caso em foco, são as reuniões do grupo familiar de Wantuil de Freitas.

Ressaltamos a última frase, que é de Emmanuel: "Para poucos que auxiliam, temos sempre milhões que criticam". Muito atual e oportuna esta observação, expressando uma realidade que vige em todas as épocas. Os críticos continuam proliferando, estão em toda parte, enquanto que os trabalhadores, em número muito reduzido, prosseguem a sua tarefa.

Muitos críticos estão sempre cobrando, reprovando, verberando e, invariavelmente, dizem que poderiam fazer melhor. Outro tipo de críticos são os que idealizam algum trabalho, mas não perdem o vezo de fiscalizar os companheiros, enxergando defeitos e falhas em todas as atividades que estes realizam. Nessa mesma carta Chico nos mostra como agir: prosseguir trabalhando, com paciência, fé e perseverança.

— 22 —
DIFICULDADES

24-11-1946

22.1 [...] O Ismael não apareceu [...]. Tornei a reler o trabalho saído naquele jornal que me mandaste e, sinceramente, quanto mais o releio, mais me capacito de que o nosso companheiro está fundamente perturbado. Estamos diante de um caso de oração.

Diante da perturbação, Chico aconselha uma vez mais a oração. Não fala em revide, em esclarecimento. Não menciona defesa ou enumera argumentos. Sempre e sempre a oração.

Relativamente aos livros, todas as tuas ponderações vieram ao encontro das que venho guardando comigo em silêncio. De pleno acordo com os teus pontos de vista, venho estudando, estudando..., a situação. Creio que encontraremos uma saída em oportunidade propícia, para o que te peço esperarmos um pouco mais de tempo, sim? Não deixes de ajudar-me com a tua tolerância. Minha posição não é fácil. Enquanto as provas se verificam na vida associativa, a solução de certos problemas não exige muita meditação, mas quando alcançam o campo familiar os aspectos se modificam. Sei que o Alto nos auxiliará e confiarei na Divina Intervenção.

Muitas vezes os problemas enfrentados por Chico alcançam-lhe o campo familiar. Não ficamos sabendo, através do texto, do tipo de problema que ele defrontava àquela hora. Entretanto, a citação leva-nos a refletir sobre os incontáveis sacrifícios pessoais do médium e o esforço que ele sempre dispensou para que os familiares fossem poupados, tanto quanto possível. Podemos aquilatar-lhe, mesmo que superficialmente, a renúncia silenciosa e constante para dar cumprimento integral à sua missão. Renúncia que ele exerce sem queixas e lamentos. Com a felicidade interior daquele que sabe cumprir o seu dever maior.

22.2

> O plágio de que me falas é grave e esquisito. Que coisa séria. Já revirei o catálogo da livraria da Federação, tentando descobrir que livro é esse que resume o trabalho de Delanne. Nada identifiquei. Sei que o problema deve ser grave e assim deixá-lo-ei para quando conversarmos pessoalmente, de boca para o ouvido neste mundo ou *no outro* [...].

Chico, prudentemente nada comenta, preferindo até mesmo deixar o assunto para ser tratado pessoalmente, neste mundo ou no outro.

— 23 —
O IMPOSSÍVEL NA OBRA DE WANTUIL DE FREITAS

21-12-1946

23.1 [...] Manda-me notícias do Ismael. Chegou bem? Está animado? Grato pelas tuas informações confidenciais a respeito do nosso amigo paulista. Os problemas são, de fato, enormes neste setor [...]. Tens feito tudo que é possível e o que para muita gente é impossível. Tens dado tudo pela causa, inclusive teu amor e tuas lágrimas — agora, meu amigo, Deus fará o resto, não é? Trabalhemos e tenhamos fé [...].

Conheço o caso do elemento da Diretoria que vem sendo hostilizado. Peço a Deus que te dê forças e inspiração para amparares as situações e resolveres os casos. Sei que a tarefa é extremamente difícil [...].

Wantuil está a braços com novos problemas. Chico reconhece a sua imensa dedicação e o tranquiliza e reconforta dizendo: "Tens feito tudo que é possível e o que para muita gente é impossível".

O possível e o impossível se tornam realidade na vida de Wantuil de Freitas. O que para muitos parece ser mesmo *impossível*, ele realiza, com a sua incrível tenacidade e, sobretudo, com fé inquebrantável. Em diversos momentos de sua vivência à frente da FEB ele demonstra trazer no coração uma fé viva e dinâmica que não esmorece ante os obstáculos e adversidades. Chico o conhece bem, sabe das suas lutas diárias, eis por que afirma: "Tens dado tudo pela causa, inclusive teu amor e luas lágrimas — agora, meu amigo, Deus fará o resto, não é?".

23.2 Lembra, portanto, a Wantuil que ele tem feito a parte que lhe compete.

Outra luta que Wantuil enfrenta no momento é a de apaziguar os ânimos na sua própria diretoria.

Como se vê, de lá para cá, transcorridas quase quatro décadas, a situação não é muito diferente, em certos setores do Movimento Espírita. Contornar e resolver situações desse tipo é tarefa extremamente difícil.

Fácil é fomentar discórdia.

Fácil é criticar companheiro.

Fácil é achar que só nós acertamos.

Fácil é apontar defeitos e falhas, segundo o nosso ponto de vista pessoal. Fácil é proclamar-se espírita.

Difícil é agir como tal.

— 24 —
SÍNTESE DE O NOVO TESTAMENTO

27-12-1946

24.1 [...] Penso, porém, nos teus sacrifícios (na hipótese de Wantuil ir a Pedro Leopoldo), e sinto a dificuldade que sentirás para enfrentar a viagem, porque, desde já, te peço não vir de avião. Os desastres de avião em Minas estão me horrorizando. Sei que experimentas enormes e dolorosos enjoos em viagens, mas não desejo sentir as angústias antecipadas de saber que vais entregar tua vida, por alguns minutos, a aviões e aviadores incertos. Trataremos do assunto como convém, não é?

Os cuidados de Chico Xavier em relação a Wantuil são comoventes. Nesse trecho, Chico fala como um pai preocupado que vê perigos e dificuldades quando o filho sai em viagem. Pode-se avaliar a íntima satisfação de Wantuil em ser alvo de tanta afeição e de tanto carinho.

Estou satisfeitíssimo ao saber que terminaste o trabalho de tradução do Novo Testamento para a nossa família espiritista. É extraordinária a tua descoberta no v. 28, do cap. 19, de *Mateus*. Considero-a sublime. O termo *reencarnação*, ali, acende nova luz em nosso entendimento.

Deus te multiplique as forças e as bênçãos para continuares beneficiando a nós todos com trabalhos tão elevados no campo da revelação. Aguardarei a vinda desse serviço teu como quem espera uma bênção para o Espírito. Estou igualmente convencido de que foste profundamente feliz com essa realização e os nossos benfeitores espirituais que contigo cooperam hão de continuar colaborando com teu espírito incansável na edificação de outros templos sublimes de conhecimento superior. Deus salve e ajude as tuas forças [...].

Chico refere-se a trabalho de tradução do Novo Testamento. Na verdade, não foi bem assim, conforme se pode ler no prefácio do livro *Síntese de o novo testamento*.

O versículo acima assinalado é o seguinte: "[...] Em verdade vos digo a vós que me seguistes, que na reencarnação, quando o Filho do homem [...]".

No livro de Wantuil, *Síntese de o novo testamento*, página 149 (4. ed. FEB), há a seguinte nota de rodapé: "O original grego diz *palingenesia*. Na tradução em Esperanto está *renascimento*. Os católicos e protestantes antes traduziram por *regeneração*, adotaram uma pontuação diversa e transpuseram o advérbio *quando*".

Chico congratula-se com Wantuil pela sua descoberta, que, conforme ele mesmo diz, "acende nova luz em nosso entendimento".

24.2

— 25 —
APRENDER O ESPERANTO

15-1-1947

25.1 [...] O nosso prezado Ismael deu-me a conhecer o trabalho do Dr. Porto Carreiro relativamente aos sonetos de Bocage. Fiquei edificado. Creio que o Dr. Porto Carreiro deve ter missão espiritual bem definida, ao teu lado e ao lado de Ismael, na Federação. O amor que ele consagra à causa espiritista é admirável. Fiquei muito satisfeito com as tuas boas referências, acerca do novo interesse que tomaste pelo Esperanto, no curso de teu trabalho junto ao Novo Testamento. Espero que, mais tarde, nesta ou noutra esfera, me concederá Jesus a necessária oportunidade de aprender a língua internacional. Confiarei no futuro. Com a facilidade de tradução, obtiveste também a facilidade de escrever? Conta-me alguma coisa. Imagino a efervescência política no Rio. Aguardo as tuas informações sobre o Ludolf. Do Dr. Timponi, tive notícias diretas na sexta-feira última [...].

Referências ao Dr. Porto Carreiro Neto, que durante vários anos foi dedicado colaborador da FEB, tendo brilhantemente participado na elaboração do livro *Volta Bocage...*, de Francisco Cândido Xavier.

Sendo emérito esperantista, traduziu várias obras espíritas para o idioma internacional, algumas em colaboração com Ismael Gomes Braga.

Chico fala do seu desejo de um dia aprender o Esperanto. 25.2

— 26 —
CHICO DESISTE DO LEGADO DE FREDERICO FÍGNER

30-1-1947

26.1 A partida do nosso inesquecível amigo Fígner encheu-me de grandes saudades. Ele foi um companheiro admirável. Convivi com ele, epistolarmente, durante dezessete anos consecutivos. Dele recebi as maiores provas de abnegação que um amigo pode dar a outro. E a separação dele, no plano visível, consterna-me a alma. Deus o fortaleça no Reino da Paz e lhe restaure as forças para que, em breve, volte ao ministério de auxílio à Humanidade sofredora. Tive conhecimento, através das senhoras filhas dele, do legado de cem mil cruzeiros que ele me deixou em *Obrigações de Guerra* que se encontram à minha disposição aí no Rio. Ele sempre cuidou de minhas necessidades paternalmente, preocupando-se excessivamente por minha causa. Sabia ele que, nos últimos anos, minha luta material se intensificou muito e, no último semestre, escreveu-me, reiterando suas expressões de zelo. Entretanto, meu caro Wantuil, a melhor homenagem que posso prestar ao nosso inolvidável amigo é renunciar ao referido legado, em favor da nova organização que a Federação vem fazendo, com a instalação de novas oficinas para o livro espírita. Nesse sentido, escrevi hoje às senhoras filhas do nosso venerável companheiro que partiu, pedindo a elas entrarem em entendimento contigo, para que recebas, tu mesmo, esse patrimônio, transferindo-o para crédito da Casa de Ismael, em face da dívida a que a FEB se impôs pela aquisição das novas oficinas.

De fato, minhas lutas materiais aumentaram muito. Confesso-te que tem sido difícil manter-me em PL, em face da fileira de irmãos que me procuram diariamente. Sou obrigado a fornecer alimento para 20 a 50 pessoas novas por semana, de três anos para cá, sem falar de grande número de doentes, cegos e leprosos, de passagem por aqui, à minha procura, aos quais preciso socorrer. Isso me compele a gastar duas a três vezes, por mês, a importância do meu salário mensal. Nosso Fígner sabia disso e preocupava-se muito. E aqui te conto estas coisas para comentarmos a situação. E, para tranquilizar-te, revelo-te também que nada me falta e que não há sacrifício nenhum da minha parte, porque, providencialmente, Jesus me aproximou do nosso amigo Sr. Manoel Jorge Gaio que me tem auxiliado a sustentar a luta. Se os deveres aumentaram para mim, aumentou Jesus a sua proteção, porque o Sr. Gaio me prové do que preciso; sua senhora, Marietta Gaio chama-me filho, ajudando-me também com a sua ternura e abnegação. Além disso, tenho o amor e o cuidado de todos vocês, os companheiros da Federação. E, como só preciso do necessário, creio que os cem mil cruzeiros de nosso querido amigo ficarão também empregados nas oficinas novas da FEB. Perdoa-me haver-te falado tanto de mim, mas precisava explicar-te a situação e espero que me aproves. Rogo-te para que estes assuntos fiquem reservados entre os nossos círculos mais íntimos. Evitar qualquer publicidade, em torno do que ocorre, é uma caridade que vocês me farão [...]. **26.2**

Juntamente com essa carta, Chico Xavier anexou cópia de carta datilografada, na mesma data acima,

dirigida às filhas de Frederico Fígner (Leontina, Helena e Lélia), declarando, em síntese, que agradece e renuncia ao legado de Cr$100.000,00, a favor da FEB. Essa carta de Chico Xavier vale por um livro inteiro de conselhos e orientações. Ela nos dá notícias da extraordinária vivência do médium mineiro, e seu exemplo constitui-se na mais preciosa das lições.

26.3 Poucas pessoas, no meio espírita da atualidade, sabem desse episódio. É importante que nos dias de hoje ele seja conhecido, para que tenhamos a exata dimensão desse apóstolo do Espiritismo que é o médium Chico Xavier. Não, é óbvio, para incensá-lo ou santificá-lo, mas para que a geração atual e as futuras se edifiquem nos testemunhos e na exemplificação daquele medianeiro do Alto.

Por intermédio dessas cartas vamo-nos conscientizando de que a missão mediúnica, o mediunato, exige a cada passo provas e testemunhos de tal ordem, que para a grande maioria parece impossível serem vencidos. Gradualmente, vamos conhecendo melhor a figura humana de Chico Xavier, não pelo que os outros contam, mas pelo que ele mesmo diz. A cada carta ele abre o coração, desnudando a própria alma clarificada pela Mensagem do Cristo. Vamo-nos apercebendo, com real assombro, do que significa ser espírita. E nos damos conta de que ser espírita é viver o Cristianismo tal como Jesus o legou à Humanidade. Para essa vivência já nos alertava Kardec, em admirável síntese, no item 350 do cap. 29 de *O livro dos médiuns*:

Se o Espiritismo, conforme foi enunciado, tem que determinar a transformação da Humanidade, claro é que esse feito ele só poderá produzir melhorando as massas, o que se verificará gradualmente, pouco a pouco, em consequência do aperfeiçoamento dos indivíduos. Que importa crer na existência dos Espíritos, se essa crença não faz que aquele que a tem se torne melhor, mais benigno e indulgente para com seus semelhantes, mais humilde e paciente na adversidade? De que serve ao avarento ser espírita, se continua avarento; ao orgulhoso, se se conserva cheio de si; ao invejoso, se permanece dominado pela inveja? Assim, poderiam todos os homens acreditar nas manifestações dos Espíritos e a Humanidade ficar estacionária.

26.4 Chico Xavier renuncia, assim, ao legado de Frederico Fígner em favor da FEB. Ele, que já manifestara, anteriormente, em carta a Wantuil de Freitas, o seu desejo de um dia poder ajudar a Federação, tem então o ensejo de fazê-lo. E o faz com tanto desprendimento, que recomenda a Wantuil que ele próprio receba o dinheiro. Este não chega, portanto, a passar pelas suas mãos.

Observemos que Chico já tem, àquela altura, considerável serviço de amparo aos necessitados. Poder-se-ia, inclusive, indagar porque Chico não lhes reverteu essa importância. Ele mesmo, entretanto, pondera a Wantuil de Freitas que está recebendo colaboração para essa tarefa, por intermédio do Sr. Manoel Jorge Gaio e de sua esposa D. Marietta Gaio. É natural, então, que quisesse colaborar com a FEB na instalação de suas novas oficinas gráficas. Chico, por certo, antevê o importantíssimo trabalho do livro espírita que à FEB caberia realizar nos anos vindouros.

26.5 Três outros pontos ressaltam também à nossa percepção, na análise dessa carta.

O primeiro relaciona-se com a seguinte frase: "Além disso, tenho o amor e o cuidado de todos vocês, os companheiros da Federação". Chico é permanentemente cercado pelo carinho dos companheiros que dirigem a Casa de Ismael. Em diversas circunstâncias ele pôde sentir esse cuidado. Sabe que todo esse envolvimento de amor e zelo é imprescindível para ajudá-lo a superar as dificuldades que surgem a todo instante. Chico Xavier encontra na FEB a segurança de que precisa para levar avante a sua missão.

O segundo ponto refere-se à sua afirmativa: "E, como só preciso do necessário, creio que os cem mil cruzeiros de nosso querido amigo ficarão muito bem empregados nas oficinas novas da FEB". São por todos conhecidos os hábitos modestos de Chico Xavier. Podendo viver com certas regalias materiais, advindas dos direitos autorais de seus livros, a tudo renuncia em favor da FEB, de centros, instituições de caridade e outras editoras, fiel ao propósito de jamais auferir vantagens financeiras à custa da Doutrina Espírita.

O terceiro ponto é a notável discrição com que o médium cerca as suas atitudes. Nessa carta ele extravasa um pouco mais a respeito de seu trabalho assistencial. Mas o faz porque precisa dar a Wantuil uma explicação mais detalhada das suas atividades e da preocupação de Frederico Fígner em prover-lhe às necessidades. Recomenda, pois, ao amigo a máxima reserva quanto aos assuntos ventilados.

26.6 Muito tempo depois, já em Uberaba, a vida de Chico torna-se de domínio público pela natureza e característica do seu labor missionário. Não mais lhe foi possível agir no anonimato, e ele assume corajosamente a nova etapa, não perdendo, contudo, a sua natural simplicidade e a humildade que lhe é peculiar.

— 27 —
ACUSAÇÕES POR TER DESISTIDO DA HERANÇA

12-3-1947

27.1 [...] Se tiveres alguma notícia do Ubaldi, espero que me contes alguma coisa.

Terás conseguido novas informações do nosso confrade Henrique de Andrade? Não sabia que a gráfica se encontra em processo de liquidação (do mundo *Mundo Espírita*, que foi amparada por Lins de Vasconcellos e mais tarde entregue à Federação do Paraná).

Em anexo envio-te cópia da carta que hoje recebi de nossas irmãs Sras. Fígner. Está assinada por D. Lélia e datada de 8 de março corrente. Escrevi a resposta, ainda hoje, e datilografei-a, sem fazer a expedição postal, até receber a tua opinião a respeito. Está pronta para seguir [...]. Não desejo repetir em meu caminho uma nova experiência — Humberto de Campos.

Chico entende que deve ser precavido, pois tem bem viva a experiência sofrida no caso Humberto de Campos. Por essa razão, envia a Wantuil cópia da carta escrita à filha de Frederico Fígner e quer ouvir a opinião do amigo sobre o assunto. Adiante veremos como têm fundamento as precauções do médium.

> Sobre este caso da herança, tenho recebido belas descomposturas. Nestas documentações os nomes mais carinhosos com que sou nomeado são os de médium pedante, ingrato e orgulhoso. As cartas anônimas que me acusam são as mais engraçadas. Mas já me habituei a tudo isso. O que eu preciso é de um bom travesseiro na consciência para eu dormir com tranquilidade e esse tesouro, graças a Jesus, não me tem faltado.
>
> Tenho opinião sobre o livro de Rochester igual a que manifestaste. Parece-me que o livro é um modelo de movimento e costumes. Deus nos edifique a todos [...].

27.2

Por aqui se observa que qualquer que seja a atitude tomada por Chico Xavier, sempre surgem aqueles que o criticam e condenam. Se ele aceitasse a herança deixada por Frederico Fígner, por certo as acusações viriam de toda parte. Ao recusá-la, nem assim escapou à crítica maldosa. Tão logo o seu gesto se tornou conhecido, não faltaram os que — sem algo construtivo para fazer — resolveram tomar da pena para escrever e passar-lhe descomposturas. Pela sua renúncia e desprendimento, o mínimo de que o chamam é *médium pedante, ingrato e orgulhoso*.

Mas, é até certo ponto compreensível a atitude desses que agiram assim. Estão frustrados porque esperavam que Chico aceitasse a herança, o que lhes daria bom motivo para acusá-lo de se estar valendo da sua mediunidade e do Espiritismo para enriquecer.

É isto, aliás, o que mais desejavam: colher o médium em alguma ação incoerente, incompatível com os postulados doutrinários, o que evidentemente lhes daria enorme satisfação.

27.3 A renúncia de Chico Xavier desapontou-os. Escrevem-lhe, então, despeitados. É a manobra dos que estão a serviço do caos.

As precauções tomadas pelo médium têm, pois, razão de ser. Ele sabe que, faça o que fizer, *os seus fiscais* reprovarão.

Chico tem o tesouro da consciência em paz, é o que afirma ao amigo.

— 28 —
TRECHO DE ROUSTAING, EM *BRASIL*

25-3-1947

[...] Li a carta que o *Mundo Espírita* publicou. Encomendemo-nos à Misericórdia Divina. Também, como eu pedi ao Ismael, nada responder. Seria muito triste lançar gasolina nesse fogo. Há casos em que todo comentário é difícil. Por minha vez, estranho o que ocorre, de tal modo que só vejo uma saída: levar o coração em silêncio para a casa da prece [...].

28.1

Não te incomodes com a declaração havida de que o trecho alusivo a Roustaing, em *Brasil*, foi colocado pela Federação. Quando descobrirem que a Casa de Ismael seria incapaz disso, dirão que fui eu. De qualquer modo, eles falarão. O adversário tem sempre um bom trabalho — o de estimular e melhorar tudo, quando estamos voltados para o bem [...].

A previsão de Chico Xavier estava certa. Tanto a Casa de Ismael quanto ele próprio foram e são acusados de terem colocado o trecho alusivo a Roustaing, em *Brasil, coração do mundo, pátria do evangelho*.

Chico Xavier não era, porém, o ingênuo caboclinho — conforme certas acusações — a quem se conseguiria facilmente ludibriar, enganar, mas, sim, o missionário indicado pelo Plano Espiritual Maior para dar continuidade à Revelação progressiva da Doutrina Espírita.

28.2 Com todas as suas aparentes limitações nessa encarnação, advindas da falta de estudo e da ausência de relacionamento em um meio social mais elevado, cultural e materialmente falando, no qual pudesse adquirir experiência e traquejo, isto não impediria, contudo, que estivesse suficientemente estruturado, interiormente, para se manter firme nos princípios éticos e morais que compõem a sua personalidade.

Chico Xavier não era um mineirinho do interior, ingênuo e desprevenido, desavisado; era sim, e é, uma pessoa pura de intenções, pura nos seus ideais e na sua fé. Dentro dessa pureza, dessa integridade moral, admitir-se que ele tivesse, em algum momento, feito concessões a quem quer que seja, em detrimento da fidelidade a Jesus, da fidelidade doutrinária e da coerência consigo mesmo, é um absurdo que expressa, da parte de quem faz tal tipo de acusação, o total desconhecimento desse autêntico missionário que é Chico Xavier.

Não se está fazendo apologia à pretensa infalibilidade de Chico Xavier, pois infalível ele não o é, mas ressaltando que os valores éticos, morais e espirituais que o identificam como verdadeiro apóstolo do bem respondem pela sua integridade moral e lhe constituem a carta de apresentação — a *carta viva do Evangelho* a que Paulo nos convida a ser.

Assim é que, no início de sua tarefa mediúnica, 28.3
vamos encontrá-lo jovem e inexperiente, aparentemente simplório perante as coisas do mundo, mas totalmente seguro e alicerçado nas suas conquistas espirituais imperecíveis.

O conjunto dessa correspondência dará a público a verdadeira dimensão de Chico Xavier.

Todavia, tal não deveria ser preciso. "Pelos seus frutos os conhecereis", disse o Mestre, e a obra mediúnica de Chico Xavier aí está, assombrando a Humanidade, e tão só através dela dever-se-ia dimensioná-lo. Mas, sempre é preciso mais. Os Tomés da atualidade continuam exigindo provas e mais provas. É necessário tocar, apalpar essas provas, num verdadeiro processo de dissecação interior.

Não te incomodes (diz Chico a Wantuil) com a declaração havida de que o trecho alusivo a Roustaing, em *Brasil*, foi colocado pela Federação. Quando descobrirem que a Casa de Ismael seria incapaz disso, dirão que fui eu. De qualquer modo, eles falarão. Chico Xavier assume os riscos e sabe que tem Wantuil de Freitas e toda a FEB ao seu lado. Identificados ambos, tomam a mesma atitude: o silêncio.

Também aqui a mesma coerência de comportamento ante a calúnia e as agressões. Sabe, de sobejo, que *todo comentário é difícil* e que seria *muito triste lançar gasolina nesse fogo*.

Mais uma vez afirma: "Só vejo uma saída: levar o coração em silêncio para a casa da prece".

28.4   A magnífica lição se repete e se repetirá, por muitas vezes, durante a sua vida.
Diante do alarido — o silêncio.
Diante da calúnia — a prece.
Diante da ofensa — o perdão.
Esse, igualmente, o procedimento adotado pela Casa de Ismael, profundamente coerente com os ensinos evangélicos e com os verdadeiros obreiros do Senhor.
Qualquer outra atitude que expresse revide, ali não encontra ressonância. Nenhuma defesa, nenhum revide. Não há do que se defender.
A linha de comportamento é a do Evangelho do Cristo. É aquela traçada pelo Divino Amigo e da qual Ele se faz o exemplo.

* * *

No trecho final, Chico Xavier enfatiza: "O adversário tem sempre um bom trabalho
— o de estimular e melhorar tudo, quando estamos voltados para o bem". Transforma assim em benefício o que antes parece ser apenas destrutivo.

Bem poucas pessoas são capazes de reconhecer no adversário, naquele que se fez fiscal das nossas atitudes, o irmão que nos impulsiona a caminhar, que nos impele a corrigir defeitos e deficiências e que é, inclusive, capaz de *melhorar tudo, quando estamos voltados para o bem.*

— 29 —
CASO MARCELO – ZÊUS

7-4-1947

[...] Fiquei satisfeito sabendo que o Ismael chegou bem à Argentina. Espero nos traga de volta muito material de informação construtiva para os nossos círculos.

29.1

[...] Recebeste meu telegrama? O original está de acordo com o livro. O texto foi absolutamente respeitado. Espero igualmente que meu bilhete datilografado, do dia 2, tenha chegado a tuas mãos [...].

Nosso irmão Isidoro, de Lisboa, escreveu-me uma carta, convidando-me a mandar um livro para a editora recém-fundada na revista *Estudos Psíquicos*. Já respondi dizendo-lhe da minha impossibilidade presente e dar-te-ei ciência dessa troca de notícias por estes dias. Já procurei hoje os documentos para mandar-te e não os encontrei.

[...] Muito te agradeço as notícias do Zêus. Espero que ele, em breve tempo, esteja traduzindo os autores espiritualistas do estrangeiro para nós. Peço sempre a Deus conceda a ele muita felicidade, saúde e paz, a fim de que seja um forte cooperador de teu apostolado. Prevejo para ele um futuro brilhante ao teu lado, seguindo-te os passos nas grandes realizações espirituais. O Iésus, quando aqui esteve, em companhia da jovem esposa, me fez sentir quão bela tem sido a tua missão de pai junto dos filhos, pela delicadeza e bondade de seu trato pessoal. Espero assim, meu caro Wantuil, que todos os teus filhinhos sejam encaminhados por teu coração nas lutas da vida.

29.2 Quando psicografei o caso de Marcelo, também muito me comovi. Observei como é estimado de André Luiz, pelos comentários carinhosos do amigo espiritual. Marcelo bem merece essa estima pela sua elevação e grandeza d'alma. Quando recebi as páginas a que nos reportamos, tive grande desejo de escrever-te, mas achei melhor esperar que as lesses para que descobrisses o assunto. Trata-se de observação que ficou inteiramente comigo. És a única pessoa com a qual troquei ideias. Ê melhor guardarmos os apontamentos na intimidade do coração [...].

Chico confirma a Wantuil, por telegrama e por um bilhete, que o original de *Brasil, coração do mundo, pátria do evangelho* foi *absolutamente respeitado* pela FEB no texto que fala em Roustaing.

Chico faz carinhosas referências aos filhos de Wantuil de Freitas.

Destaca-se, porém, a parte final da carta. Chico menciona o caso de Marcelo, que está no livro de André Luiz *No mundo maior*, cap. 8: *No santuário da alma*, para o qual remetemos o leitor a fim de que se inteire da narrativa, para melhor compreensão do assunto.

Ao psicografar esse capítulo, Chico percebe que Marcelo é Zêus, filho de Wantuil de Freitas. Que o lar descrito por André Luiz é exatamente o lar de Wantuil.

Aqui abrimos um parêntese: a percepção de Chico Xavier, neste caso, é uma evidência a mais para corroborar o nosso ponto de vista de que o médium tem muito mais conhecimentos a respeito da tarefa de André Luiz do que pode ou deve revelar. O médium se mantém numa prudente e louvável reserva.

Chico se comove enquanto escreve o caso de Marcelo/Zêus, ditado por André Luiz. Como médium ele participa das cenas, dos clichês mentais criados pelo autor, o que lhe permite captar a identidade dos personagens.

29.3

Quem lê o capítulo citado, percebe o quanto é edificante a narrativa. Como é admirável o esforço de Marcelo na tentativa de superar a si mesmo. Particularmente, sempre achamos esse caso um dos mais bonitos contados por André Luiz, pelo exemplo e pela mensagem positiva que transmite.

O caso de Marcelo leva-nos também a três conclusões da maior importância.

A primeira é a de saber que o fato é verídico e que uma pessoa pode, realmente, conseguir suplantar um problema daquela ordem. Marcelo não é um personagem de ficção, não foi inventado nem o seu esforço de vontade é utópico. Marcelo existe. Está entre nós, convivendo conosco. Isso representa incentivo muito grande para quantos tenham problemas semelhantes. Em última análise, é um estímulo para todos nós que carregamos interiormente fantasmas do passado.

Marcelo vem de um lar espírita. O conhecimento da Doutrina, a dedicação e o carinho dos pais, o seu próprio esforço para vencer e os méritos que em decorrência vai adquirindo, tudo isto, somado, possibilita a superação do problema.

29.4 A segunda conclusão é que a obra de André Luiz ganha um dado novo e de grande significação. Cresce a autenticidade. Não poucas vezes ouvimos alguém comentar: amparo espiritual, programação espiritual, só nos livros de André Luiz. Com a gente não acontece isso. Agora, entretanto, haverá reformulação de conceitos. André não inventa. Seus personagens não são fictícios. Existem. São pessoas como nós. O fato de sabermos disto, de alguma forma, nos felicita a todos.

A terceira conclusão relaciona-se com Wantuil de Freitas. Encontramos neste capítulo a extraordinária comprovação da vivência espírita do então Presidente da Federação Espírita Brasileira.

Vejamos como André Luiz descreve o lar de Wantuil, no instante em que este se reúne para orar, em companhia de sua esposa, D. Zilfa, e do filho, Zêus:

> Após atravessar o pórtico, dirigimo-nos, devidamente autorizados, ao interior, onde agradavelmente me surpreendeu encantadora cena de piedade doméstica: um cavalheiro, uma senhora e um rapaz achavam-se imersos nas divinas vibrações da prece, cercados de grande número de amigos do nosso Plano.
>
> Fomos recebidos amorosamente.
>
> Convidou-nos o orientador a colaborar nos trabalhos em curso, uma vez que, com a valiosa cooperação daqueles três

companheiros encarnados, se prestavam a irmãos recém-libertos da crosta reais auxílios, de modalidades várias.

Digna de registro era a respeitável beleza daquela reduzida assembleia, consagrada ao bem e à iluminação do Espírito. 29.5

Admirando a harmonia daqueles três corações unidos nos mesmos nobres pensamentos e propósitos, e que miríficos fios de luz entrelaçavam, o assistente amigo comentou com oportunidade: "A família é uma reunião espiritual no tempo, e, por isso mesmo, o lar é um santuário".

Como se observa, pela manutenção do ambiente espiritual elevado, o lar de Wantuil de Freitas se transforma em posto de socorro espiritual da Espiritualidade Maior, atendendo a irmãos recém-desencarnados.

Todo o capítulo é, pois, um exemplo edificante de vivência espiritista, levando-nos a conhecer mais de perto a Wantuil de Freitas. Por outro lado, encontramos em Marcelo/Zêus o testemunho eloquente do quanto pode conseguir aquele que se empenha com fé e perseverança no trabalho da própria redenção.

* * *

Quando Wantuil lê os originais de *No mundo maior* reconhece a si próprio, a esposa e o filho nos personagens do capítulo VIII, e escreve ao médium comentando o fato. Até então ninguém sabia a verdade. Só o Chico estava ciente desta, mas o que fez ele? Não correu a contar ao amigo, não comentou com pessoa alguma. Espera que Wantuil identifique os personagens e, quando este o faz, recomenda-lhe: "É melhor guardarmos os apontamentos na intimidade do coração". Ele sabe que a hora não é propícia para uma revelação. Qualquer comentário àquela altura seria prematuro, inadequado.

29.6 Hoje, os fatos estão vindo a público. Por certo, assim a distância, ganham uma força inusitada, exatamente porque ficaram encobertos. O tempo se encarregou de ratificar as esperanças que André Luiz depositou em Marcelo/Zêus. E mostra-nos agora, igualmente, que o coração devotado ao bem consegue vencer as mais difíceis provas, ressurgindo feliz para uma vida melhor.

— 30 —
COMENTÁRIOS DIVERSOS

15-4-1947

30.1 [...] Muito grato pela leitura da carta do nosso prezado Ismael. Fiquei satisfeitíssimo, sabendo-o animado e forte no clima do Prata. Espero venhamos a colher excelentes resultados da permanência dele em Buenos Aires, uma vez que nele temos a personificação do infatigável semeador [...]. Espero me contes como se desdobrará o assunto, alusivo às prováveis traduções.

Agradeço as notícias que me deste, relativamente ao caso da acusação havida quanto ao livro *Brasil*. Deus te proteja em teu ministério de supervisão espiritual.

Que me dizes da União da Juventude Espírita Brasileira? É entidade recém-fundada? Não a conhecia.

Acho que teremos grande proveito com a leitura do Dr. Porto Carreiro, quanto ao novo livro de André Luiz. É um companheiro iluminado. As mensagens que ele tem recebido, e das quais o Ismael tem me enviado cópias, têm sido um alimento para mim [...].

30.2 De novo Chico está às voltas com as acusações feitas contra o livro *Brasil, coração do mundo, pátria do evangelho*. Mantém-se na mesma condição de equilíbrio e pede a Deus por Wantuil, que está na linha de frente.

Breves referências ao Dr. Porto Carreiro Neto, enfatizando a excelência das mensagens por ele recebidas. Assinale-se o fato de que Chico reconhece o valor de outros médiuns e incentiva-os. Esse procedimento é o mesmo em todos esses anos.

— 31 —
MUDANÇAS NO *PARNASO*
– O QUE É O *PARNASO*

3-5-1947

[...] Grato pelos teus apontamentos alusivos ao *Parnaso* para a próxima edição. Faltam-me competência e possibilidade para cooperar numa revisão meticulosa, motivo pelo qual o teu propósito de fazer esse trabalho com a colaboração do nosso estimado Dr. Porto Carreiro é uma iniciativa feliz. Na ocasião em que o serviço estiver pronto, se puderes me proporcionar a *vista ligeira* de um volume corrigido, ficarei muito contente, pois isso dará oportunidade de ouvir os amigos espirituais, em algum ponto de maior ou menor dúvida. Há uma poesia, sobre a qual sempre pedi socorro, mas continua imperfeita desde a primeira edição. É aquela *Aves e Anjos,* da pág. 325, na 5ª edição. Ela termina assim: "Sorrindo... Cantando...", e não "Sorrindo... Sorrindo...", como vem sendo impresso.

Conto com a tua colaboração, em favor do reajustamento definitivo.

Grato por me haveres dado a conhecer a página com que vais refutar as afirmações do Gen ... Peço a Deus para que

31.1

o assunto não seja portador de aborrecimentos para o teu coração [...].

31.2 Fiquei satisfeito, sendo informado de que as Sras. Fígner deliberaram solucionar o assunto do legado. Se o caso terminar com a paz que esperamos e desejamos, sou o primeiro a render graças a Jesus pelo desfecho pacífico. Tive medo de barulho, porque o ruído atrapalha sempre. Aguardarei tuas notícias. (*Última Hora* — 4-5-1947). Estou recebendo as provas do *Novo Testamento*. Vou lê-las com todo o interesse e carinho e restituirei na primeira oportunidade. Gratíssimo pelo teu gesto de apreço e confiança. Abraços do Chico.

Desde 1947 o *Parnaso de além-túmulo* começou a ser preparado para a sua 6ª edição. Nessa carta e em algumas outras que se seguem, Chico se refere à revisão que estava sendo feita e, zeloso, busca assegurar a exatidão da tarefa.

Mas, o seu cuidado significa antes de mais nada o *trabalhar em conjunto*, pois ele bem conhece a competência de Wantuil e Porto Carreiro para tal cometimento. É óbvio que a palavra final seria dos autores espirituais, e realmente o foi. Muitos poetas do *Parnaso* seriam consultados por intermediação de Emmanuel, os quais nem sempre concordavam com as alterações solicitadas e apresentavam nova redação para determinados versos. Temos, uma vez mais, uma ideia do grandioso trabalho que interliga as equipes de encarnados e dos benfeitores da Espiritualidade Maior. Cada tarefeiro dá a sua participação, contribuindo para que a obra resulte bem acabada e plenamente inserida nos altos objetivos programados.

Note-se que Chico recomenda especial atenção para determinado verso que está imperfeito desde o seu lançamento. 31.3

Ainda aqui, pode-se avaliar o constante cuidado de Chico Xavier e quanto é custoso ajustarem-se todos os detalhes. Por um lapso qualquer o erro passou por cinco edições, fato este que o médium assinala.

Parnaso de além-túmulo é obra ímpar na literatura mediúnica mundial. Lançado em 9 de julho de 1932, a obra completou em 1982 o seu cinquentenário e já está na 10ª edição.

A 1ª edição continha 14 poetas, 60 produções literárias e 156 páginas.

A 2ª edição (1935) foi dada à luz com 354 páginas.

Em sua 9ª edição, comemorativa do 40° aniversário de lançamento, foi acrescida de notas e estudos do Dr. Elias Barbosa e impressa em papel especial, com os retratos de todos os poetas em aguadas de Cecconi.

Nas 9ª e 10ª edição o *Parnaso* conta com 56 poetas, 259 produções literárias e 509 páginas.

Caros leitores, aqui devemos parar para meditar um pouco sobre esses dados.

A maioria dos espíritas nos acostumamos com a produção mediúnica de Chico Xavier e já não avaliamos mais a altíssima qualidade de suas páginas psicográficas. E, em decorrência, nem sempre lhe temos valorizado suficientemente o trabalho.

31.4 Quando Chico inicia a sua tarefa apostolar, os benfeitores da Espiritualidade Maior preparam uma obra de impacto. Assim, não é um livro de crônicas, de mensagens ou um romance que vem a lume. Nem ao menos é um livro para estudos, como os de André Luiz, por exemplo.

Àquela altura, era preciso que o primeiro livro psicografado pelo médium mineiro chamasse a atenção de todos. Que sacudisse as arcádias da época, preocupadas em absorver e expandir o movimento iniciado em 1922 — dez anos antes — com a Semana de Arte Moderna.

Um livro de impacto: um livro de versos. Versos sim, mas cantados por poetas *mortos*. De Além-Túmulo!

E que plêiade de nomes expressivos compareceu pelo lápis de Chico Xavier! Eram inicialmente 14 poetas. Nomes famosos e conhecidos, como Castro Alves, Augusto dos Anjos, Auta de Souza, Cruz e Souza, Guerra Junqueiro, etc., mas que não pertenciam mais aos planos terrestres.

Muitos anos depois, o Chico, em toda a sua maravilhosa simplicidade, contaria que Augusto dos Anjos lhe surgira pela primeira vez na cozinha de sua casa. E o poeta lhe disse: "Quando você acabar de almoçar, pegue o papel e lápis e venha comigo". E foi num pasto, em direção a Sete Lagoas, onde havia enorme tronco de braúna, que Chico psicografou o primeiro poema — *Voz do Infinito*, que está em primeiro lugar na 1ª edição de *Parnaso*. (Dados extraídos do livro *Presença de Chico Xavier*, de Elias Barbosa, 2. ed. IDE).

Toda essa programação nos induz a meditar. E verificamos que, na fulgurante trajetória mediúnica do muito amado Chico Xavier, cada época tem a sua característica própria e especial. E, obviamente, a sua razão de ser.   31.5

No trecho final da carta, Chico menciona o legado de Frederico Fígner. Ele pede a Jesus que o assunto seja resolvido em paz. Arremata, dizendo: "Tive medo do barulho, porque o ruído atrapalha sempre".

— 32 —
DOENÇA DE WANTUIL

28-5-1947

32.1 [...] Cessam todos os casos de que estamos tratando, diante da visita da angina. Fiquei impressionado com a tua notícia e peço-te atender à saúde com toda a atenção que o problema requer. Não podes partir agora. A empresa grandiosa que permanece em tuas mãos reclama a tua presença em nossos círculos. Não desejo, de modo algum, que o fenômeno se repita contigo. Ofereço-me a recebê-lo em teu lugar e peço a Jesus te conserve o equilíbrio orgânico por vastíssimos anos para que administres os interesses do Evangelho com a dedicação que te caracteriza o mandato.

O Ismael chegou dia 26. Temos tido excelentes conversações à noite, nas quais és lembrado a cada instante. Ele me falou de teu telefonema dizendo da angina, e ambos concordamos em que é preciso mantê-la a distância de teus passos nos próximos cinquenta anos, pelo menos. Espero-te as informações [...].

Chico se aflige com a doença de Wantuil de Freitas. Ante a chegada desta, interrompe toda a programação que executava em consonância com o amigo. Conhecedor da importância das responsabilidades assumidas por Wantuil, e ligado a ele por laços afetivos muito fortes, Chico expressa a sua preocupação, da qual o tópico seguinte nos dá a exata medida: "Ofereço-me a recebê-lo em teu lugar e peço a Jesus te conserve o equilíbrio orgânico por vastíssimos anos para que administres os interesses do Evangelho com a dedicação que te caracteriza o mandato".

A emoção que ressuma destas palavras, o inusitado oferecimento que brota de um coração amigo e leal, as circunstâncias em que foram escritas (sob a forte tensão ante a doença do amigo), tudo isto — pode-se imaginar — envolve Wantuil de Freitas e o comove sobremaneira. É o alento de que ele precisa no momento. O sopro renovador de energias, de alimento espiritual. Ninguém que recebesse palavras desse teor deixaria de se emocionar.

Chico aduz, em seguida, que por meio de Ismael obteve detalhes sobre o problema de saúde que Wantuil vem enfrentando. Por isso conclui, transmitindo, por certo, carinho e estímulo ao amigo, que é preciso manter a enfermidade a distância, pelo menos nos próximos cinquenta anos: "A empresa grandiosa que permanece em tuas mãos reclama a tua presença em nossos círculos".

— 33 —
VISITA DE POLÍTICOS – A FAMA

25-6-1947

33.1 Visitas: são verídicas as notícias que recebeste. O mais velho dos dois teve a primeira sessão comigo, há uns dois anos, aproximadamente, e, por sinal, que o filho dele veio, escreveu e identificou-se de modo satisfatório. Foi uma noite de emoção e lágrimas, das quais participei. Depois disso, voltou, e agora veio pela terceira vez. O mais moço ainda não tinha vindo aqui. Tivemos uma reunião interessante, mas não sei qual foi a impressão dele. O mais velho está mais amadurecido para o assunto e comove-me o carinho que dispensa aos novos conhecimentos. Confidencialmente, devo dizer-te que não tenho entusiasmo com essas visitas. Esses companheiros estão excessivamente presos à grade das convenções humanas. Sei que o teu coração me compreende. Como sabes, uma pessoa importante é sempre perigosa. Se pode trazer muito bem, pode trazer igualmente muito mal. E, em face de qualquer delas, tenho a impressão de que somos funcionários do Itamaraty. É muito desagradável [...].

Wantuil tem notícias da visita que dois políticos de projeção fazem a Chico. E este explica, afirmando que um desses políticos, o mais velho, o procurara dois anos antes. Pelas palavras do Chico, depreende-se que por três vezes esse encontro se repetira. E, por sinal, já na primeira sessão mediúnica realizada, o filho desse político se comunica pela psicografia, identificando-se de tal forma que o pai emocionou-se até às lágrimas.

Retornando pela terceira vez à procura de Chico Xavier, traz consigo outro político, mais moço, que assiste aos trabalhos, mas não opina a respeito. Chico esclarece que o mais velho está amadurecido para receber os conhecimentos espíritas, seja talvez pela própria vivência que a idade confere, por meio das múltiplas experiências adquiridas, seja pela perda do filho que então se comunica com ele.

Mas, depois, emite a sua opinião pessoal sobre o fato. É de se ressaltar que ele não se ilude ou se entusiasma com a visita de vultos de projeção. Não porque estes não mereçam ou não estejam à altura de receberem os esclarecimentos da Doutrina Espírita. Chico sabe, perfeitamente, que a dor quando bate às portas de um coração pode conseguir tocá-lo e amadurecê-lo, de pronto, para as verdades da vida. Mas, aduzindo, explica: "Esses companheiros estão excessivamente presos à grade das convenções humanas". Essa frase exprime bem as barreiras que não raro existem, mesmo naqueles que estão tocados pela dor, naqueles que estão ansiando por respostas aos afligentes problemas de que são portadores, mas que estão colocados em posição de poder, de destaque e prestígio político. São grades, são cárceres, e esses vultos, autênticos prisioneiros das convenções humanas.

33.3 É muito difícil para uma pessoa nessa posição conseguir libertar-se dessas teias, pois elas são inerentes ao poder. Ê o pesado ônus que cada um deve carregar no exercício do seu cargo político.

A fama, o prestígio, nem sempre tem o sabor agradável que lhe atribuem. Muitas vezes, sabe ao travo da desilusão, da solidão íntima que os olhos do mundo não conseguem ver.

Nas frases seguintes, Chico anuncia uma realidade: "Como sabes, uma pessoa importante é sempre perigosa. Se pode trazer muito bem, pode trazer igualmente muito mal". Essa é uma observação que merece a nossa reflexão.

Chico, conhecedor da realidade da vida, não se deixa deslumbrar pela presença de pessoas de projeção social. Não se envaidece por ser procurado por elas. Não as bajula no intuito de alimentar-lhes a vaidade ou de as conquistar de modo mais definitivo. Não está interessado em que tais pessoas lhe façam *a corte*. Nem pela mais leve sombra sente-se prestigiado, por sua vez, pelo interesse que desperta. E com seu comportamento dá a todos uma relevante lição.

Em nenhum momento o vemos deslumbrado ante as conquistas mundanas. No transcorrer dos anos ele deu provas disso. Seus olhos e seu coração estão abertos para todas as criaturas. O que ele vê em cada um é exatamente o ser humano em sua luta ingente de crescimento. Daí atender a todos: ricos e pobres, pessoas anônimas ou de destaque nas convenções terrestres, dando-lhes a mesma medida do seu amor, da sua incrível capacidade de amar.

Ao mencionar que *uma pessoa importante é sempre perigosa*, tem em vista, inclusive, toda a soma de *tentações* que esta pessoa, mesmo sem querer, pode suscitar. Ê que ele sabe que a maioria, infelizmente, não enxerga a criatura humana em si, mas o cargo, a fatia de poder que ela representa. E Chico, em sua característica simplicidade, arremata, dizendo: "Em face de qualquer delas, tenho a impressão de que somos funcionários do Itamaraty". Nessa colocação bem-humorada retrata o modo como se sente na presença das figuras políticas de projeção. De natureza simples, Chico de certa forma se constrange em tais situações. Por isto, conclui: "É muito desagradável".

— 34 —
NOSSO SERVIÇO É DE CONSTRUÇÃO

14-8-1947

34.1 [...] É uma alegria ver-te prosseguir na execução de nosso programa de trabalho espiritual. "O nosso serviço" — diz Emmanuel — "não é de propaganda. É de construção" [...]. A reeleição da Diretoria é para mim um imenso conforto [...].

Pequeno trecho que encerra belíssimo ensinamento de Emmanuel.

Em princípio, Chico se alegra por constatar que Wantuil prossegue firme na execução do que ele chama de *nosso programa de trabalho espiritual*. Àquela altura dos acontecimentos, o trabalho dos dois tem que ser desempenhado em perfeita consonância a fim de que a "chuva de livros"[7] se tornasse realidade.

---

7 A expressão *chuva de livros* foi usada pela Sra. Carmen Pena Perácio, em entrevista concedida a Martins Peralva, quando descreve a visão que teve numa das primeiras reuniões mediúnicas em que Chico Xavier tomou parte, em junho de 1927. Eis como descreve o fato: "Numa de nossas reuniões dos primeiros tempos do Centro Espírita Luiz Gonzaga, em Pedro Leopoldo, me foi mostrado um quadro fluídico que, na época, nenhum de nós entendeu; mediunicamente, vi que do teto estava "chovendo livros" sobre a cabeça de Chico e sobre

O enunciado seguinte, de Emmanuel, leva-nos a 34.2
maiores reflexões.

O nosso serviço não é de propaganda. É de construção.
Não apenas propagar, difundir, semear. Mas viver fé, torná-la operante e assim apresentá-la aos olhos do mundo.

É fácil falar e transmitir conceitos. Difícil é vivê--los e dar-lhes testemunho, dia após dia, ao longo de toda uma existência.

Para perfeita compreensão do pensamento de Emmanuel, deste transcrevemos, a seguir, a página *Quando há luz*, inserida no livro *Fonte viva (cap. 74)*:

QUANDO HÁ LUZ

Pois o amor de Cristo nos constrange [...]
PAULO (II CORÍNTIOS, 5:14)

Quando Jesus encontra santuário no coração de um homem,

modifica-se-lhe a marcha inteiramente.

Não há mais lugar dentro dele para a adoração improdutiva,

para a crença sem obras, para a fé inoperante.

Algo de indefinível na terrestre linguagem transtorna-lhe o espírito.

---

todo o nosso grupo. Mais tarde, quando foi publicado o *Parnaso de além-túmulo*, vim a saber, através de um Espírito amigo, que a visão fora criada por Emmanuel, que desejava avisar-nos, simbolicamente, quanto à missão que o Chico viria a desempenhar, recebendo livros do Plano Espiritual. Posso dizer que o quadro de *chuva de livros* foi maravilhoso. Decorridos quase quarenta anos, guardo-o ainda em minha visão como se tudo isto tivesse acontecido ontem (Extraído do livro *No mundo de Chico Xavier*, cap. 18, 3. ed. IDE).

Testemunhos de Chico Xavier

34.3 Categoriza-o a massa comum por desajustado, entretanto, o aprendiz do Evangelho, chegando a essa condição, sabe que o Trabalhador Divino como que lhe ocupa as profundidades do ser.

Renova-se-lhe toda a conceituação da existência.

O que ontem era prazer, hoje é ídolo quebrado.

O que representava meta a atingir, é roteiro errado que ele deixa ao abandono.

Torna-se criatura fácil de contentar, mas muito difícil de agradar.

A voz do Mestre, persuasiva e doce, exorta-o a servir sem descanso.

Converte-se-lhe a alma num estuário maravilhoso, onde os padecimentos vão ter, buscando arrimo, e por isso sofre a constante pressão das dores alheias.

A própria vida física afigura-se-lhe um madeiro, em que o Mestre se aflige.

É-lhe o corpo a cruz viva em que o Senhor se agita crucificado.

O único refúgio em que repousa é o trabalho perseverante no bem geral.

Insatisfeito, embora resignado firme na fé, não obstante angustiado

servindo a todos, mas sozinho em si mesmo, segue, estrada afora, impelido por ocultos e indescritíveis aguilhões...

Esse é o tipo de aprendiz que o amor do Cristo constrange,

na feliz expressão de Paulo.

Vergasta-o a luz celeste por dentro até que abandone as zonas inferiores em definitivo.

Para o mundo, será inadaptado e louco. 34.4

Para Jesus, é o vaso das bênçãos.

A flor é uma linda promessa, onde se encontre.

O fruto maduro, porém, é alimento para Hoje.

Felizes daqueles que espalham a esperança, mas bem-aventurados sejam os seguidores do Cristo que suam e padecem, dia a dia, para que seus irmãos se reconfortem e se alimentem no Senhor!

Emmanuel, portanto, particularizava com aquela frase da carta o próprio trabalho em que ele, Chico e Wantuil estavam compromissados, e que ia além da tarefa de semear, de difundir, de propagar.

Importava, acima de tudo, exemplificar, viver os ensinamentos, suar e padecer dia a dia, numa demonstração de que não apenas pregavam a palavra do Mestre à luz da Doutrina Espírita, mas que traziam, realmente, no coração, a *voz do Mestre, persuasiva e doce,* exortando-os a servir sem descanso. E que seria imprescindível a renúncia, a entrega total, hora a hora, para que a tarefa programada fosse executada.

Wantuil prosseguiu, assim, no seu campo de trabalho, oferecendo condições para que a obra de Chico Xavier se concretizasse. Sob a sua Presidência a FEB executa e expande o programa do livro espírita, iniciado na gestão anterior.

A seu turno, Chico pôde avançar, cada vez mais, nos serviços que o amor ao próximo lhe inspira e nos quais permanece até os dias de hoje, já septuagenário, mas trabalhando com o vigor espiritual que a fé lhe infunde.

34.5 "O nosso serviço não é de propaganda" — disse Emmanuel, em 1947. "É de construção", complementou, com vistas ao futuro, cônscio de que Chico teria de estruturar de modo cada vez mais definitivo os alicerces que estavam lançando.

Chico faria isso, não porque estivesse na programação espiritual, ou porque fossem os planos de Emmanuel, mas porque ele mesmo, constrangido pelo amor do Cristo, sente necessidade absoluta de fazê-lo. De servir sempre, pois o trabalho no bem geral é o seu refúgio. É a sua alegria. É a sua vida: dar a vida pelo próximo, irmão em Humanidade.

Hoje já são mais de 50 anos nesse mister: *o fruto maduro* a que Emmanuel se refere ao escrever a página transcrita *Quando há luz*.

— 35 —
RECUSA AJUDA PARA OS SOBRINHOS – PROBLEMAS DAS JUVENTUDES – DIVISÕES

21-8-1947

[...] Comove-me, sobremaneira, o projeto do nosso irmão Dr. Carlos Lomba. Muito confortadora para mim essa lembrança. Entretanto, peço-te auxiliar-me aí para que a proposta não prossiga. Não poderia aceitá-la. Tenho muitos sobrinhos, mas convém-lhes a todos o trabalho comum pela vida. Dos amigos da Federação e da própria Casa de Ismael tenho recebido toda a cooperação de que careço. E se posso pedir aos companheiros alguma coisa, rogo-lhes não se esquecerem de mim, nas orações, para que eu tenha forças para cumprir meu dever menos mal até o fim da luta. Peço-te, com empenho, auxiliar-me perante os companheiros, a fim de que não vejam orgulho em minha recusa e sim o desejo de acertar. Sei que, em qualquer dificuldade, tenho o apoio e o amor fraternal de vocês todos, e isto para mim é uma grande riqueza.

35.1

Chico agradece, mas recusa a ajuda material para si e seus sobrinhos. Confessa-se comovido pela lembrança do Dr. Carlos Lomba e dos amigos da FEB, entretanto, pede a cooperação de Wantuil de Freitas para fazê-los compreender que essa recusa não é motivada pelo orgulho, mas pelo desejo de prosseguir com acerto.

35.2 "Tenho muitos sobrinhos, mas convém-lhes a todos o trabalho comum pela vida". Entende Chico que certas facilidades não representariam o melhor para eles.

Podem até parecer estranhas estas palavras de Chico Xavier. Mas, ao contrário, são modelo de bom senso e visão profunda da vida.

Para o Espírito imortal, as dificuldades, as lutas, o exercício constante de uma existência trabalhosa são de muito maior proveito que as facilidades. Estas — na maioria das vezes — amolentam o caráter e tendem a levar o indivíduo para a superficialidade das conquistas materiais.

Evidentemente, o que se propunha era alguma ajuda, numa intenção — até louvável — de amenizar as agruras pelas quais estariam passando os familiares de Chico Xavier e ele próprio.

Mas Chico, humildemente, não aceita esse tipo de cooperação. Essa atitude ele a adota durante toda a sua existência. Nada pede, nada quer e nada aceita no tocante a bens materiais, a facilidades, por menores que sejam. Ele mesmo dá aos sobrinhos o exemplo da dignidade no trabalho. E mostra ao mundo que para vencer na sua abençoada tarefa não precisa mais do que os modestos proventos conseguidos com o seu próprio esforço.

Solicita assim, a Wantuil, que transmita o seu pensamento aos companheiros, rogando-lhes o benefício das preces, caso alguma coisa lhes possa pedir.

Termina o assunto enfatizando que o apoio e o amor fraternal de todos é para ele uma grande riqueza.

Essa atitude de Chico Xavier condiz perfeitamente com a diretriz evangélica: *de graça recebestes, de graça dai* (*Mateus*, 10:8).

35.3

> Desconfiava que o ... tornaria ao caso. Li o artigo e fiz orações. Por mim, acredito que devamos dar o assunto por encerrado. Mesmo que o Ismael responda com ponderação, o problema avançará no tempo, sem proveito algum. O interesse dos inimigos das boas obras é distrair o bom trabalhador, fazendo-o perder tempo, quando não podem fazer o pior [...].

O que nos impressiona a cada passo dessa correspondência é a atualidade dos ensinamentos que ela contém.

Já ao seu tempo, Paulo de Tarso, escrevendo aos filipenses (3:2), adverte: "Guardai-vos dos cães, guardai-vos dos maus obreiros [...]". Sobre este conselho do *Apóstolo dos Gentios*, Emmanuel disserta no cap. 74 do seu livro *Vinha de luz*.

Mas a observação de Chico realmente exprime muito bem a intenção dos inimigos das boas obras: *distrair* o bom trabalhador, a fim de que ele se desvie do seu real objetivo. Agastado pelas críticas maldosas, o obreiro diligente se preocupa em a elas responder, não atentando para o fato de estar perdendo precioso tempo com as querelas de opinião.

35.4 Chico Xavier trabalha há mais de meio século, ininterruptamente, sem dar ouvidos a quaisquer tipos de comentários. Oferece-nos assim o melhor exemplo de como responder aos que se dedicam a criticar. A sua única resposta é trabalhar e produzir sempre mais, dilatando os serviços de amor ao próximo, de fidelidade doutrinária, caminhando sem olhar para trás.

> Grato pelas notícias do professor Leopoldo.
>
> O assunto que me expões requer muita ponderação. Pensemos muito e oremos para que a Luz Divina se faça no caminho de todos. A tua posição de Presidente da FEB e de orientador requer muita vigilância, em face de qualquer decisão, mormente no capítulo das atividades inovadoras. São muito justas as tuas observações e, como reconheço a delicadeza do caso, limito-me a pedir o socorro do Plano Espiritual para nós. Jesus te fortaleça e guie nas providências e resoluções. O problema das *juventudes* está tomando corpo. Em ..., existem duas a se digladiarem. Tenho recebido cartas amargas, de parte a parte, e só posso responder com a oração silenciosa. Qualquer divisão nos serviços espirituais de ordem superior, aqui na Terra, é um desastre. Confio em tua inspiração e peço a Jesus te ilumine o caminho de vanguardeiro [...].

Chico reconhece a prudência e os cuidados que Wantuil deve ter em relação às atividades inovadoras.

35.5 Por essa época já surgiam alguns movimentos de jovens. De início houve em algumas das *juventudes* (mocidades) recém-criadas a ideia de que deveriam ser autônomas, independentes e autossuficientes em relação aos centros espíritas onde se reuniam. Em decorrência desse enfoque, várias *mocidades* formaram movimentos paralelos, ocasionando problemas e transformando-se quase que em pequenos centros dentro de outros.

Chico Xavier não é nem nunca foi contra as atividades dos jovens ou contra as *mocidades*, e disso ele dá sobejas provas no curso dos anos. No caso específico dessa carta, ele analisa um problema que surge e que exige tato e vigilância, pois está dividindo o meio espírita. Por isso, alerta, incisivo: "Qualquer divisão nos serviços espirituais de ordem superior, aqui na Terra, é um desastre".

E o alerta chega-nos em boa hora. Hoje as divergências estão sendo trazidas a público, críticas e acusações mútuas são feitas constantemente e perde-se muito tempo em discussões estéreis, improdutivas. Por certo que, distraídos com estas questões, os trabalhadores se desorientam, enfraquecendo o próprio Movimento Espírita.

O novato, entrando portas adentro da casa espírita, vai encontrar grupos de obreiros preocupados com acusações e defesas, o que certamente motivará uma impressão distorcida do próprio Espiritismo. É fora de dúvida que o neófito vê a Doutrina por intermédio dos seus adeptos. Na exemplificação de cada um ele fará a leitura inicial do seu aprendizado doutrinário. Mais depressa ele observa no espelho das atitudes dos seus novos companheiros, que apreende e assimila os ensinamentos da Doutrina Espírita pelos livros, assistindo a palestras, etc.

35.6 Estamos esquecidos de nossas responsabilidades. Vemos o argueiro nos olhos de nosso irmão de jornada e não enxergamos a trave que existe em nossos próprios olhos. Todavia, todos sabemos as lições. Todos conhecemos o caminho.

A advertência de Chico Xavier atravessa o tempo e vem ao nosso encontro, plena de sabedoria e experiência.

Devemos parar para refletir sobre o seu significado.

Dois pontos ressaltam da frase sob nossa análise. O primeiro relaciona-se com o trecho: *serviços espirituais de ordem superior, aqui na Terra*. Chico coloca as atividades doutrinárias realizadas pelos encarnados como de *ordem superior*. É preciso atentarmos bem para esta colocação. Nem sempre nos damos conta de que há uma programação espiritual superior que se traduz, especialmente, no nível de compromissos assumidos pelos obreiros encarnados, quando ainda no Plano Espiritual. Por não se encarar a tarefa com esse cunho de grave responsabilidade, de compromisso solene entre as esferas física e espiritual que laboram em conjunto, é que muitos se distraem nas disputas de pontos de vista e de opiniões pessoais.

Não que não se deva discordar. As divergências 35.7
são naturais, já o dissemos. Contudo, acesa a fogueira
da discussão, é muito difícil que se consiga apagá-la
sem se queimar.

Por outro lado, se não se acredita nessa programação de ordem superior, também não se aceita a intervenção das trevas. Entretanto, a cada momento deparamo-nos com as advertências de Emmanuel, André Luiz, Joanna de Ângelis, Bezerra de Menezes, etc., que estão em perfeita consonância com as respostas que os Espíritos deram a Kardec em *O livro dos espíritos*, nas questões 456 e 480.

O segundo ponto diz respeito ao final da frase: é *um desastre*. Também, não se avaliam os efeitos dessas divisões no meio espírita. É hora, porém, de fazermos a avaliação. De relembrarmos o ensinamento do Mestre: "Todo reino dividido contra si mesmo é devastado; e toda cidade, ou casa, dividida contra si mesma não subsistirá" (*Mateus*, 12:25). Este é o instante de pararmos para meditar em torno das palavras do Chico, que qualifica de desastrosas quaisquer divisões que possam surgir em nossas fileiras.

— 36 —
CUIDADO COM O LIVRO MEDIÚNICO – COERÊNCIA ENTRE A OBRA DE CHICO XAVIER E A CODIFICAÇÃO – TRÊS FASES DISTINTAS DE SUA OBRA

24-8-1947

36.1 [...] Recebi a cópia das cartas trocadas entre o querido amigo e o Dr. Camilo Chaves, documentação essa que te restituo, em anexo, com os meus agradecimentos. Muito bem inspirado foi o Presidente da União Espírita Mineira convidando-te. Compreendo as tuas razões e vejo que foste muito feliz, apresentando o Dr. Ludolf para falar em teu nome na capital mineira. Tenho, com os demais companheiros, a esperança de que virás a Minas em ocasião oportuna. Não vou à União desde 1940. Penso que em breve tempo irei lá numa noite de domingo para um abraço aos amigos. Soube que a presidência do Dr. Camilo Chaves tem trabalhado intensivamente.

Recebi o *Brasil, coração do mundo* com as tuas anotações. Li o lembrete que me mandaste e agradeço-te a bondade e a confiança. Sabes do respeitoso carinho que me merecem todas as medidas filhas de tua orientação, entretanto, peço-te licença para ponderar sobre a conveniência de adiarmos o feito. Se fosse apresentada uma quarta edição revista pelo autor espiritual, nosso gesto poderia traduzir, para muitos, temor ou excessiva consideração para com o bloco que nos acusa de interpolar os textos mediúnicos, porque não tendo havido uma providência desta, em qualquer edição dos livros recebidos em Pedro Leopoldo, desde a publicação do *Parnaso*, há quinze anos, a mudança seria extremamente chocante.

Ainda a questão havida com o livro *Brasil, coração do mundo, pátria do evangelho*. Nota-se o cuidado de Chico Xavier em manter a coerência de comportamento, a prudência e o equilíbrio nas atitudes. 36.2

Além disso — considera Emmanuel —, o trabalho nosso é de cooperação e nem ao próprio autor espiritual pode ser conferida a responsabilidade exclusiva do serviço, uma vez que o Dono da Obra é Jesus, de quem estamos recebendo possibilidades para contribuir na sementeira da luz.

O texto acima é verdadeira revelação para todos nós quanto ao minucioso cuidado de que se reveste a obra de Chico Xavier. Pelas palavras de Emmanuel começamos a vislumbrar em maior profundidade o que representa a programação espiritual do médium mineiro. Programação da qual este é dócil instrumento, seguindo à risca a rígida disciplina traçada de comum acordo.

Observemos que o autor espiritual está plenamente integrado em todo esse contexto. Ele não vem transmitir o seu recado por acaso, por estar disponível ou para atender aos seus parentes e amigos. Há sempre uma finalidade maior. Visando a esse fim útil e providencial é que se apresenta ao médium, dentro de um esquema traçado para que a mensagem seja transmitida.

36.3 A propósito, é bom lembrarmos a resposta de Erasto a uma pergunta do Codificador:

> Não creias que a faculdade mediúnica seja dada somente para correção de uma ou duas pessoas, não. O objetivo é mais alto: trata-se da Humanidade. Um médium é um instrumento pouquíssimo importante, como indivíduo. Por isso é que, quando damos instruções que devem aproveitar à generalidade dos homens, nos servimos dos que oferecem as facilidades necessárias (*O livro dos médiuns*, cap. 20, it. 226, q. 5).

Nota-se a perfeita identidade entre o pensamento de Erasto e o de Emmanuel, quando este diz que o Dono da Obra é Jesus, que nos concede a honra de servir na sua seara.

Também no livro *Missionários da luz*, cap.1, André Luiz nos dá notícias de uma reunião mediúnica para a qual havia seis comunicantes programados. Entretanto, apenas um médium estava em condições de trabalho, o que levou o instrutor espiritual Alexandre a determinar que o grupo apenas receberia *o que se relacione com o interesse coletivo*. Novamente verificamos a coerência e a fidelidade doutrinária da obra mediúnica de Chico Xavier.

Assim, pois, autores desencarnados, médiuns e missionários do trabalho humano se entrosam, compulsoriamente, para que brilhe uma só luz — a Luz do Senhor —, da qual todos nós temos sede há longos séculos. Não podemos, em vista disso, deixar um livro mediúnico prosseguir à solta, sem o nosso cuidado e sem o nosso amor para com ele, sempre que estivermos ligados à Espiritualidade Superior pelo desejo de alcançá-la.

A cada passo vamo-nos inteirando dos extremos de vigilância e cuidado que o mediunato exige. Não há, no programa de Chico Xavier, uma vontade única, o interesse de uma pessoa ou de um Espírito, mas sempre o conjunto harmônico de uma equipe de trabalho com programa específico, onde cada elemento tem tarefas definidas, com vistas ao fim maior de difundir o Consolador Prometido por toda a Humanidade.

36.4

Se nos detivermos com mais atenção na missão de Chico Xavier, encontraremos no seu transcurso fases nítidas, marcantes, assinalando determinadas épocas em que o tipo de labor atende a faixas evolutivas próprias. Mas é interessante também registrar que, mesmo com essas fases diversas, houve de maneira geral três períodos bem distintos. Para nossa compreensão usaremos a mensagem de Emmanuel, cap. *Aviso, chegada e entendimento* do livro *Seara dos médiuns*, que assim se inicia:

"A intervenção franca do Plano Espiritual, no plano físico, pode ser admitida no conceito popular como embaixada portadora de metas decisivas, a definir-se em três períodos essenciais: aviso, chegada e entendimento".

36.5 Extrapolando para o caso de Chico Xavier, vamos encontrar com a publicação de *Parnaso de além-túmulo* a fase do *aviso* da tarefa que se inicia. Esse *aviso* veio través de quatorze poetas, num total de sessenta produções mediúnicas.

Não poderia haver mais bela forma de se apresentarem. Cantando a imortalidade da alma, os poetas desencarnados, ao mesmo tempo em que trazem notícias da continuidade da vida, consolam as almas terrenas.

Foi, portanto, um *aviso* retumbante que ecoou por todo o país.

Em seguida, a época dos livros *Emmanuel, A caminho da luz, Brasil, coração do mundo, pátria do evangelho, Paulo e Estêvão* e dos romances épicos, determinando a *chegada* da equipe espiritual, que então inicia realmente o seu mister.

Finalmente, com o livro *Nosso lar*, de André Luiz, instala-se o terceiro período: o *do entendimento.* Nesse momento, os Embaixadores da Luz se aproximam de nós para narrar as minúcias da vida espiritual, para trazer notícias da vida além da vida, aprofundando-se nos mistérios da existência humana, que então se tornam claros e acessíveis ao entendimento comum.

É a coleção André Luiz que vai sendo ditada aos poucos; o início dos livros infantis; a série *Caminho, verdade e vida, Pão nosso, Vinha de luz* e *Fonte viva*; é a época de *Ave, Cristo!,* que encerra o ciclo dos romances; os livros *Roteiro* e *Pensamento e vida*; e a notável série de livros em que Emmanuel comenta obras da Codificação.

A compreensão se instala. Alargam-se os horizontes.   36.6

Instala-se a esperança consciente.

Interpenetram-se as duas humanidades, fundindo-se numa só: *um só rebanho, um só Pastor.*

E o entendimento não se circunscreve apenas aos doutos. Mas estende-se a todos os corações em diversificadas formas.

A partir daí a obra está consolidada.

* * *

Não podemos, diz Emmanuel, deixar um livro mediúnico prosseguir à solta, sem o nosso cuidado e sem o nosso amor para com ele, sempre que estivermos ligados à Espiritualidade Superior pelo desejo de alcançá-la.

No trabalho de Chico Xavier, esse cuidado e esse amor são uma lição para nós. Quantos livros mediúnicos vemos publicados sem esses devidos cuidados. São obras inacabadas. Evidenciam o despreparo e a precipitação do médium que deseja tornar público o seu trabalho.

No final dessa frase de Emmanuel, ele nos transmite a condição essencial que identifica a qualidade do labor, quando complementa: " [...] sempre que estivermos ligados à Espiritualidade Superior pelo desejo de alcançá-la".

36.7   Ainda na mesma carta Chico escreve o que continua ouvindo de Emmanuel:

> A forma de apresentação do trabalho espiritual no mundo receberá, assim, obrigatoriamente, o concurso dos companheiros de boa vontade, porque a entidade comunicante não poderá, pela diferença de plano, acompanhar o esforço dos filólogos e dos tipógrafos. Não pode haver uma edição sem aprimoramento e sem corrigenda, porque existirá sempre uma falha, na forma, aqui e ali, exigindo retificação. Desse modo, esse serviço é nosso, no mundo em que nos encontramos, uma vez que se reclamássemos a vinda dos autores espirituais para os reajustamentos precisos, isso desencorajaria os companheiros desencarnados de romperem pesadas fronteiras de sombra para virem até nós, ajudando-nos a orientar a mente para mais alto. Estamos, assim considerando, com a estrada aberta à cooperação, na qual tudo devemos fazer para não falhar, despreocupando-nos de qualquer opinião do mundo, aparentemente mais respeitável. Naturalmente, devemos exercer a nossa faculdade de colaborar, sem abuso, mas cientes de que é um dever zelar pela melhor apresentação dos frutos espirituais.

Emmanuel evidencia aí, com clareza, o trabalho de equipe.

Muitas pessoas julgam que o autor espiritual transmite a obra perfeita e absolutamente pronta, não concebendo que lhe sejam feitos retoques, corrigendas e modificações na sua *forma de apresentação*. Acham mesmo que, se tal ocorrer, a mensagem perde a sua autenticidade. Vejamos o que Allan Kardec diz a esse respeito:

Daí decorre que, salvo algumas exceções, o médium exprime o pensamento dos Espíritos pelos meios mecânicos que lhe estão à disposição e também que a expressão desse pensamento pode e deve mesmo, as mais das vezes, ressentir-se da imperfeição de tais meios. Assim, o homem inculto, o campônio, poderá dizer as mais belas coisas, expressar as mais elevadas e as mais filosóficas ideias, falando como campônio, porquanto, conforme se sabe, para os Espíritos o pensamento a tudo sobrepuja. Isto responde a certas críticas a propósito das incorreções de estilo e de ortografia, que se imputam aos Espíritos, mas que tanto podem provir deles, como do médium. Apegar-se a tais coisas não passa de futilidade. Não é menos pueril que se atenham a reproduzir essas incorreções com exatidão minuciosa, conforme o temos visto fazerem algumas vezes. Lícito é, portanto, corrigi-las, sem o mínimo escrúpulo, a menos que caracterizem o Espírito que se comunica, caso em que é bom conservá-las como prova de identidade (*O livro dos médiuns*, cap. 19, it. 224).

36.8 Há perfeita consonância entre Emmanuel e Allan Kardec.

O mentor espiritual de Chico Xavier é bastante claro quando esclarece que os Espíritos não teriam condições de permanecer plenamente atualizados com a evolução de um idioma. Em linhas gerais isto pode acontecer, mas o mesmo não será viável quanto aos detalhes, nas particularidades de uma língua.

Por outro lado, pouco atentamos para o fato de que uma comunicação mediúnica é algo bastante complexo. Acostumamo-nos a exigir demais dos médiuns, comprovando assim o nosso milenar egoísmo.

Testemunhos de Chico Xavier

> Nossa tarefa é também de servirmos ao *desembarque das ideias* renovadoras, garantindo-lhes o curso entre os nossos irmãos em Humanidade e, nesse trabalho, devemos estar firmes como um cais. As ondas revoltas da opinião e da desconfiança baterão contra nós, todos os dias, mas continuemos inabaláveis e venceremos tudo. Aqui termina o que ouvi de nosso amigo espiritual.

36.9 Importante declaração de Emmanuel quando se refere ao "desembarque das ideias renovadoras", o que vem confirmar que o conjunto de todos esses ensinamentos verte do Plano Maior. A obra mediúnica de Chico Xavier não é, pois, de iniciativa apenas de Emmanuel e sua equipe, mas obedece ao programa de Ismael para a implantação da Doutrina Espírita em nosso país.

Usando a imagem do cais, ele fala na responsabilidade daqueles que estão dentro de um planejamento de tal envergadura, a de garantir-lhe o curso entre os homens. Não é só trazer e desembarcar as ideias renovadoras do Plano Espiritual para o plano terrestre, mas zelar a fim de que cheguem aos destinatários. E para que isto aconteça, precisam estar firmes e seguros, enfrentando as ondas das críticas, das perseguições, dos comentários desairosos, todos os dias, e permanecendo inabaláveis no propósito de vencerem a tudo.

> Esperarei, porém, a tua resolução e se julgares conveniente que eu ponha as retificações com a minha letra, atenderei ao teu desejo. De uma coisa poderemos estar certos — é de que nunca estaremos livres da perseguição e da leviandade dos nossos adversários gratuitos. Eles nos cercarão por

todos os lados. Mais vale recebê-los com paternal vigilância que dispensar-lhes excessiva consideração [...].

Chico está cônscio de que sofrerão sempre o cerco dos adversários gratuitos e acrescenta, judiciosamente, que se lhes deve dispensar vigilância paternal em vez da consideração excessiva. Um Espírito Superior não se detém a ocupar-se de coisas indignas de si: *Aquila non capit muscas (A águia não apanha moscas).*

36.10

— 37 —
LEIS DAS MANIFESTAÇÕES

30-8-1947

37.1 Muito justo quanto me dizes sobre as corrigendas. Compreendo não só o trabalho que consagras ao serviço do Plano Espiritual, mas também o amor com que te devotas à obra. Estou de pleno acordo com todas as retificações, fruto de tua paciência e devotamento à causa. Talvez não me tenha exprimido bem na carta última. Penso que não devemos apresentar é a declaração "edição revista pelo autor", porque isto nos levaria a gravar dístico idêntico, no início dos outros livros recebidos aqui, dificultando a tarefa dos que vierem, na Federação, mais tarde. Creio que o campo deve ficar livre à colaboração da FEB, em qualquer tempo, independendo do médium. Ao mesmo tempo não daremos aos adversários de agora a impressão de receio da ação deles, o que viria a acontecer se gravássemos a aludida declaração nos próximos dois anos. A tua lembrança de a suprimirmos me alegra muito e resolve o caso. Restituí-te o livro ontem com todas as corrigendas que fizeste e podes crer que esses reajustamentos e todos os outros que puderes fazer, no *Brasil, coração do mundo* e em todos os outros livros, representam motivo de imenso prazer e de indefinível conforto para mim. Deus te recompense. Peço-te perdão por haver tomado tanto o teu tempo com longas considerações em torno do assunto, mas precisei esclarecer o que eu pensava e não sei ainda sintetizar.

37.2 Sorte a nossa que Chico Xavier não tivesse sintetizado assunto da missiva anterior (de 24-8-1947), pois assim temos a oportunidade de nos inteirarmos de todo esse delicado e complexo processo que envolve a transmissão e recepção das mensagens mediúnicas.

Na carta do dia 30, o mesmo assunto prossegue. Entre uma e outra medeiam apenas seis dias.

Chico se diz de acordo com as retificações feitas por Wantuil. Ambos chegam a acordo final, isto é, que não se deva apresentar a declaração: "edição revista pelo autor". Chico enfatiza que a FEB deve ter o campo livre para dar a sua colaboração. É de se notar que Chico, ao dizer isso, complementa: "independendo do médium".

Muitos autores, não mediúnicos, negam-se a admitir qualquer opinião a respeito do que escrevem. Embora a cooperação nesse sentido seja bastante salutar, porque ajuda e melhora a obra, não aceitam e não gostam de sugestões ou críticas, enquanto escrevem. Todavia, há diferença bem grande entre um escritor encarnado produzir determinado livro e a tarefa da psicografia. No momento em que escreve, por si mesmo, ele pode pesquisar, consultar outros autores, ter um fichário e dicionários à sua disposição. O mesmo não acontece, é óbvio, com o médium psicógrafo.

Para se entender melhor a complexidade da transmissão de uma mensagem, basta lembrar como é difícil e complicado, às vezes, transmitir-se um recado entre os próprios encarnados. Não um simples recado de meia dúzia de palavras, mas algo mais sério e que exija de quem vai levá-lo a compreensão do que está ouvindo. Mesmo sendo bem entendido, o recado será transmitido com palavras diferentes e dentro da capacidade de quem o dá.

37.3 Quanto à comunicação mediúnica, o mecanismo é muitíssimas vezes mais complicado. Entre a transmissão e a recepção da mensagem existem várias etapas a serem cumpridas, que vão desde a preparação do médium e do Espírito comunicante, a harmonização e a sintonia entre ambos, a filtragem por parte do encarnado, até a harmonização dos que estiverem presentes, bem como a ambiência espiritual.

Escrevendo sobre a *Lei das manifestações espíritas*, Léon Denis esclarece:

> Nas comunicações espíritas a dificuldade, portanto, consiste em harmonizar vibrações e pensamentos diferentes. É na combinação das forças psíquicas e dos pensamentos entre os médiuns e os experimentadores, de um lado, e entre estes e os Espíritos, do outro, que reside inteiramente a *Lei das manifestações*.
>
> São favoráveis as condições de experimentação quando o médium e os assistentes constituem um grupo harmônico, isto é, quando pensam e vibram em uníssono. No caso contrário, os pensamentos emitidos e as força exteriorizadas se embaraçam e se anulam reciprocamente. O médium, em meio dessas correntes contrárias, experimenta uma opressão, um mal-estar indefinível; sente-se mesmo, às vezes, como

que paralisado, sucumbido. Será necessária uma poderosa intervenção oculta para produzir o mínimo fenômeno.

Explica ainda Léon Denis, que para haver a comunicação é preciso a graduação entre o pensamento do comunicante com o do médium. Quanto mais evoluído for o Espírito, mais velocidade terão as suas irradiações mentais, a sua frequência vibratória: 37.4

> Será, pois, o seu (do Espírito) primeiro cuidado imprimir às suas vibrações um movimento mais lento. Para isso um estudo mais ou menos prolongado se tornará preciso, variando as probabilidades de êxito conforme as aptidões e experiências do operador. Se falha a tentativa, toda comunicação direta se torna impossível, e ele terá que confiar a um Espírito mais poderoso ou mais hábil a transmissão de seus ditados. É o que frequentemente acontece nas manifestações. Supondes receber o pensamento direto de vosso amigo, e, entretanto, ele não vos chega senão graças ao auxílio de um intermediário espiritual. Daí certas inexatidões ou obscuridades, atribuíveis ao transmissor, que vos deixam perplexos, ao passo que a comunicação, em seu conjunto, apresenta todos os caracteres de autenticidade (*No invisível*, cap. 8, 1ª parte, FEB).

Dentro de toda essa complexidade, que apenas abordamos superficialmente, torna-se perfeitamente compreensível que Chico Xavier admita e até deseje a colaboração da FEB, representada, mais diretamente, por Wantuil de Freitas.

37.5   Não percamos de vista que aqui se trata de um médium do quilate de Chico Xavier, um dos maiores médiuns psicógrafos de que se tem notícia...

Ressaltamos, também, que as retificações ou corrigendas a que Chico alude são relacionadas com a *forma de apresentação*, não envolvendo, porém, o conteúdo das mensagens, a essência do pensamento dos autores espirituais. Tal conteúdo e tal essência são sempre preservados, e não poderia ser de outra maneira.

— 38 —
FLUIDOS VENENOSOS – VERGASTADAS POR SERVIR À CAUSA

15-9-1947

[...] Peço fervorosamente ao Céu que as tuas energias sejam multiplicadas. Não podemos ficar sem a tua supervisão [...]. 38.1

Espero que o Centenário de Hydesville seja solenemente comemorado por nossos companheiros do Norte. Esperarei tuas informações alusivas ao trabalho de que ficaram incumbidos o Ismael e o Rocha Garcia.

De Belo Horizonte não tenho novas notícias. O Dr. Ludolf é um missionário do bem e tuas notícias confirmam as impressões pessoais que recolhi [...] em 1944.

[...] As notícias que me deste do Ismael muito me reconfortam. Deve esse nosso querido amigo ter recebido em São Paulo minhas notícias telegráficas. Pedi a ele que me represente no XI Congresso Brasileiro de Esperanto [...].

O que me contas [...], é impressionante. De qualquer modo, peço-te não entregar o coração a essas sombras. Sei como isso te dói na alma sensível, posta a serviço de tua consciência nobre e reta, mas deixa a água *do silêncio* trabalhar nesses *incêndios*, trazidos pela incompreensão e pela ingratidão de muitos dos nossos companheiros. Quanto mais seguro estiveres em tua missão de orientador, mais golpes serão vibrados em torno dos teus passos. Não te incomodes. Jesus será o teu advogado.

38.2 Imaginas que eu, sem qualquer expressão no movimento doutrinário, isolado no sertão agreste de Minas, tenho recebido todos os nomes grosseiros conhecidos. Tudo quanto é acusação, as mais esquisitas têm vindo sobre mim. Há dias em que me sinto enlouquecer, porque registro a carga pesada de fluidos venenosos que me atiram. Mas Deus há de auxiliar-nos. Ele nos ajudará a chegar até o ponto em que nos for permitido seguir, por Sua Divina Vontade.

Vamos observando que há poucos momentos de tréguas para aqueles que estão no trabalho do bem. As investidas das sombras são frequentes. O sofrimento é o companheiro de toda hora. E quanto mais intensa for a integração entre o servidor e a Seara, mais constantes serão os golpes dos adversários gratuitos.

Novamente Chico aconselha o silêncio, o não revidar, o não se defender: *deixa a água do silêncio* trabalhar nesses *incêndios*. Esta é, realmente, a única atitude compatível para aquele que está a serviço do Cristo. Revidar, defender-se, contra-atacar é lançar gasolina no fogo da incompreensão.

Isto nos deve merecer profundas reflexões.

Em seguida, Chico fala do seu próprio caso. E diz algo muito importante, nessa pequena referência aos sofrimentos que enfrenta: "Há dias em que me sinto enlouquecer, porque registro a carga pesada de fluidos venenosos que me atiram".

Chico fala de algo concreto. Que existe e que o atinge. Mas que parece ser desconhecido dos próprios espíritas: a ação dos fluidos. Allan Kardec, entretanto, leciona sobre o assunto em *A gênese*, cap. 14, it. 16 e 17, de onde extraímos estes trechos, para nossa lembrança:

38.3

> Os maus pensamentos corrompem os fluidos espirituais, como os miasmas deletérios corrompem o ar respirável. Os fluidos que envolvem os Espíritos maus, ou que estes projetam são, portanto, viciados, ao passo que os que recebem a influência dos bons Espíritos são tão puros quanto o comporta o grau da perfeição moral destes [...]. Sob o ponto de vista moral, trazem o cunho dos sentimentos de ódio, de inveja, de ciúme, de orgulho, de egoísmo, de violência, de hipocrisia, de bondade, de benevolência, de amor, de caridade, de doçura, etc. Sob o aspecto físico, são excitantes, calmantes, penetrantes, adstringentes, irritantes, dulcificantes, soporíficos, narcóticos, tóxicos, reparadores, expulsivos; tornam-se força de transmissão, de propulsão, etc. O quadro dos fluidos seria, pois, o de todas as paixões, das virtudes e dos vícios da Humanidade e das propriedades da matéria, correspondentes aos efeitos que eles produzem.

Todavia, poucos meditam sobre a ação dos fluidos e das vibrações mentais. Não se tem levado em consideração que os comentários desairosos, as críticas irônicas, contundentes e descaridosas são acompanhados de uma carga fluídica de igual teor vibratório, constituindo-se em verdadeiros venenos fluídicos. A pessoa-alvo dessas vibrações, mesmo que profundamente equilibrada e vigilante, terá que travar árdua luta para sobrepor-se e anular tais dardos mentais. Se se levar em conta a sensibilidade mediúnica de Chico Xavier, tem-se então pálida ideia dos tormentos que isso representa.

38.4   De maneira geral damos pouca importância à ação do pensamento. Não refletimos suficientemente a respeito desse tema fundamental na vida de cada pessoa. No entanto, está no comando mental a base da existência humana. Pelo pensamento plasmamos o nosso mundo íntimo. Criamos o nosso céu ou o nosso inferno particular.

Emmanuel diria mais tarde, em uma de suas belíssimas páginas:

> [...] Nossos pensamentos são paredes em que nos enclausuramos ou asas com que progredimos na ascese.
>
> Como pensas, viverás.
>
> Nossa vida íntima — nosso lugar.
>
> A fim de que não perturbemos as Leis do Universo, a Natureza somente nos concede as bênçãos da vida, de conformidade com as nossas concepções.
>
> Recolhe-te e enxergarás o limite de tudo o que te cerca.
>
> Expande-te e encontrarás o infinito de tudo o que existe [...] (*Fonte viva*, cap. 149).

Nos livros *Roteiro* e *Pensamento e vida*, Emmanuel 38.5 nos fala acerca da ação do pensamento com maiores detalhes.

> Não esmoreças nem te sensibilizes demasiado. Entrega a Jesus as pedras que te forem lançadas. Ele há de utilizá-las em construções divinas para o teu futuro.
>
> Defendamos a causa com o nosso amor. Mas, se formos vergastados por servirmos a ela, nunca revidemos. A voz de Deus se fará sentir, em nosso benefício, por meio de alguém ou de alguma coisa [...].

Nesse trecho, inserido na mesma carta de 15-9--1947, o termo *sensibilizes* exprime a ideia de mágoa. Com justa experiência, Chico aconselha o amigo. Ele sabe que a mágoa pode ocasionar graves problemas, inclusive afastar o trabalhador da tarefa, desviá-lo de seu caminho. Por isso, aduz: "Entrega a Jesus as pedras que te forem lançadas. Ele há de utilizá-las em construções divinas para o teu futuro".

Quanto é extraordinária essa posição, que muitos não saberão ainda compreender.

Para a maioria o melhor caminho é o revide. Não se concebe que se possa deixar uma afronta sem a respectiva resposta à altura. Chico Xavier, todavia, dá a receita: "Defendamos a causa com o nosso amor. Mas, se formos vergastados por servirmos a ela, nunca revidemos. A voz de Deus se fará sentir em nosso benefício, através de alguém ou de alguma coisa".

38.6   Tal é a posição não violência, da não agressão, que somente raros homens são capazes de adotar.

Foi a filosofia de vida de Gandhi. E é a de Chico Xavier.

— 39 —
NECROLÓGIO – CONSULTAS EM NOME DE CHICO XAVIER

28-10-1947

[...] A ideia do fichário é interessante. Dr. Rômulo tentou um serviço desses há uns oito anos, mas desanimou. Não passou de um início, mas que foi muito curioso e instrutivo. Acho o plano muito educativo, mas creio que a realização seria prematura. Convém que os amigos da FEB aguardem o necrológio do médium e, assim mesmo, conforme for o necrológio. Por agora, meu caro Wantuil, a luta ainda é grande e as circunstâncias de serviço e as injunções da propaganda da Doutrina me obrigam a gestos e atitudes nos quais, naturalmente com razão, sou interpretado por muitos amigos do ideal por vaidoso e ridículo. Há dias em que recebo cartas amargas e valioso confrade já me escreveu que eu devia encerrar o esforço mediúnico porque o meu trabalho na difusão do livro é simples vaidade e nada mais. Como vês, convém que eu experimente sozinho essa fase da batalha. É prudente que os companheiros da FEB não se entreguem a esse nevoeiro de acusações gratuitas.

39.1

Chico faz referências a um fichário de suas obras mediúnicas e que havia uma tentativa do Dr. Rômulo

Joviano neste sentido. Mas aduz que, a seu ver, a sua realização seria prematura. Aconselha a que aguardem sua desencarnação e o seu necrológio. Com um tom bem-humorado prossegue, dizendo: "conforme for o necrológio".

39.2 O que ressalta nesta carta é a singular posição de coidealistas espíritas que enxergam no trabalho de Chio Xavier uma questão de vaidade. E para salvá-lo dessa postura vaidosa, determinado confrade chega a escrever-lhe para alertá-lo e aconselhá-lo a encerrar o trabalho mediúnico ali mesmo.

Como se vê, as forças contrárias têm os mais estranhos e inteligentes argumentos. Estivesse Chico Xavier numa situação de falsa humildade e teria duvidado de si mesmo e de suas reais intenções, fazendo, sem querer, o jogo dos adversários da luz.

Felizmente, Chico tem certeza de que a luta é bem mais complexa do que se poderia supor. Trata-se de publicar os livros, difundir os ensinamentos, tornar-se conhecido, comentado, combatido ou elogiado para que a Doutrina Espírita se propague, mesmo que para isto tenha ele de pagar o pesado preço da fama e do prestígio no mundo. E, apesar disso tudo, prosseguir sendo o mesmo Chico de sempre: simples e autêntico.

O preço da popularidade é alto e sacrificial para aqueles que querem conservar a sua integridade moral.

A notícia de que eu teria recebido mensagens vaticinando vitórias para a Rússia não é verdadeira. É arranjo das pessoas imaginosas sem trabalho útil. A propósito, conto-te, em caráter confidencial, que minha irmã Zina, em Belo Horizonte, foi convidada pelas autoridades a identificar um cavalheiro que usava o meu nome, na cidade, em bairro populoso, dando sessões a Cr$ 300,00 e passes a Cr$ 100,00 e expondo na sala os próprios livros de Emmanuel, *Irmão X* e André Luiz. Minha irmã foi chamada a declarar se a pessoa era eu mesmo. Foi uma confusão. Reconhecida a mistificação, foram tomadas providências. Não poderemos vencer a má-fé. Deus nos proteja.

Grato pelas notícias dos *infantis*. 39.3

Seguem algumas mensagens recebidas nos dias últimos. As de Emmanuel me comoveram profundamente pelo tom profético. Se não tiveres a intenção de publicá-las, em face dessa característica, peço-te avisar-me. Talvez seja a publicação prematura, pelo *Reformador* [...].

Estou escrevendo ao Ismael, abraçando-o pela vitória de *La Evangelio*. É um grande e sublime triunfo [...].

Essa narrativa nos dá a exata medida das explorações que são feitas em torno do nome de Chico Xavier.

São os outros riscos que ele tem de correr, pela própria natureza de sua tarefa. É o ônus de quem se projeta pela realização de alguma coisa que difere da craveira comum. Reconhecendo essa inevitável reação de certas pessoas, Chico afirma com serenidade: "Não poderemos vencer a má-fé", subentendendo que apesar disso ele deve prosseguir, sem vacilações e sem temores, confiando-se a Deus.

— 40 —
CRITÉRIOS DA FEB – CORRIGIR COM AMOR

29-10-1947

40.1 [...] O trabalho do Sr. Ernani, a que me referi, é novo. Ainda não foi publicado, mas parece um desdobramento daquele sobre a *Terra, nossa morada e casa própria* — título esse dado pelo escritor ao livro inicial, acerca do assunto. Esperemos os frutos da semeadura dele.

Sobre o *Parnaso,* embora o respeito que me merecem as tuas sugestões e decisões, rogo-te sejas comigo um advogado do livro inteiriço, completo. Não me parece acertado o desmembramento, nem mesmo em nos referindo às poesias menos perfeitas [...].

Prosseguem as correções e os entendimentos sobre o *Parnaso.*

Chico Xavier defende a ideia de que não se deveria desmembrar o livro e pede a Wantuil de Freitas o ajude para que ele seja publicado completo.

Ante toda essa troca de ideias, observamos que o médium não impõe, de maneira alguma, o seu ponto de vista, a sua opinião pessoal. Ele sugere, apenas. E quando tem de firmar a sua posição, o faz de tal modo que Wantuil de Freitas entende e aceita.

Todo esse debate a respeito do livro *Parnaso de além-túmulo* é bastante compreensível, pois se trata de obra ímpar na literatura mediúnica e exatamente aquela que inaugurou a tarefa de Chico Xavier. Por esse motivo, verifica-se que Wantuil de Freitas procura fazer o melhor, estudando várias hipóteses para que o livro seja cada vez mais aperfeiçoado. Esse cuidado é perfeitamente plausível, pois Wantuil sabe quão impiedosos são os críticos, não apenas no mundo das letras, mas também os críticos gratuitos que estão sempre ávidos de encontrar erros, falhas e imperfeições nos trabalhos psicográficos do médium mineiro.

Esses cuidados nos levam a refletir o quanto é importante para o médium psicógrafo a presença, ao seu lado, de uma pessoa entendida não somente em Doutrina Espírita, mas, inclusive, com certa cultura para orientá-lo em relação às suas páginas psicográficas.

A FEB sempre teve um critério de seleção — julgado por alguns como demasiadamente rigoroso — na escolha das obras mediúnicas que lhe são enviadas. Tais obras são submetidas a atencioso exame quanto à parte doutrinária, quanto ao conteúdo da mensagem e no que diz respeito ao vernáculo, propriamente dito. Quando a obra — seja de autor encarnado ou desencarnado — é válida, quando se apresenta como de valor no tocante a todos esses itens mencionados,

40.2

quando o assunto enfocado é considerado importante para o Movimento Espírita, ela recebe uma recomendação para ser editada. Recomendação esta de várias pessoas que constituem o Conselho Editorial da FEB. Ao ser aprovada, ela já terá recebido sugestões e corrigendas dessas pessoas de reconhecida capacidade e competência, visando a aprimorá-la no tocante à sua *forma de apresentação*.

40.3 Depois disso, o livro segue o seu caminho dentro da editora, até que venha à luz e chegue às mãos dos leitores.

O rigoroso critério de seleção é, portanto, absolutamente necessário para que se mantenha o padrão de qualidade característico da FEB.

Tanto para o autor encarnado, quanto para o médium psicógrafo, esse esquema de trabalho representa *segurança*, porque tudo é feito para favorecê-lo e garantir o êxito almejado. Todavia, alguns interpretam negativamente essas normas, julgando-as exageradas, quando têm por fim, exatamente, beneficiar os autores e assegurar o prestígio que a FEB construiu ao longo dos anos.

O que vemos, infelizmente, na atualidade, é o oposto, em relação aos critérios de selecionamento, principalmente das produções mediúnicas. Em decorrência, estamos encontrando, a cada dia, novas obras psicográficas de qualidade duvidosa, eivadas de erros doutrinários, de conteúdo fraquíssimo, muitas delas fazendo — a pretexto de se modernizarem

— concessões aos modismos infelizes que infestam a nossa sociedade hodierna. À má qualidade do discurso, se junta a pobreza do conteúdo, o que não parece ser importante para aqueles que aceitam editá-las. Ao final, o maior prejudicado é o próprio médium, que, talvez, inexperiente, se deixou levar pelo afã de ver as suas páginas divulgadas.

Ao contrário, se o médium souber esperar, se se colocar sob a orientação de pessoas que o ajudem no burilamento de sua faculdade mediúnica; se esperar o seu amadurecimento como médium; se se dedicar mais, cada vez mais, ao estudo e à prática da mediunidade com Jesus; se seguir as advertências de nossos Maiores da Espiritualidade, que sempre nos aconselham a ponderação, a perseverança de anos de trabalho e treinamento, a disciplina e a paciência, e, por último, se os médiuns não se apressassem tanto em querer publicar o que receberam do Plano Espiritual, não veríamos (como está ocorrendo nos nossos dias) a chegada quase diária de novos livros mediúnicos de inferior qualidade, que encerram, além de erros crassos de português, outros tantos históricos e, o que é pior, doutrinários.

40.4

Por isso, verificamos que toda essa constante citação das corrigendas de *Parnaso* e dos demais livros recebidos pelo Chico é, para nós, lição proveitosa. Vamos aprendendo o que é necessário ser feito para que a obra mediúnica transmitida por abnegados benfeitores espirituais — que se aproximam de nós por amor, que se sacrificam quase sempre para transpor as barreiras que o plano físico lhes oferece — seja filtrada do modo mais fiel possível, até que saia a lume, fazendo jus a todo esse exaustivo esforço dos seus autores espirituais.

40.5 Não sei qual Diretor da FEB que tomou posição contrária ao Esperanto. É uma pena essa discordância. E o que me contas, referentemente à livraria, dá para preocupar. Jesus te ajude a encontrar um meio de corrigir com amor. O caso deve ser doloroso para o teu coração. Todavia, sei de antemão que encontrarás os precisos recursos para a solução do problema, sem consequências desagradáveis. Confio em que a tua missão de administrar com Jesus será sempre amparada pelo Alto [...].

Wantuil de Freitas está às voltas com um elemento de sua Diretoria contrário ao Esperanto. É um problema a mais para o Presidente da FEB, que está dando, àquela altura, graças principalmente ao labor de Ismael Gomes Braga, um novo impulso ao Esperanto.

Diante dessas e de outras dificuldades, Chico exprime o desejo: "Jesus te ajude a encontrar um meio de corrigir com amor".

O ato de corrigir, na maioria das vezes, leva em seu bojo sentimentos de aborrecimento, revide, revolta, raiva, menosprezo, etc., em diferentes graus de intensidade. Chico, entretanto, deseja que Wantuil consiga *corrigir com amor*. Observe-se que não se trata de deixar passar o erro, tolerá-lo, desconhecê-lo, mas, sim, corrigi-lo. São atitudes bastante distintas. E para corrigir, especialmente na posição daqueles que administram uma instituição espírita, o amor deve ser o sentimento que fale mais alto.

40.6 Nem sempre é fácil chegar-se a tão alto grau de entendimento. Viemos para o meio espírita carregados com todas as nossas imperfeições, cultores que somos de idiossincrasias, de preferências e de melindres. Mas, no trato com a Doutrina abençoada, vamos pouco a pouco aprendendo que nos cabe o dever primordial e urgente de nos transformarmos, de educar, disciplinar e vencer todas as nossas tendências negativas. Além disso, sabemos ainda mais: temos ciência de que nos reunimos em nossas casas espíritas com aqueles companheiros com os quais temos dívidas e compromissos que nos cumpre saldar, por meio do abençoado ensejo de uma convivência clarificada pelos ensinos da Terceira Revelação.

Daí porque se veem, aqui e ali, as questões de opiniões, as divergências levadas a nível de disputas, os pontos de vista pessoais a se refletirem no andamento da própria instituição, entravando o progresso e aprisionando ao passado os que se defrontam nessas querelas.

Compreendemos bem esses comportamentos. Também necessitamos de férrea disciplina para nos defendermos de nós mesmos. Para modificarmos nossas tendências e criarmos novos e salutares hábitos. Esse é um esforço hercúleo, que nos exige força de vontade e persistência, mas que pode ser atenuado quando se deixa crescer no mundo íntimo o amor pela Doutrina, o amor que nos está levando de retorno a Jesus.

40.7   Nessa conjuntura, então, é bem mais fácil apreender e vivenciar o conselho que Chico Xavier dá a Wantuil de Freitas: "corrigir com amor e administrar com Jesus".

— 41 —
ADVERSÁRIOS – AMIGOS ESTIMULANTES

10-11-1947

[...] Restituo-te a carta do nosso amigo que também me causou funda impressão. Jesus o ampare, fortalecendo-lhe as energias, nessas horas difíceis de luta, mesmo porque estes choques devem determinar dolorosas quedas do equilíbrio físico. Aguardo notícias dele. 41.1

Bem reconheço a minha desvalia, mas conversarei com o nosso querido companheiro da Tijuca, na primeira carta a trocarmos em breves dias, sobre a importância do Esperanto. Tratarei do caso com discrição e o amor que o assunto requer de nós todos.

Chico preocupa-se com as notícias recebidas de um amigo.

Dando continuidade à questão mencionada na carta anterior, sobre o Esperanto, promete a Wantuil tratar do caso, por meio de correspondência. Ambos têm esperanças de que o caso se resolva.

> Quanto aos nossos *amigos estimulantes*, faze o possível para que não se separem de tua obra elevada e digna. O melhor modo de utilizarmos o adversário, ainda mesmo quando seja mau declaradamente, é conservá-lo junto de nós, a fim de que o convençamos da sinceridade de nossos propósitos e de nossa amizade, na luta do dia a dia. Enquanto permanece ao nosso lado, com o nosso espírito de fraternidade, temos somente um inimigo, muitas vezes benéfico; mas, se o alijamos, sem a precisa renovação, temos uma guerra de longa e indefinível duração, no espaço e no tempo.

41.2 Interessante a referência de Chico denominando de *amigos estimulantes àqueles* que são contrários à obra do bem.

É comovente, em todos os sentidos, o modo como Chico Xavier encara a presença de um adversário. As suas palavras são a pura essência do Evangelho. Eis que Jesus nos diz:

> Se não amardes senão aqueles que vos amam, que recompensa tereis, uma vez que as pessoas de má vida amam também aqueles que as amam? E se vós não fazeis o bem senão àqueles que vô-lo fazem, que recompensa tereis, uma vez que as pessoas de má vida fazem a mesma coisa? E se vós não emprestais senão àqueles de quem esperais receber o mesmo favor, que recompensa tereis, uma vez que as pessoas de má vida se emprestam mutuamente para receber a mesma vantagem? Mas, por vós, amai os vossos inimigos, fazei o bem a todos, e emprestai sem disso nada esperar e então a vossa recompensa será muito grande, e sereis filhos do Altíssimo, que é bom para os ingratos e mesmo para os maus. Sede, pois, cheios de misericórdia, como vosso Deus é cheio de misericórdia (*Lucas*, 6:32 a 36).

Quando Chico Xavier prefere ao seu lado aquele 41.3
que ele considera adversário, aquele que trabalha contra a própria tarefa que ambos realizam, e, com base em sua vivência, aconselha a Wantuil de Freitas que também faça o mesmo, vemos o Evangelho redivivo a se derramar então como força criadora e pulsante para quantos por ele se orientam.

Essa certeza restaura a nossa fé no ser humano. Redime a nossa esperança de que a palavra do Cristo não seja hoje letra morta, esquecida ou apagada pela pátina do tempo. Não. O Evangelho está vivo e em toda a sua pureza, porque os Espíritos do Senhor, quais *virtudes dos Céus*, o desencravaram da ganga bruta das imperfeições humanas que durante tantos séculos velaram a luz.

Amar o inimigo, buscar conquistá-lo no dia a dia, num exercício constante de tolerância, paciência o bondade, nos dá a certeza confortadora de que os ensinamentos de Jesus estão revivescentes nesta nossa época tão plena de materialismo, tão esquecida do amor e da dignidade, e que torna descrentes e apartados do Mestre Divino tantas criaturas. Diz-se até que Jesus não se preocupa mais com os problemas dos homens e que Deus, o Pai Celestial, ignora as questiúnculas humanas, por demais insignificantes e mesquinhas ante a Sua Grandeza.

Estranha visão a nossa: nós é que nos afastamos da luz e, incoerentemente, nos queixamos da sua ausência e da falta que ela nos faz.

41.4   Quando lemos as cartas de Chico Xavier, quando nos inteiramos de que a sua vivência é notavelmente coerente com tudo o que ele próprio recebe da Espiritualidade Maior, todo o nosso ser se enche de felicidade e nos sentimos também reabilitados! Porque existe alguém que está vivendo o Evangelho! E como diz Bezerra de Menezes: "Quando alguém se ergue, com ele se reabilita a Humanidade inteira."

> Diz-nos Emmanuel, frequentemente, que: "Para tomar ou adquirir alguma coisa de nossos semelhantes, a ação é sempre mais fácil, mas é sempre mais difícil dar a alguém o bem legítimo, quando nisto empenhamos o coração". É o teu problema na hora que passa. Empenhado em ajudar a FEB, com as tuas melhores forças, sentes, de perto, o obstáculo e a incompreensão. Deus te fortaleça e ajude [...].

Emmanuel alerta-nos que "é sempre mais difícil dar a alguém o bem legítimo, quando nisto empenhamos o coração", mas nos faz sentir que a Providência Divina não nos deixará a descoberto.

— 42 —
CONSIDERAÇÕES SOBRE OS ADVERSÁRIOS – OS VERDADEIROS ESPÍRITAS

13-11-1947

[...] A tarefa do administrador é realmente laboriosa e áspera. Imagino, pois, os choques que os imprevistos te causam [...]. O adversário sempre auxilia, ainda mesmo quando oculto. Creio que com a cooperação (nova cooperação) poderemos ter os novos elementos para a infância, na primeira quinzena de dezembro próximo [...]. Do ... tenho tido notícias, pelo boletim que publica, a respeito do fim do mundo. Profetiza ele que a Terra explodirá em 1989. Não sei com que credenciais se apresenta para ser assim categórico [...]. Considero muito valiosa a página *Corpo Fluídico?*, do *Reformador* de outubro próximo passado. É de autoria de quem? Trata-se de um trabalho condensado de grande expressão educativa.

42.1

Chico Xavier prossegue corroborando as suas ponderações anteriores, a respeito dos adversários.

Note-se que, tanto da parte de Wantuil de Freitas quanto da de Chico Xavier, em quase todas as cartas encontramos assinaladas as perseguições e os sofrimentos. Raras vezes ambos deixam de mencionar acontecimentos dolorosos, incompreensões e aborrecimentos.

42.2 A propósito, lembramo-nos de um comentário de Allan Kardec, inserido no livro *Viagem espírita em 1862* (2. ed., Casa Editora *O clarim*), quando o Codificador faz referências aos adversários:

> Entretanto — o que pode parecer mais espantoso —, é que tenho adversários mesmo entre os adeptos do Espiritismo. Ora, nesta área é que uma explicação se torna necessária.
>
> Entre os que adotam as ideias espíritas há, como bem sabeis, três categorias bem distintas:
>
> 1. Os que creem pura e simplesmente nos fenômenos das manifestações, mas que deles não deduzem qualquer consequência moral;
>
> 2. Os que percebem o alcance moral, mas o aplicam aos outros e não a si mesmos;
>
> 3. Os que aceitam pessoalmente todas as consequências da Doutrina e que praticam ou se esforçam por praticar sua moral. Estes, vós bem o sabeis, são os *espíritas praticantes, os verdadeiros espíritas*.
>
> Esta distinção é importante, pois que bem explica as anomalias aparentes. Sem isso seria difícil compreendermos as atitudes de determinadas pessoas. Ora, o que preceitua essa moral? Amai-vos uns aos outros; perdoai os vossos inimigos; retribuí o bem ao mal; não tenhais ira, nem rancor, nem animosidade, nem inveja, nem ciúme; sede severos para convosco mesmo e indulgentes para com os outros.

Tais devem ser os sentimentos do verdadeiro espírita, daquele que se atém ao fundo e não à forma, do que coloca o Espírito acima da matéria. Este pode ter inimigos, mas não é inimigo de ninguém, pois que não deseja o mal a quem quer que seja e, com maiores razões, não procura fazer o mal a ninguém.

O artigo *Corpo Fluídico?*, no *Reformador* de outubro de 1947, é de autoria de Wantuil.   42.3

— 43 —
CINCO LIVROS NOVOS – FÍGNER PROMETE ESCREVER

22-11-1947

43.1 [...] Muito contente com as tuas confortadoras informações sobre os livros infantis [...]. Acredito mesmo que muitos confrades nossos não possam compreender o alcance de nossos deveres para com a infância, todavia, meu caro, a luta por aqui é esta mesma. Façamos tudo o que estiver ao nosso alcance, na tarefa espiritualizante, e Jesus fará o resto.

Estou fazendo a remessa de *Cartas do evangelho* [...] É o livro que saiu em Campos, por volta de 1940–1941, acrescido de mais alguma coisa.

Minhas felicitações pela encantadora e substanciosa página *Corpo fluídico*?. Creio que deves continuar a produzir trabalhos semelhantes para a nossa edificação geral.

Espero o *Ciência divina* com sincero interesse [...]. Meu abraço de parabéns ao Ismael pelo êxito com que vai atendendo à chefia dos escritórios da livraria [...] A saúde dele vai melhorando? [...] De pleno acordo quanto à *Agenda*. Creio que deixá-la para janeiro ou fevereiro será boa providência, em face dos três livros infantis que sairão de uma só vez. Até fins de dezembro [...], espero em Jesus poder mandar-te o novo livro do *Irmão X*, em confecção. Já passei os olhos pelo *Parnaso*, mas desejo fazer uma releitura mais detida.

Várias referências de Chico Xavier. Menciona o livro *Ciência divina*, de autoria de Jaime Braga, psicografado pelo Dr. Porto Carreiro Neto. 43.2

Por essa época, ele, Chico, já havia recebido o livro *Agenda cristã*, de André Luiz, e atende à sugestão de Wantuil para lançá-lo no início de 1948. Antes sairiam três livros infantis de uma só vez: *Mensagem do pequeno morto, História de Maricota* e *Jardim da infância*. Além destes, estava terminando a recepção de um novo livro do *Irmão X — Luz acima —*, também para ser lançado no ano seguinte. Atentemos bem para o fato de que só nessa carta, de final de ano, Chico relaciona cinco livros novos...

> Tenho estado com o nosso estimado Sr. Fígner em espírito. Está contente e tranquilo, não obstante mais pensativo. Vejo-o remoçado e forte e tem conversado longamente comigo, o que me tem trazido grande emoção. No caso de recebermos alguma coisa dele, como agiremos? Precisamos de autorização da família para dar-lhe publicidade à palavra? Que dizes? Penso nisso, de antemão, porque ele promete escrever por meu intermédio e temo complicações.

Para evitar as complicações ocorridas no caso Humberto de Campos, Chico Xavier cerca-se dos necessários cuidados diante do desejo de Fígner escrever por seu intermédio.

43.3   De fato, algum tempo depois o livro foi ditado ao Chico e recebeu o título — *Voltei*. Adiante veremos como isso se deu.

— 44 —
A QUESTÃO DAS VISITAS

27-12-1947

[...] O que me dizes relativamente às visitas é uma grande 44.1
verdade. Se nos colocarmos à disposição de quantos nos procuram, o serviço ficará por fazer. Aqui em Pedro Leopoldo, o enigma é um dos mais sérios. Todos chegam falando em caridade, mas se pedirmos a eles para serem caridosos, fogem acusando-nos. É preciso um verdadeiro *Ministério do Exterior* para tratar do assunto. Penso que isso deve fazer parte de nossas provas.

Chico refere-se a um problema que existe e persiste. É a questão das visitas. E é uma questão realmente delicada e de difícil solução.

Entende-se perfeitamente que todos desejem aproximar-se de Chico Xavier. Visitá-lo. Abraçá-lo. Conhecê-lo mais intimamente. Por volta de 1947 já era grande o número de visitantes a procurá-lo. Mas Chico Xavier tem uma disciplina de trabalho. Precisa cumprir um programa e dar conta de suas responsabilidades. Muitas vezes se priva de contato com amigos com os quais gostaria de se entreter. Quando o faz, isto é, quando se deixa ficar em conversações fraternas, é por um período de tempo determinado. Não pode jamais esquecer os seus compromissos.

44.2 É bastante conhecido o episódio narrado por Ramiro Gama no seu livro *Lindos casos de Chico Xavier*. Conta ele que o médium estava, havia algumas horas, na sala de sua casa (em Pedro Leopoldo), conversando com amigos, quando Emmanuel aparece e o chama para o interior da casa.

— Você sabe que hoje temos a tarefa do livro em recepção e já estamos atrasados... — falou o amigo espiritual.

— É verdade — concordou o Chico —, entretanto, tenho visitas e estamos conversando.

— Sem dúvida — considerou o guia — compreendemos a oportunidade de uma a duas horas de entendimento fraterno para atender aos irmãos sem objetivo, porque, às vezes, através de banalidades, podemos algo fazer na sementeira de luz... Mas não entendo seis horas a fio de conversação sem proveito [...]. Bem, eu não disponho de mais tempo. Você decide. Converse ou trabalhe.

Chico não mais vacilou.

E entregou-se à tarefa, deixando a conversação, que prosseguiu sem a sua presença.

Comentando o problema com Wantuil, confessa que muitos não entendem a sua posição. Não se trata aqui de visitas esporádicas, mas de grande fila de pessoas que o procuram e que o transcurso do tempo só fez multiplicar.

Por essa razão, foi fundamental para o labor do médium que o tempo de atendimento ficasse estipulado e rigorosamente disciplinado. É o que acontece, atualmente, em Uberaba, quando o nosso tão querido Chico Xavier, já enfermo e alquebrado, não tem mais condições de receber o público, a não ser por brevíssimos instantes. Sabemos que intimamente ele gostaria de estar no vigor dos anos, estuante de energias, atendendo às dores humanas, consolando e esparzindo a esperança, tanto quanto confraternizando-se com amigos. 44.3

Sabendo quem é o companheiro que emprestou à FEB os recursos para aquisição das oficinas, muitas vezes medito os sacrifícios dele pela causa. Quando julgas que a FEB pagará a esse abnegado trabalhador a volumosa importância do empréstimo paternal, sem juros? Isto não é da minha conta, mas impressionado com os sacrifícios desse companheiro, em muitas ocasiões penso neste caso. Permita Jesus que ele não sofra prejuízos materiais, porquanto já deu tudo que lhe era possível e continua como o servo nº 1, não obstante sentar-se na Presidência [...].

De maneira comovente, Chico fala a Wantuil sobre os sacrifícios a que ele se impôs para a aquisição das oficinas gráficas. Wantuil de Freitas quis manter-se no anonimato, mas Chico sabe de seu desprendimento e dedicação.

— 45 —
O NOSSO DEUS É UM FOGO CONSUMIDOR

4-1-1948

45.1 [...] Compreendo-te as lutas na direção da casa que nos é tão venerável. Eu nada represento, sou um verme na máquina do serviço espiritual e de há muito me sinto em pleno fogo. Há momentos em que me vejo desencarnar sob a pressão das duas esferas — a visível e a invisível. Valha-nos, meu caro amigo, a afirmativa do apóstolo quando nos disse: "O nosso Deus é um fogo consumidor".

Esse trecho da carta de Chico Xavier traz à nossa mente as palavras de Jesus: "Vim lançar fogo à terra; e que mais quero, se já está aceso? Há um batismo em que hei de ser batizado; e como me angustio até que venha a cumprir-se!" (*Lucas*, 12:49 e 50).

Nenhum de nós, por certo, pode sequer imaginar as lutas tremendas enfrentadas por Chico Xavier. Certamente, a imagem que temos de sua vida particular é aquela do cidadão pacato, posto em sossego nos instantes em que não está atendendo ao público, que se tornou a cada dia mais numeroso.

45.2 Por certo, julgamos que Chico Xavier passa os dias em perfeita tranquilidade de espírito, entregue ao seu labor psicográfico e cercado dos cuidados e carinhos dos familiares e amigos mais chegados que o poupam de quaisquer dissabores. Vemos, entretanto, a cada passo dessa correspondência, que a vida do médium mineiro é bem outra. É bem diversa daquela que imaginamos.

O encontro com o Cristo não é um devaneio pelos campos da paz e da quietude. Não é um simples caminhar ao encontro da luz.

O encontro com Jesus representa o batismo de fogo do qual Ele próprio nos fala na passagem evangélica. E Ele mesmo adverte que veio lançar o fogo sobre a Terra e que tem pressa de que ele se acenda.

Não se realiza, pois, essa travessia sem passar-se pelo fogo purificador, a fim de se consumir de vez toda a erva daninha que cresceu no mundo íntimo de cada um de nós.

Por isso Chico Xavier escreve consoante as palavras de Paulo: "O nosso Deus é um fogo consumidor", e faz dessa belíssima imagem a sua própria luta.

Dia e noite Chico Xavier se vê a braços com as perseguições, incompreensões e injustiças humanas. Fazendo apenas o bem e sendo bom, recebe o mal, a ingratidão e as pedradas daqueles que ainda não se deram ao Cristo.

É por isso que ele se sente consumir ante a pressão das duas esferas — a visível e a invisível.

45.3   Realmente, seguir a Jesus não é um passeio pelo arraial da fé. Não é passatempo ou festa ruidosa.

Seguir a Jesus, na acepção do que representa, é deixar-se consumir por esse *fogo*, na luta titânica contra as sombras que ainda demoram em nós e aquelas outras que nos cercam.

É preciso que entendamos o real significado de *ser cristão*. Para a imensa maioria, ser cristão seria apenas proclamar-se adepto do Cristianismo. Para nós, seria apenas declarar-se *espírita*. Mas seguir o Cristo é *viver* o seu Evangelho. É sentir a presença dele dentro de nós. É o não importar-se em sofrer por amor a Ele, renunciando à vontade própria. É saber perdoar a cada momento, oferecendo a outra face ante as mais cruéis ofensas. É deixar-se abrasar por esse *fogo* renovador e não se acomodar jamais ante os apelos do mundo. Desligar-se deles e caminhar. Caminhar, mesmo aparentemente sozinho.

É fundamentalmente isto o que Chico Xavier tem vivenciado em toda a sua existência.

Em 1948 ele nos dá pleno testemunho dessa vivência. Quase quarenta anos depois continuamos a constatar que ele prossegue da mesma forma, arrostando todas as lutas e permanecendo fiel à sua rota evangélica. Por isso, ele diz com o apóstolo: "O nosso Deus é um fogo consumidor".

[...] Foi realizado no dia 31 [...] o casamento de minha irmã Lucília com o Sr. Waldemar Silva [...]. Esta é a última das minhas irmãs fadadas ao casamento, porque a que fica solteira, presentemente, é semiparalítica. Entreguei-lhes a nossa antiga moradia e passarei a residir noutra casa, ao lado de uma das minhas irmãs mais velhas. Assim estarei em condições de atender à nossa família humana, cujos membros aumentam sempre [...]. Diz-nos o nosso prezado Emmanuel que em todas as horas da vida é preciso enfrentar os fatos e procurar o lema: "Por fora com todos e por dentro com Deus."

[...] Das mensagens recebidas pelo nosso amigo Dr. Porto Carreiro Neto tenho recebido cópias. Achei muito educativa aquela de Emmanuel sobre *Semear e colher*. De mim, penso que a publicação de qualquer trabalho só depende do mérito substancial e, desse modo, creio que a divulgação dessas páginas só poderá trazer-nos o bem. Estou lendo *Ciência divina* com grande encantamento. É um trabalho de sublime valor espiritual.

45.4

Anoto as tuas referências sobre a "afinação" e peço a Jesus para que o nosso companheiro prossiga firme e valoroso na missão escolhida.

O Dr. Rômulo voltou dos Estados Unidos. Disse-me não haver encontrado possibilidades de entrar em contato com a comunidade espiritista do país.

[...] Por estes dias, ser-te-á enviado o novo trabalho do *Irmão X*. Agora, estamos à espera apenas do título. Queria guardar a surpresa, entretanto, não posso. Recebe-a, pois. Estou recebendo as primeiras impressões do nosso amigo Sr. Fígner no Além. É pensamento dele constituir delas um livro pequeno, tamanho *Lázaro redivivo*. São páginas de muito sabor para o meu coração. Peço-te para que esta notícia fique, por enquanto, entre nós dois, Ismael e o Sr. Gaio. Quando o trabalho ficar pronto, é minha intenção pedir-te dá-lo a conhecer à senhora filha dele, antes da publicação, para sabermos se ela consente em que o nome do pai figure na capa. Que achas? Tenho encontrado muito interesse e reconforto nas narrativas do nosso amigo que passou em janeiro findo [...].

45.5 Notícias diversas, algumas de cunho familiar.

Ressalte-se entre as mensagens recebidas pelo Dr. Porto Carreiro Neto uma de autoria de Emmanuel: *Semear e colher*. Oportuno observar a reação do Chico, pois poderia haver, de sua parte, oposição automática, se cultivasse a ideia de ter Emmanuel exclusivamente para si. Ele, contudo, aceita o fato tranquilamente e afirma que em sua opinião a publicação de qualquer trabalho depende do seu conteúdo. Havendo o que ele chama de *mérito substancial*, a sua divulgação só trará benefícios.

Mais tarde, já em Uberaba, Chico também apoiaria o labor psicográfico de Waldo Vieira, por reconhecer-lhe a autenticidade e o grande valor, tendo ambos trabalhado em conjunto por algum tempo.

Essas iniciativas de apoio e simpatia a outros médiuns são constantes na sua vida.

Na parte final ele dá a Wantuil a primeira notícia sobre a recepção das páginas de Fred Fígner, desencarnado em 19 de janeiro de 1947.

— 46 —
LUZ ESPIRITUAL DE CADA UM

28-1-1948

[...] Estava preocupado por haver o livro do *Irmão X* **46.1**
seguido via postal, mas a tua nota telegráfica me tranquilizou. Pedi ao Quintão fizesse a entrega de outra via logo termine a leitura.

O trabalho Fígner prossegue [...]. O que ele me vem relatando sobre a luz espiritual de cada discípulo do Evangelho me impressiona bastante [...].

O Sondermann, mesmo licenciado, tem procurado a FEB?

Do que houver com a "mesa-redonda", espero-te os informes [...].

Vou sonhando [...] com a possibilidade de recebermos um novo trabalho para as crianças, de molde a ser publicado sem os desenhos e sem grande serviço a cores, que possa ser vendido sem as reclamações que te feriram o nobre esforço. Poder satisfazer, de algum modo, aos instrumentos dos nossos inimigos gratuitos da esfera invisível, é uma felicidade [...].

Agradeço ao I. Pequeno a opinião que formou a meu respeito. Não a mereço, podes crer. E antes que o amigo querido modifique o parecer, eu mesmo vou procurando reajustar-lhe as impressões [...]. Como vai o Ismael? [...] Grato pelas notícias do Zêus.

46.2　O novo livro, mencionado inicialmente, do *Irmão X*, é o *Luz acima*.

Referindo-se ao trabalho de Fred Fígner, que vinha psicografando havia algum tempo, Chico ressalta que está impressionado com o relato que ali se faz sobre a iluminação interior de cada discípulo do Evangelho.

Conforme já foi dito, o livro recebeu o título *Voltei*, e é interessante e instrutivo depoimento de um espírita acerca da morte e as surpresas de uma nova vida no Plano Espiritual. O trecho referido pelo Chico é aquele em que Fígner narra a sua decepção por se notar sem qualquer recurso de claridade interior e o seu encontro definitivo com essa verdade. Os capítulos 15 a 19 tratam especificamente desse assunto, evidenciando todo o comovente esforço de Fígner para adquirir a imprescindível iluminação íntima.

Essa obra de Fred Fígner visa essencialmente a demonstrar as dificuldades encontradas, na esfera extrafísica, por aqueles que, conhecedores da verdade e proclamando-se espíritas, não conseguiram vivenciar totalmente os princípios do Espiritismo. É oportuna advertência, apresentada corajosamente pelo autor, que não se furta a narrar as próprias fraquezas, os enganos cometidos durante a existência terrena, na qual, por ser espírita, julgava-se em condições espirituais privilegiadas.

Diante da amarga realidade, Fígner termina o capítulo, dizendo: 46.3

> A claridade dos outros me acentuara a obscuridade. Minha inquietação característica centralizara-se. — Porque avançar no conhecimento cerebral de alma às escuras? Cabia-me mudar de rumo. Na realidade, fora agraciado pela benevolência de muitos amigos que me rodeavam o Espírito de atenção e ternura, mas nos recessos de meu ser jaziam os sinais de minha inadaptação ao Reino do Senhor que eu ambicionava servir; antes de estendê-lo aos outros, tornava-se indispensável construí-lo dentro de mim. Embora a beleza inesquecível daquela noite de amor, as graças recebidas confirmavam-me, no fundo, as primeiras impressões de que eu não passava de um mendigo de luz.

Chico menciona ainda o seu anseio de receber um livro novo para as crianças, que pudesse ser publicado sem as ilustrações coloridas e por um preço acessível.

Nesse trecho, Chico tem uma frase que se destaca: "Poder satisfazer, de algum modo, aos instrumentos dos nossos inimigos gratuitos da esfera invisível é uma felicidade.

Uma felicidade que bem poucos podem entender e raros conseguem alcançar. Agradar não apenas aos amigos e afetos.

Perdoar os que ofendem e caluniam. Suportar, tolerar, entender e por fim amar — esse o caminho a ser percorrido. Esse o aprendizado essencial através de caminhos que o amor vai desvendando, descobrindo e inventando.

46.4 O amor inventa processos novos de amar, no seu sentido mais sublime e transcendente.

Chico vai inventando meios de agradar aos inimigos gratuitos e se diz em plena felicidade porque consegue atender aos seus reclamos.

A própria felicidade, no âmbito desse amor que transcende ao entendimento comum, assume outros feitios e tem nuanças novas que repletam a alma, engrandecendo-a.

Joanna de Ângelis, com seu coração amorável, interpreta em perfeita síntese essa felicidade que Chico Xavier alcançou: "A maior felicidade no amor pertence a quem ama".

No final da carta, Chico refere-se a um artigo de I. Pequeno, um dos pseudônimos de Wantuil.

— 47 —
SIGNIFICADO DE *LUZ ACIMA*

26-2-1948

[...] Os esclarecimentos que, por bondade, me deste com respeito à União Fed. Esp. Paulista muito me confortaram. O movimento que conseguiste é muito animador. 47.1

O *Luz acima*, na opinião de Emmanuel, tem duas significações distintas. Para os estudiosos de visão mais larga constitui *ascensão dentro da claridade*, que é sempre mais leve, diáfana e brilhante à medida que o homem se eleva. A rigor, o título representa *subida através da luz*. Mas para a mente do estudioso menos apto ao simbolismo das expressões sublimes, é *luz acima do alguidar*. É conhecimento evangélico posto acima de convenções e conveniências humanas, à disposição de todos. Não sei se pude explicar-te, como desejava.

Muito reconfortante a notícia que me envias, com referência ao grupo do nosso Ismael. Jesus permita que o nosso amigo, detentor de tão importante processo com o Governo, possa atingir a vitória que bem merece. Trata-se de um homem laborioso, realizador e bom. E a vitória dele é o triunfo justo do nosso Ismael que tanto tem sofrido e batalhado.

[...] Calor estafante, boas lutas, muito trabalho e já viva, são o nosso precioso cardápio, por felicidade nossa. Com a ajuda do Alto, vamos vencendo [...].

47.2   *Luz acima*: Humberto de Campos, ao colocar esse título no seu mais novo livro, pretende dar-lhe dupla significação, que pudesse abranger os dois estágios principais que caracterizam o encontro com a Verdade — o encontro com a luz.

No primeiro estágio, a luz é desvelada e colocada sobre o alqueire para que ilumine ao seu redor, possibilitando os passos iniciais no conhecimento da Verdade. Segundo a explicação de Emmanuel, é *conhecimento evangélico posto acima das convenções e conveniências humanas, à disposição de todos*. Nesse caso a luz está em cima.

O segundo estágio representa *ascensão dentro da claridade*, que é sempre mais leve, diáfana e brilhante à medida que o homem se eleva. A rigor, o título representa *subida através da luz*.

Emmanuel, ao escrever, em 1956, o livro *Fonte viva*, demonstra claramente esses dois estágios, na página *Ante a luz da verdade*. Ele diz:

> Não seremos libertados pelos *aspectos da verdade* ou pelas *verdades provisórias* de que sejamos detentores no círculo das afirmações apaixonadas a que nos inclinemos.
>
> Muitos, em Política, Filosofia, Ciência e Religião, se afeiçoam a certos ângulos da verdade e transformam a própria vida numa trincheira de luta desesperada, a pretexto de defendê-la, quando não passam de prisioneiros *do ponto de vista*.
>
> Muitos aceitam a verdade, estendem-lhe as lições, advogam--lhe a causa e proclamam-lhe os méritos, entretanto, a

verdade libertadora é aquela que conhecemos na atividade incessante do eterno bem.

Penetrá-la é compreender as obrigações que nos competem. 47.3

Discerni-la é renovar o próprio entendimento e converter a existência num campo de responsabilidade para com o *melhor*.

Só existe verdadeira liberdade na submissão ao dever fielmente cumprido.

Conhecer, portanto, a verdade é perceber o sentido da vida.

E perceber o sentido da vida é crescer em serviço e burilamento constantes.

Observa, desse modo, a tua posição diante da luz... *Fonte viva*, cap. 173, 13. ed. FEB).

É nesse momento — de crescente atividade no bem e consequente burilamento interior, em que se inicia a transformação íntima, percebido, afinal, o sentido real da vida — que começa *a subida através da luz*.

O próprio Humberto de Campos, ao escrever o prefácio de *Luz acima*, que está datado de 14 de dezembro de 1947, diz no trecho final, mostrando essa opção definitiva:

> Nos conflitos ideológicos da atualidade, as forças perturbadoras do ódio e da separatividade conclamam, enfurecidas, em todas as direções:
>
> — Regressemos à barbárie! Desçamos às trevas! ...

47.4 Mas, atentos à celeste plataforma, os verdadeiros cristãos de todas as escolas e de todos os climas, de almas unidas em torno do Mestre, repetem, contemplando os clarões do mundo futuro:

— Luz acima! Luz acima!...

— 48 —
OUVIR O PLANO ESPIRITUAL

18-3-1948

[...] Anotei o que me dizes referentemente às senhoras 48.1
Fígner. Caso não nos autorizem a fixação do nome de nosso amigo no trabalho, rogo-te devolver-nos o original datilográfico, a fim de ouvirmos o Plano Espiritual para o reajustamento necessário. Isto, depois que as senhoras te restituírem o documento. Também creio que elas não nos darão a licença desejada. Espero os resultados da visita que a elas fará o nosso estimado Rocha Garcia [...].

Espero que o problema das *juventudes* caminhe para uma boa solução [...].

Referências de Chico Xavier ao andamento do livro *Voltei*, de autoria de Fred Fígner.
Pela frase final da carta, observa-se que Chico preocupava-se, na época, com o movimento das mocidades espíritas, esperando soluções felizes para os problemas surgidos.

— 49 —
LIVRAR-SE DO DESÂNIMO

25-3-1948

49.1 [...] Restituo-te a carta do nosso irmão Onésimo e, com esta, dou-te a conhecer o expediente que recebi do Dr. Walter, a quem ele se refere. É a carta, com o modelo de declaração que desejava ele fosse assinada por mim. Vendo eu que se tratava de um documento absurdo e sentindo-me constrangido pela presença de vários jornalistas e autoridades dos *Diários Associados*, dei a declaração escrita, da qual te enviei cópia, negando-me a satisfazer totalmente o que reclamavam de mim [...]. O plano dos nossos perseguidores pode ser engenhoso, entretanto, estou certo de que Jesus nos auxiliará como sempre. As lutas, meu caro Wantuil, são enormes. Chegam de todos os flancos, mas consola-me a certeza de que a obra é de Jesus.

Diariamente, peço ao Céu me livre do desânimo [...].

Há alguma novidade quanto ao *Voltei*? Espero-te informes [...].

Novas lutas, novas ciladas.
A presença de jornalistas e autoridades dos *Diários Associados* constrange o médium, que se vê forçado a

escrever uma declaração negando-se a atender o que solicitavam.

49.2 Não é difícil avaliarem-se os absurdos exigidos a Chico Xavier. Em todos os tempos os médiuns de boa-fé, honestos e dignos, que trabalham em favor do bem têm sido atingidos pela má-fé, pelos mal-intencionados, por todos os que se erigem em donos da verdade ou juízes do mundo.

Chico envia cópia da declaração a Wantuil de Freitas, resguardando assim a sua posição.

Ele reconhece que o *plano dos perseguidores pode ser engenhoso*, mas está certo de receber o auxílio de Jesus.

Observemos, porém, esta afirmativa: "As lutas, meu caro Wantuil, são enormes. Chegam de todos os flancos, mas consola-me a certeza de que a obra é de Jesus. Diariamente, peço ao Céu me livre do desânimo."

Ao tomarmos conhecimento da enormidade das lutas que Chico Xavier enfrenta no seu dia a dia, imaginamos quão pouquíssimas pessoas suportariam a avalancha de problemas e agressões com que ele se defronta. As lutas são tantas e tão constantes que Chico confessa pedir ao Alto, diariamente, que o livre do desânimo.

E o desânimo é quem primeiro vem à mente em face das perseguições soezes, as felonias de toda espécie, as incompreensões e injustiças de todo instante.

Desanimar — deixar tudo e cruzar os braços.

Desanimar — esmorecer de vez, premido pelos obstáculos incontáveis.

49.3   Desanimar — deixar que aos poucos o corpo fatigado se entregue ao descanso, sob a alegação de que a fadiga o domina inteiramente.

Desanimar — por se sentir só e desamparado ante os óbices cruéis e que todos desconhecem.

Desanimar — ante a incompreensão de tantos e na convicção que cresce, de que o serviço produzido, afinal de contas, não tem tanto valor assim.

Desanimar — porque, talvez, uma parada seja benéfica, para recomeçar mais tarde, quando tudo estiver mais calmo e favorável.

Chico receia o desânimo. O desânimo que nasce das próprias dificuldades que se repetem e se renovam, e do cansaço diante das intermináveis refregas que não cessam e que parecem multiplicar-se de um momento para outro. Chico não desconhece que esse estado de espírito é perigoso, sendo capaz de anular o melhor trabalhador. O desânimo tem sido responsável pelo afastamento de muitos companheiros, que acabam por não suportar os constantes embaraços nas tarefas.

Todavia, Chico Xavier tem estrutura suficiente para prosseguir e não se deixar abater. Ele se apoia na sua inabalável fé em Jesus e no trabalho da sua Seara. Escudado no imenso amor que consagra ao Mestre, consegue superar e vencer todos os apelos negativos que o convidam a desanimar. Ele próprio faz a sua *subida através da luz* e tem a felicidade interior dos que venceram o bom combate.

Quanto a nós, apraz-nos sempre comparar o Chico Xavier dessas cartas e o Chico Xavier de hoje.

49.4

Prossegue o nosso bom Chico na sua ascensão espiritual. E como diz o provérbio, o bom vinho por si fala.

Luta agora também com a fraqueza orgânica, com o deperecimento das forças físicas, com o peso dos anos e o esgotamento que as lutas lhe impuseram. Mas, no corpo que se locomove cansado e exaurido, brilha a chama imortal do Espírito vencedor. Daquele que cumpriu o seu dever e que vive hoje bem mais no Céu do que na Terra.

Permanecendo ainda entre nós, para nossa alegria, continua a se sacrificar e a renunciar a si próprio para superar a enfermidade orgânica e estender ainda, um pouco mais, o consolo, a esperança, o amor e a paz entre as criaturas. O desfile das dores humanas prossegue num crescendo; sentindo a carência dessa Humanidade sofredora e desnorteada, ele sobre-excede a si mesmo e, em abnegado esforço, esquecido de seus próprios males, vai ao encontro dos que sofrem.

E o que nos deixa perplexos ante esse esforço sobre-humano é que Chico Xavier, o amado apóstolo moderno, continua até hoje padecendo as perseguições, as críticas e as traições de quantos, dizendo-se irmãos, não hesitam em censurá-lo e atacá-lo, não lhe respeitando a obra edificada durante uma existência inteira, não lhe respeitando a dignidade pessoal e não lhe respeitando sequer as condições físicas.

49.5   Mas o desânimo não encontra guarida nesse coração justo e amoroso, pois semanalmente, reunindo todas as forças e recebendo o influxo do Mais Alto, se dirige à sua humilde mesa de trabalho e, como ponte de luz entre as dores do mundo e as bênçãos dos Céus, consola os aflitos, enxuga lágrimas e dá notícias de que Jesus prossegue ao nosso lado, amando a todos e aguardando-nos nessa trajetória da qual Ele é o Caminho, a Verdade e a Vida.

— 50 —
DECLARAÇÃO AOS JORNALISTAS

9-4-1948

[...] Grato pelo que me disseste, do caso *Diários Associados*. **50.1**
Também eu não gostei da declaração dada por mim, entretanto, há momentos em que para apararmos grandes golpes devemos sofrer golpes menores, ainda mesmo suportando a acusação de covardia ou cretinismo [...]. Sobre o *Voltei*, penso que devemos esperar pela decisão das senhoras Fígner. Emmanuel é de opinião que não devemos precipitar, e sim aguardar o tempo, uma vez que não nos convém abrir luta de modo algum. Escrevi também ao Ismael nesse sentido.

Grato pelas notícias do livro *Almas crucificadas*. Tens visto a D. Zilda Gama? [...] Uma vida só é grande e bela pelas obras realizadas a serviço do bem e tens sabido converter os teus dias em bênçãos de trabalho pelos semelhantes [...].

Chico Xavier confessa não ter gostado da declaração que foi obrigado a dar, conforme relata na carta de 25-3-1948.

Por mais de uma vez, em sua vida pública de médium espírita, Chico Xavier teve de enfrentar as ciladas preparadas pelos jornalistas e outros, que tentam provas de fraudes, de charlatanismo, não hesitando em afrontá-lo e ofendê-lo em sua dignidade. Ou, até mesmo, criando situações embaraçosas e constrangedoras que o levassem ao ridículo.

50.2 Essa é a arena do mundo, de que nos fala a abnegada instrutora espiritual Joanna de Ângelis:

> Os sarcasmos, os doestos, as mentiras bem urdidas, as hábeis ciladas são dirigidos contra os que porfiam fiéis, rudemente açoitados por seus adversários encarnados ou não, a fim de os debilitarem e os execrarem diante das multidões ávidas de novidades, que os molestarão com o ridículo e a ofensa, matando-os por dentro, já que os não podem exterminar por fora... (Trecho da mensagem *Cristãos de ontem, testemunhos de hoje*, psicografada por Divaldo Franco, do livro *A serviço do espiritismo*, 1. ed. LEAL).

Quantas vezes Chico Xavier deve ter-se sentido morrer por dentro, açoitado pela incompreensão humana?

Ferido, humilhado, esgotado, no limite de suas forças, sempre soube, no entanto, reunir as suas energias interiores sob o impulso da fé e da vontade para, no dia seguinte, prosseguir atendendo à multidão que ele tão bem compreende e ama.

É realmente esse *o dia seguinte* de Chico Xavier.

* * *

Ele encerra a carta pedindo notícias de Zilda Gama e dirigindo palavras de estímulo a Wantuil de Freitas.

— 51 —
CONGELAMENTO DE MÃOS NOS SERVIÇOS DE PASSE – CENAS DE UM CRIME

12-6-1948

[...] Fiz a pergunta ao nosso amigo André Luiz e envio-te a resposta. Já tive dois casos de congelamento de mãos em passes que dei a irmãos agonizantes, e fiquei satisfeito com a explicação do nosso amigo espiritual. Noto muita diferença nas sensações em passes de que sou intermediário. Atualmente, o nosso companheiro Dr. Rômulo é quem se incumbe dessa seção de serviços do nosso grupo em Pedro Leopoldo e, a conselho de Emmanuel, só funciono quando ele não está, em vista da multiplicidade de sensações que nos surpreendem nesses serviços. D. Zilfa já experimentou entrar na esfera fluídica do receptor do passe? Há pouco tempo, nesse trabalho, vi a cena que preocupava o doente — um crime por ele cometido há trinta anos. O caso foi para mim doloroso. E é tão grande e tão complexo que não cabe numa carta. Faço a referência tão só para comentarmos a complexidade dessa tarefa [...].

51.1

Estamos esperando a visita a PL do Dr. Campos Vergal, no dia 14, depois de amanhã. Não te esqueças de mim em tuas orações.

51.2   Nota do médium: "Wantuil, comunico-te confidencialmente que estou recebendo o primeiro livro para a mente infantojuvenil para edição popular. É de autoria de Neio Lúcio. Em breve tornaremos ao assunto [...]".

Chico Xavier narra as suas experiências no serviço de passe.

Explica, inicialmente, que por duas vezes, ao aplicar passes em pessoas agonizantes, sentiu as próprias mãos congeladas. Infelizmente não há referência no trecho da carta sobre a explicação que André Luiz deu para o fato.

Entretanto, em nossa conversa com Chico Xavier, em Uberaba, dia 27 de abril de 1985, ele teve ocasião de citar essas experiências, esclarecendo que, ao transmitir o passe a um enfermo em seus derradeiros instantes no corpo carnal, sente o esfriamento que começa a se manifestar nele (enfermo). As suas próprias mãos se tornam tão frias que a impressão é a de estarem congelando.

No instante do passe, o médium está em posição mental receptiva para atrair a ajuda dos benfeitores espirituais e, ao mesmo tempo, em condições para doar a sua própria energia, o seu fluido energético, ao qual se somarão os fluidos do Plano Espiritual Superior. No instante da transmissão estabelece-se uma corrente de força, um circuito entre o receptor e o doador. É nesse momento que determinados médiuns, com uma sensibilidade maior, entram em sintonia com a esfera fluídica do receptor, isto é, com o campo de sua aura, passando a detectar sintomas de enfermidade e outras reações que dele emanam. É uma espécie de absorção, tal como elucida Kardec, e se dá pelos poros perispiríticos do médium, com reflexos no seu corpo físico.

A intensidade dessas sensações em Chico Xavier 51.3 é muito acentuada. O que motivou o seu afastamento do trabalho de passes naquele período.

Outro ponto merece destacado: a visão que ele teve da cena do crime. Era um clichê mental exteriorizado por uma pessoa e certamente vitalizado pelo sentimento do remorso. Chico aflige-se com a cena.

Allan Kardec informa que: "[...]: criando *imagens fluídicas,* o pensamento se reflete no envoltório perispirítico, como num espelho, toma nele corpo e aí de certo modo se *fotografa* [...]" (*A gênese,* cap. 14, it. 15).

André Luiz teria mais tarde ensejo de falar sobre o fato, no seu livro *Nos domínios da mediunidade,* cap. 16, por meio de sua personagem Ambrosina, cuja experiência pode ter sido a do próprio Chico. Vejamos como o autor espiritual narra o caso:

> Abeiramo-nos da médium respeitável e modesta e vimo-la pensativa, não obstante o vozerio abafado, em torno.
>
> Não longe, o pensamento conjugado de duas pessoas exteriorizava cenas lamentáveis de um crime em que se haviam embrenhado.
>
> E, percebendo-as, Dona Ambrosina refletia, falando sem palavras, em frases audíveis tão somente em nosso meio:

51.4 — amados amigos espirituais, que fazer? Identifico nossos irmãos delinquentes e reconheço-lhes os compromissos... Um homem foi eliminado... Vejo-lhe a agonia retratada na lembrança dos responsáveis [...]. Que estarão buscando aqui nossos infortunados companheiros, foragidos da justiça terrestre?

Reparávamos que a médium temia perder a harmonia vibratória que lhe era peculiar.

Não desejava absorver-se em qualquer preocupação acerca dos visitantes mencionados.

Foi então que um dos mentores presentes se aproximou e tranquilizou-a:

— Ambrosina, não receie. Acalme-se. É preciso que a aflição não nos perturbe. Acostume-se a ver nossos irmãos infelizes na condição de criaturas dignas de piedade. Lembre-se de que nos achamos aqui para auxiliar, e o remédio não foi criado para os sãos. Compadeça-se, sustentando o próprio equilíbrio! Somos devedores de amor e respeito uns para com os outros e, quanto mais desventurados, de tanto mais auxílio necessitamos. É indispensável receber nossos irmãos comprometidos com o mal, como enfermos que nos reclamam carinho.

A médium aquietou-se.

Passou a conversar naturalmente com os frequentadores da casa.

Chico fecha o assunto esclarecendo: "Faço a referência tão só para comentarmos a complexidade da tarefa".

Finalizando, informa a Wantuil que está psicografando o livro de Neio Lúcio, que recebeu o título *Alvorada cristã*.

—52—
PAPEL DE PALHAÇO

18-7-1948

[...] Vi *A Cigarra*. O jornalista diz o que quer. Nem cheguei a ver esse Sr. Álvares da Silva. Se conversei com ele foi nalguma hora de multidão, quando não me seria possível guardar-lhe o nome. Não pedi semelhante retrato de Emmanuel. Mas prefiro o silêncio e o tempo. De alguns anos para cá compreendi que, em certas ocasiões, preciso bom ânimo para suportar o papel do palhaço. Tua opinião acerca do *Alvorada cristã* foi um estímulo para mim [...]. Peço-te providenciar, junto à livraria, os documentos de cessão alusivos ao *Agenda cristã*, *Luz acima* e *Alvorada cristã*. Precisamos regularizar isto, com a minha assinatura aqui [...]. Esperar felicidade na Terra é ilusão, e expectativa de agradar a maioria dos homens é ilusão maior. Assim, resta-nos a alegria de mergulhar o espírito no serviço [...]. Muito grato pelas notícias do Movimento. Espero em Jesus consigas congregar os teus *filhos rebeldes* [...].

52.1

A Cigarra, revista da época, trouxe uma reportagem sobre Chico Xavier que o surpreendeu. Ele diz a Wantuil de Freitas que nem chegou a ver o jornalista, certamente misturado à multidão. Pelo teor da carta deduz-se que houve má-fé e que novamente Chico foi alvo de comentários desairosos e inverídicos.

52.2 Em tom amargo ele afirma: "De alguns anos para cá compreendi que, em certas ocasiões, preciso bom ânimo para suportar o papel do palhaço".

A posição de Chico Xavier perante os homens é deveras singular. Sendo amado, querido, respeitado e reverenciado por muitos, especialmente pelos *filhos do Calvário*, é igualmente criticado, perseguido, caluniado e vítima de zombarias e comentários maldosos e ferinos.

Por se fazer embaixador da luz que verte do Plano Maior, médium dos Espíritos do bem que vêm falar à Humanidade, torna-se alvo predileto daqueles que descreem da vida além do túmulo, dos que não esposam a ideia da comunicação com os *mortos*, das perseguições de outros credos religiosos que sentem nele ameaça viva aos conceitos cediços e ultrapassados que adotam. Por outro lado, materialistas convictos temem-no e o combatem por meio do ridículo, das zombarias, receosos de encontrar na sua obra a tão temida Verdade.

Pressionado pelos encarnados, sofrendo ainda a inveja dos próprios companheiros, defronta-se também com os irmãos do plano invisível — adversários da luz.

Verdadeiramente cônscio de sua posição, não alimentando ilusões, porque Espírito experiente e amadurecido no tempo, sabe que é preciso suportar até mesmo o *papel de palhaço*, despertando o riso sarcástico daqueles que o enxergam como um *pobre coitado* perdido nas fantasias do seu mundo pessoal.

52.3 Através da História, os grandes vultos da Humanidade, aqueles que se distinguiram por seu devotamento ao semelhante, também sofreram o apodo e a ironia da chusma irreverente. Mas, de cabeça elevada, dentro dos padrões da mais alta dignidade, suportaram em silêncio, vencendo o mundo.

Houve certo dia Alguém que, passando entre nós, foi coroado de espinhos, recebendo em suas Mãos Divinas uma cana à guisa de cetro, sob o apupo da multidão em desvario.

Nós sabemos quem foi esse Alguém, e como se elevou da cruz infamante para a glória da Luz, na Vida Verdadeira. Seus ensinamentos e exemplos têm sido vividos por Chico Xavier, que n'Ele tem o seu modelo e d'Ele recebe as forças para não esmorecer jamais.

E, porque sabe quão efêmera é a existência terrena, reconhece afinal: "Esperar a felicidade na Terra é ilusão, e expectativa de agradar a maioria dos homens é ilusão maior. Assim, resta-nos a alegria de mergulhar o espírito no serviço".

Ao término da carta, Chico tem esperança de que Wantuil reúna em torno de si e da FEB aqueles companheiros a que chama *filhos rebeldes* do Movimento Espírita.

— 53 —
VISITA DE JOVENS À CIDADE DO LIVRO

28-7-1948

53.1 [...] Excelente a visita dos jovens à Cidade do Livro que sonhaste com Jesus e realizaste com o Mestre querido. Terão, assim, uma ideia do serviço silencioso da FEB.

Esperemos os frutos do congresso. Prestei sincera atenção a quanto me disseste. Vejamos o futuro. Os diretores do movimento convidaram-me, em telegrama, para assistir às solenidades de encerramento na Casa de Ismael, mas o documento chegou num dia em que me achava ausente e meu irmão André respondeu por mim, notificando a impossibilidade de meu comparecimento.

Desculpa-me o apontamento que fiz, alusivo ao ministro Bento de Faria. Pela leitura de tua notícia, julguei fosse D. Zilfa a médium que lhe assistira a senhora, antes de sua desencarnação, mas verifiquei agora não haver feito uma leitura exata.

Pedes-me contar-te a história da casa adquirida para o *Luiz Gonzaga* para que *Reformador* esteja bem informado. Contarei a história ao teu bom coração, pedindo-te arquivá-la no íntimo. (Segue a longa história, terminando assim: "Peço-te guardar contigo a história toda com que te tomo tanto tempo. Deve ser esquecida").

Bela a notícia do Otero. Ele entregará a tradução à própria livraria da FEB? Penso que assim fará, porque será interessante que o *Há dois mil anos* em espanhol não fique muito distanciado dos braços maternos da Casa de Ismael [...]. **53.2**

Ressalte-se nesta carta a visita dos jovens à Cidade do Livro, no bairro de São Cristóvão, no Rio de Janeiro, obra realizada por Wantuil de Freitas à frente da FEB e sobre a qual já comentamos.

A tradução para o castelhano, de *Há dois mil anos*, encomendada por Luiz Otero, não satisfez à FEB, e mais tarde essa obra teria um novo tradutor, sendo a edição castelhana publicada na Argentina, conforme veremos mais adiante.

— 54 —
CESSÃO DOS DIREITOS AUTORAIS – ENDEUSAMENTO

15-8-1948

54.1 Nesta carta prosseguem relatos sobre o *Luiz Gonzaga*, cláusula sobre o patrimônio, etc. E continua o médium:

> Todas as decisões foram tomadas em atas e providências legais. Para mim só reservei o direito de pôr e dispor quanto às mensagens recebidas. Assim, embora juntos, o *Luiz Gonzaga* e eu, na condição de médium, teremos tarefas definidas — com ele o serviço doutrinário e comigo a tarefa do livro.
>
> Assim fica bem e parece-me mais acertado, para não se dizer que estamos endeusando o médium. Já se diz que tenho uma corte de incensadores e, dessa maneira, a situação estará mais justa.
>
> Peço-te com empenho não inserir qualquer nota no *Reformador* sobre o assunto. É um pedido que te faço com o coração.
>
> [...] Grato pelas notícias do Otero. Tenho escrito a ele. Fiquei perplexo com a história do advogado que foste

obrigado a afastar dos interesses da FEB. Deus nos valha diante de tais defensores do Direito [...].

Prosseguem as providências do médium para legalizar a situação dos livros e da sua participação no Centro Espírita Luiz Gonzaga. 54.2

Vejamos o que Chico reservou para si próprio: "Para mim só reservei o direito de pôr e dispor quanto às mensagens recebidas."

Tais providências, tomadas àquela época, renovaram-se sempre, ao longo dos anos, tendo Chico Xavier feito em cartório a cessão de direitos autorais, com ratificação das cessões anteriores, no ano de 1978, para as seguintes instituições e editoras: Federação Espírita Brasileira; Instituto de Difusão Espírita; Grupo Espírita Emmanuel; Instituto Divulgação Editora André Luiz; Comunhão Espírita Cristã; Fundação Marieta Gaio; Casa Editora O Clarim; Livraria Allan Kardec Editora. (Dados extraídos do livro *Encontro no tempo*, 2. ed. IDE).

Chico cuida para que não se diga que o estão *endeusando* e comenta que já se fala sobre isso. Tentando evitar que tal aconteça, toma providências, mas não conseguirá impedir que ao longo de sua existência e de sua tarefa na mediunidade seja, realmente, *endeusado* por aqueles que se deslumbram com o fenômeno; por aqueles que o bajulam na tentativa de conseguirem algum privilégio; por outros que o admiram até as raias do fanatismo; por aqueles, enfim, que se julgam no dever de endeusá-lo para exprimirem os sentimentos de afeto e gratidão que lhe dedicam.

54.3 Nesse particular, é bom que expliquemos a nossa condição de comentarista da correspondência entre Chico Xavier e Wantuil de Freitas.

O que fazemos é a tentativa de dar a conhecer a dimensão espiritual dessa criatura extraordinária que é o nosso Chico Xavier. Sem quaisquer laivos de fanatismo ou endeusamento. Tão somente a simples e pura constatação de uma figura humana ímpar, de um autêntico missionário dos tempos modernos.

Assim, não se pode deixar de enfatizar os grandes e decisivos momentos de uma vida que é verdadeiro exemplo para todos nós.

Não temermos a crítica daqueles que presumirão encontrar nas nossas palavras o elogio fácil, o endeusamento e até o fanatismo. Porque, em verdade, só existe em nossa alma admiração e respeito que crescem a cada passo, na medida em que vamos penetrando no mundo pessoal de Chico Xavier, por meio dessas cartas.

E, se nós não reconhecermos na sua veneranda figura — pelo que ele já realizou e realiza, pelo que nos inteiramos de sua existência singular — um verdadeiro apóstolo do bem, forçoso é admitir que nos deixamos vencer pela indiferença e que perdemos totalmente a sensibilidade.

— 55 —
RESPONSABILIDADE DE WANTUIL

27-10-1948

[...] Não te preocupes por minha causa. Sei avaliar-te a prisão nos deveres pesados e tenho-te à conta de um herói para solucionar tantos problemas com essa visão de comando, que te caracteriza o serviço na Presidência da FEB. **55.1**

[...] Agradeço-te as notícias do Efigênio. Estou satisfeito ao saber que ele modificou a opinião relativamente à Casa de Ismael.

O professor Cícero está finalizando a presente fase.

Não vejo recursos de adiar-se-lhe, por muitas semanas, a grande viagem. Jesus o favoreça. A cianose hipertrófica é um caminho inevitável.

Grato pelas notícias da FERGS.

Um dia virá em que os nossos irmãos entenderão melhor a orientação da Casa de Ismael. O teu pulso firme não é obra individual. É amparo de Cima sobre o teu coração de missionário, sustentando-te no combate para que o programa da FEB não periclite.

[...] A notícia da partida de nossa irmã, filha do Sr. Carlos Lomba, muito me comoveu [...] e nossos amigos informaram que ela se achava em doloroso, mas sublime processo redentor.

55.2 [...] Esperarei pelo *Reformador* o artigo de Zêus [...] Espero seja edificante como os anteriores que ele tem escrito [...] Pelo telegrama que te envio à leitura, em anexo, soube que o Congresso da USE será instalado dia 31 [...].

Chico Xavier preocupa-se com as ingentes lutas do amigo. Pelo primeiro tópico da carta, compreende-se que Wantuil tenha manifestado o desejo de ir visitá-lo. Mas Chico o tranquiliza, pedindo-lhe que não se preocupe. E comenta as grandes responsabilidades que pesam sobre os ombros do Presidente da FEB.

Responsabilidades essas muitas vezes desejadas por quantos julgam serem tais cargos diretivos tarefas suaves, fonte de alegrias e encantamento espiritual constantes.

Contudo, bem diversa é a posição daquele que é convocado a cargos administrativos e que, realmente, se disponha a exercer os encargos e deveres que lhe são inerentes.

No caso de Wantuil, tantas são as suas preocupações e atividades que ele está como que prisioneiro delas. Somente os que estão imbuídos do espírito de renúncia e boa vontade total conseguem perseverar até o fim nesses postos, levando avante a missão que receberam e com a qual estão compromissados.

Conhecedor das diretrizes que Wantuil de Freitas adota à frente da FEB, ciente da sua abnegação e do seu alto espírito de fidelidade doutrinária, Chico o reconforta dizendo que no futuro saberão reconhecer melhor a orientação da Casa de Ismael.

Menciona ainda o professor Cícero (Pereira), trabalhador dedicado da União Espírita Mineira e que está gravemente enfermo. 55.3

Outras referências completam a carta.

— 56 —
A MAIOR CONTRIBUIÇÃO DESTE SÉCULO

11-11-1948

56.1 [...] Agradeço-te as notícias do Zêus [...].

Muito grato pelas notícias de São Paulo. Ignorava que o nosso companheiro Armond fora vítima dessa prova logo às vésperas da realização que liderou com tanto entusiasmo. Se tiveres mais alguma informação dele, peço-te enviar-me, sim? O nosso amigo Sr. Spinelli, cuja visita me anuncias, não apareceu ontem. Surgirá ainda? Dar-te-ei informes. Interpretaste com muito acerto a mensagem de Emmanuel. Ele é veemente no dizer que sem burilamento das partes é impraticável o burilamento da obra.

A frase de Emmanuel reflete bem determinadas situações vividas em nosso meio. E esse extraordinário benfeitor espiritual nos dá a receita: primeiro o burilamento das partes, para que se possa atingir o burilamento do todo, isto é, da obra. Eis a lição para todos os empreendimentos humanos.

Podes crer que também de meu lado achei admirável aquele **56.2**
trecho do discurso do Vinícius. Aquela frase, Wantuil, não
pode ser da Terra, porque expressa com imenso acerto as
dificuldades de nosso programa de unificação doutrinária.
Estou ansioso de conhecer toda a peça. Tentarei obtê-la.
O congresso lançará algum memorial? Seria interessante
lermos o trabalho em que o Dr. Henrique Andrade faz a
defesa da FEB. Sei também que alguns irmãos [...], iam
apresentar uma tese contra os trabalhos de André Luiz,
contendo algumas cartas copiadas de textos a mim diri-
gidos. Esses textos são horrorosos. Li-os e confiei-os ao
nosso bom amigo *fogo*, há tempos. É possível que revivam
agora. Vamos esperar.

Vou pedir ao secretário do *Luiz Gonzaga* organizar uma
lista das obras existentes na biblioteca [...].

[...] Agradeço a notícia da carta do Dr. Camilo Chaves.
Jesus nos favoreça. Em Belo Horizonte a luta é sempre
grande e intensa [...].

Chico menciona uma frase de Vinícius (Pedro de Camargo), sempre muito inspirado, e aguarda a peça inteira com muito interesse.

Cartas e comentários contra a obra de André Luiz chegam até Chico. Muitas cartas são endereçadas diretamente a ele e, chocado com o seu conteúdo, queima--as todas.

A obra de André Luiz causa impacto no meio espírita. A grande maioria aceita-a de imediato, encontrando ali respostas e soluções para as inúmeras dúvidas acerca da vida além da morte.

56.3   A FEB, com Wantuil de Freitas à frente, dá plena e total cobertura a André Luiz e Chico Xavier.

Essa, contudo, foi uma fase difícil para o médium.

Se atentarmos para as datas, iremos verificar que *Nosso lar* foi lançado em 1944; logo em seguida, no mesmo ano, é editado o segundo livro de André Luiz: *Os mensageiros*; por essa mesma época explode o caso Humberto de Campos.

Quando escreve essa carta, Chico já havia experimentado todos os embates dos primeiros lançamentos de André Luiz e o impacto do processo, cujo rumor havia cessado. Entretanto, as críticas contra André Luiz prosseguem.

A obra deste autor espiritual veio balançar cediças estruturas, destruir as ilusões dos que se apegavam às supostas delícias de um paraíso sonolento e tedioso, ou à eternidade de um inferno dantesco, do qual afinal de contas ninguém se julga merecedor.

André Luiz mexe com essas bases arcaicas. Não o inferno, mas regiões trevosas das quais não é lá tão fácil passar-se ao largo. São zonas onde estagiam temporariamente as almas que com elas se harmonizam, até que mudando o próprio tônus vibratório, ascendam a outros locais da Espiritualidade, que bem pouco diferem de certas universidades e hospitais terrestres.

Saber das minúcias dessas regiões e, sobretudo, que os espíritas não têm lugar *comprado* nos Céus ou zonas superiores não agradou a alguns.

Allan Kardec não trata dessas minúcias da vida espiritual na Codificação — não houve tempo e nem seria o momento certo. Os Espíritos são errantes: vivem na Erraticidade, eis o ponto essencial dos ensinamentos sobre o assunto. Mas toda a sólida base para as futuras notícias sobre a vida espiritual foi assentada pelos Espíritos Superiores e pelo próprio desdobramento de Kardec em seus comentários em *A gênese, principalmente*.

André Luiz surge na época exata: a 2ª Guerra Mundial chegava ao fim. Milhões de mortos; cidades inteiras destruídas; o terror dos bombardeios e dos campos de concentração — a dor atingindo o seu ápice no coração da Humanidade convulsionada. Bem apropriadas àqueles anos de horror estas palavras de Kardec: "Hoje, não são mais as entranhas do planeta que se agitam; são as da Humanidade". 56.4

O homem estava aturdido e perdido em si mesmo.

Haveria momento mais adequado para serem transmitidas as notícias acerca da vida espiritual? Saber que as almas que partiram da Terra não apenas estão vivas, mas que trabalham, estudam, convivem, sofrem, amam, progridem, estagiando na própria crosta terrestre ou permanecendo em constante intercâmbio com os seus afetos terrenos; que o Mundo Espiritual não é um país de névoas, mas regiões onde existem núcleos habitacionais, colônias, cidades, centros de cultura e pesquisas, e, por outro lado, locais de trevas e agonias como estações temporárias daqueles que viveram dos instintos e do mal — tudo, tudo isso veio completar com lógica e notável bom senso os ensinos da Codificação.

56.5   O Consolador chegara à Terra com Allan Kardec e sua mensagem aos poucos se espraiou pelo mundo. Contudo, é no Brasil que ele vai, por fim, fixar-se. E é no Brasil que André Luiz, representando um grupo de Espíritos Superiores, se transforma em porta-voz da consolação.

Para avaliar-se a importância da obra de André Luiz, valemo-nos do jornal *O Imortal*, de Cambé, PR, que em sua edição de fevereiro de 1985 traz a seguinte notícia:

> No livro *A matéria psi*, publicado pela Casa Editora *O Clarim*, o cientista Hernani Guimarães Andrade — apontado por Henrique Rodrigues como um dos poucos pesquisadores espíritas que existem no Brasil e, indiscutivelmente, o mais brilhante — confessa que, se fosse para uma ilha deserta, levaria consigo a coleção toda da série *Nosso lar*, de André Luiz, psicografada por Chico Xavier.
>
> Por quê? Hernani assim responde: bem, como simpatizante da linha científica do Espiritismo, considero-a a maior contribuição deste século, obtida por via mediúnica, para a solução do problema da natureza do homem, hoje tão focalizado pela Parapsicologia. Fica aqui consignada, a título de registro e endossada por mim, a seguinte previsão: as obras de André Luiz, psicografadas por Francisco Cândido Xavier, serão futuramente objeto de estudo sério e efetivo nas maiores universidades do mundo, e consideradas como a mais perfeita informação acerca da natureza do homem e da sua vida após a morte do corpo físico.

— 57 —
I CONGRESSO DE UNIFICAÇÃO
– A OBRA DE ANDRÉ LUIZ –
CARTAS INSULTUOSAS

18-11-1948

[...] Já li o trabalho dele (Zêus), referente ao Docetismo, que comparecerá em *Elos doutrinários*. Estou encantado. São páginas de profundo valor educativo. Nelas, vemos, não só a beleza fulgurante do Cristo Divino, mas também tomamos conhecimento dos conflitos multisseculares da treva com a luz. Fiquei admirado de Santo Ignacio de Antioquia (p. 47) não poder aceitar o Docetismo. É das figuras que eu mais venero no Cristianismo nascente. Aqueles *demônios do ar* a que se referem os maniqueus (p. 58), nas páginas de Zêus, são profundamente autênticos, a meu parecer. Devem constituir as *falanges das trevas* que nos rodeiam quase em todos os setores da esfera carnal. Parece incrível, mas posso dizer-te que tenho visto e ouvido semelhantes legiões das trevas em inúmeras ocasiões de minha humilde tarefa mediúnica. Não sei por que, mas há cerca de quinze anos me aparecem e hostilizam, sem tréguas. O trabalho de Zêus é profundo e luminoso [...].

57.1

Fiquei muito contente com as notícias que me mandaste acerca da embaixada gaúcha. É isto mesmo. Falar e fazer são dois verbos muito diferentes. Esperemos o *rio das horas*. A corrente sempre traz muitas surpresas. Os nossos confrades Sr. Spinelli e Sr. Marcírio aqui estiveram na noite de 12, sexta-feira, em companhia de irmãos de Belo Horizonte. Conversaram muito sobre o congresso e recebi, relativamente a eles, as mesmas impressões que recolheste. O meu *radar* não funcionou de modo diferente do teu. Pareciam dispostos a demorar aqui um pouco mais, entretanto, como eu devia sair dia 13, pela manhã, despedi-me deles. Antes, porém, do abraço final, tive de fotografar-me em companhia deles. E, assim, a vida continua...

57.2 [...] O dossiê dos irmãos gaúchos[8] contra os trabalhos de André Luiz[9] me veio às mãos. Foram excessivamente generosos comigo. Deram-me formosos adjetivos e só disseram que eu estou um médium *cansado*. Isto é muito honroso para uma pessoa como eu que me sinto, francamente, na posição do servidor que ainda não começou a trabalhar [...].

No segundo parágrafo desta carta há referências ao I Congresso Brasileiro de Unificação Espírita, que se realizou em S. Paulo, entre 31 de outubro e 3 de novembro de 1948, no qual se pretendia criar uma entidade nacional que unificasse o Espiritismo no Brasil, passando a FEB à posição de confederada.

A FEB havia considerado estranha e improcedente tal iniciativa, já que ela própria centralizava, federava havia mais de sessenta anos o Movimento Espírita

---

8   N.E.: Trata-se de pessoas que não Francisco Spinelli e Marcírio Cardoso de Oliveira, antes referidos.
9   N.E.: A obra do Espírito André Luiz é de tal importância que a FEB, em 2012, publicou o livro *A vida no mundo espiritual*: estudo da obra de André Luiz, O cap. 6 desse livro informa-nos sobre as previsões científicas e tecnológicas que aparecem na coleção *A vida no mundo espiritual*.

nacional. Chico Xavier declara, após receber líderes gaúchos e mineiros, que seu pensamento estava de acordo com o do presidente Wantuil, e que *falar e fazer são dois verbos muito diferentes*, expressando, adiante, a confiança de que no *rio das horas* as surpresas sempre surgem para mudar o rumo das coisas.

De fato, assim aconteceu, e só em 5 de outubro de 1949 se chegaria ao Acordo da Unificação Espírita, cognominado *Pacto Áureo*: todas as federativas estaduais em torno da Federação Espírita Brasileira, a *Casa-Mater* do Espiritismo no Brasil. 57.3

A seguir vêm os comentários de Chico sobre um grupo de confrades gaúchos contrários à série de obras transmitidas pelo Espírito André Luiz. Achavam que o médium mineiro estava *cansado,* incapacitado, portanto, de continuar na sua tarefa psicográfica. Chico deveria aposentar-se! E se ele tivesse ouvido os *cantos das sereias*, estaríamos hoje privados de mais de duas centenas de obras luminosas, recebidas e publicadas posteriormente.

Aliás, já em 6-4-1948, em missiva dirigida a Zêus Wantuil, Chico lhe dizia textualmente: "Tenho recebido, meu amigo, cartas insultuosas e observações bem duras, quanto aos livros desse mensageiro espiritual que nos veio ensinar quanto é nobre e sublime a vida superior."

Vemos, por aí, até onde vai o obscurantismo incompreensível e lamentavelmente existente mesmo entre adeptos do Espiritismo.

— 58 —
UM SONHO QUE SE REALIZOU

25-11-1948

58.1 [...] Quando saiu o *Parnaso de além-túmulo*, em 1932, eu tinha um desejo enorme de comprar alguns livros de Espiritismo, entretanto, meu salário era de 90 cruzeiros por mês e namorava o catálogo da livraria da FEB, inutilmente. Meu único amigo no Rio, por esse tempo, era o Quintão, mas envergonhava-me de pedir-lhe publicações. Em Belo Horizonte, não conhecia ninguém da comunidade doutrinária. Tempos depois da saída do *Parnaso* (não sei mais a época certa. Deve ser de 1932 a 1935. O tempo voa), certa noite recebi *A verdade*, o jornal que me vinha de tuas mãos, quando eu não te conhecia pessoalmente, e, como sempre, devorei a página consoladora assinada por *Vovó Virgínia*. Dormi ou me libertei do corpo carnal meditando nela, quando me senti, fora do veículo denso, num jardim. Lá estavam uma senhora cercada de luz e um cavalheiro parecendo muito mais moço que ela. Uma secreta ligação me atraía para ela e aproximei-me timidamente. Quis abraçá-la, mas receei ser intruso. Então ela sorriu, enlaçou-me e disse:

— Você não me conhece mais? Eu sou Virgínia.

Associei as palavras com a pessoa que escrevia em *A verdade* e entreguei-me ao seu maternal coração.

Ela me contemplou, bondosa, e disse: 58.2

— Que deseja você?

Ingenuamente, eu me recordei dos livros que eu desejava obter em vão e disse-lhe, à maneira de criança:

—Vovó Virgínia, eu queria alguns livros para aprender o caminho [...]

Sorridente, a senhora abraçou-me, com mais carinho, e disse:

—Vou mandar os livros que você deseja, e prometo mais, que você trabalhará conosco e receberá muitos livros...

Em seguida, a dama e o cavalheiro me trouxeram até a casa, numa excursão, em que a palestra foi inesquecível para mim, e retomei o corpo, em lágrimas de contentamento.

Decorrida uma semana, o Laboratório Wantuil me escrevia uma carta em nome de Vovó Virgínia (lembras-te?) — o assunto deve constar de teu arquivo — oferecendo-me 10 livros espíritas, a serem escolhidos por mim, no catálogo da Federação (que eu observara ansiosamente), em nome dela. Escolhi os dez livros, e por sinal que eram dos mais caros e escrevi-te acrescentando que *Vovó Virgínia*, a generosa doadora, devia ser tu mesmo, abstendo-me, contudo, de relatar-te o fato em si, temendo desagradar-te. Recebi as obras, que ainda guardo comigo, e arquivei mentalmente o assunto. Quando visitei, porém, o teu lar acolhedor, em setembro de 1939, encontro o Zêus, perto da escada de acesso ao andar superior, e reparei com assombro que ele, embora criança, era perfeitamente o cavalheiro que estava com a luminosa entidade no jardim. Notei tudo e calei-me. Quando subiste à Presidência da FEB, em 1943, recebi algumas visitas da grande missionária que te foi abnegada mãe na Terra e compreendi melhor.

58.3   Não me surpreende, pois, tenha sido ele o teu papai. Entendi-lhe a ligação sublime com a tua mãezinha, desde a primeira hora de meu conhecimento pessoal. Isto é uma grande alegria para mim.

Muitos fatos aparentemente estranhos vão se desenrolando em minha vida espiritual, mas se for relacioná-los pararemos muito tempo na jornada. A ordem é de marcha para a frente e para o Alto.

Peço-te dizer ao Zêus que recebi a estampa [...]. Estou muito contente com a tua lembrança, alusiva a um pormenorizado estudo dele da glândula pineal. Penso que ficará um trabalho excelente. A informação de que André Luiz e o autor americano estão de acordo me reconforta muito.

O caso Caracala é impressionante. Fiz uma pesquisa em companhia de amigos espirituais e percebi a extensão do drama. Por agora, não posso reviver o passado. Voltar aos túmulos é sofrer muito. Vamos trabalhar e conquistar forças para que o futuro nos ajude a ver o pretérito de maneira proveitosa. Na questão Caracala, não tenho mais dúvidas. É ele mesmo. Deus o favoreça e a nós todos para alcançarmos o porto da redenção [...].

Nota final: Wantuil, desculpa-me haver contado esse caso tão comprido. Vendo-te a sublime tarefa junto do livro espiritista-cristão, no Brasil, e sendo teu devedor de sempre, desejei salientar que os primeiros livros espíritas que me vieram em grupo beneficiar a alma me vieram do teu templo familiar. Deus os abençoe a todos.

CHICO

Vários pontos ressaltam da narrativa desta carta.

Virgínia — então desencarnada — foi mãe de Wantuil de Freitas. Este escrevia, no jornal *A verdade*, páginas consoladoras inspiradas por ela, páginas que recebiam a assinatura de *Vovó Virgínia*.

58.4

Recebendo o jornal, Chico lê uma dessas páginas na qual se detém em meditações.

Adormece e se vê fora do corpo físico, em desdobramento. Ele se encontra com Virgínia, que está em companhia de um jovem.

É bastante interessante Chico ter feito o pedido dos livros à *Vovó Virgínia*, nesse encontro espiritual, e o fato de que uma semana depois o seu pedido seria atendido. Isso prova a excelente sintonia entre os participantes da ocorrência.

Inspirado pela mãe, Wantuil escreve uma carta a Chico Xavier, não em seu próprio nome, mas em nome dela, oferecendo-lhe dez livros. O médium, como é do seu feitio, mantém-se discreto, não revelando o encontro espiritual. Em setembro de 1939, sete anos depois, ele conhece Zêus Wantuil e identifica-o como o cavalheiro que acompanhava *Vovó Virgínia*.

Ao contar agora o caso, já transcorridos 16 anos, Chico confirma as ligações espirituais entre Wantuil, Zêus e Virgínia.

Posteriormente, em 1967, esse assunto foi relembrado por Chico Xavier, numa entrevista por ele dada a *O Espírita Mineiro*, de julho de 1967, entrevista inserida no cap. 8 de *No mundo de Chico Xavier*, obra de autoria de Elias Barbosa. Eis como o médium se refere a *Vovó Virgínia*:

58.5   [...] Lembro-me de que foi ele, Dr. Wantuil de Freitas, que em 1932, depois do lançamento de *Parnaso de além-túmulo*, me escreveu, em nome de *Vovó Virgínia*, nobre entidade que o auxiliava em seu jornal *A Verdade*, que então era editado por ele no Rio, oferecendo-me dez livros espíritas que foram para mim um tesouro de conhecimentos novos, uma vez que em 1932 a aquisição de livros, pelo menos para mim, era muito difícil e, às vezes, quase impossível ante as dificuldades da vida material.

* * *

O desdobramento é uma ação natural do Espírito encarnado que, no repouso do corpo físico, recupera parcialmente a sua liberdade.

Em *O livro dos espíritos*, Allan Kardec trata do assunto no capítulo VIII — *Da emancipação da alma*, questões 400 a 418, principalmente.

Na questão 401, o Codificador indaga:

— Durante o sono, a alma repousa como o corpo?

Ao que os Espíritos responderam:

— Não, o Espírito jamais está inativo. Durante o sono afrouxam-se os laços que o prendem ao corpo e, não precisando este então da sua presença, ele se lança pelo espaço e entra em relação mais direta com os outros Espíritos.

Na questão 402:

— Como podemos julgar da liberdade do Espírito durante o sono?

— Pelos sonhos. Quando o corpo repousa, acredita-o, tem o Espírito mais faculdades do que no estado

de vigília. Lembra-se do passado e algumas vezes prevê 58.6
o futuro. Adquire maior potencialidade e pode pôr-se em comunicação com os demais Espíritos, *quer deste mundo, quer do outro.* Dizes frequentemente: Tive um sonho extravagante, um sonho horrível, mas absolutamente inverossímil. Enganas-te. É amiúde uma recordação dos lugares e das coisas que viste ou que verás em outra existência ou em outra ocasião. Estando entorpecido o corpo, o Espírito trata de quebrar seus grilhões e de investigar no passado ou no futuro [...] O sono liberta a alma parcialmente do corpo.

— 59 —
CHEGAR AO FIM É CRUCIFICAR-SE

9-12-1948

59.1 [...] Gratíssimo pelo que me dizes acerca de *Vovó Virgínia*. Muito me edificou e alegrou o trecho de tua carta, em que me falas do assunto [...]. Ciente da resolução da FEB (tomada pela Diretoria), quanto ao cancelamento das adesões de entidades do RS, MG e PA, espero me contes o que for ocorrendo.

[...] O teu cuidado é comovente e o Mestre há de anotar-te em ficha adequada tanta dedicação à causa do Evangelho na Terra.

Aguardarei novas informações tuas com respeito ao caso Hernani Trindade Sant'Anna. Pelo que vejo dele, é portador de uma enorme bagagem do pretérito, porque registra com muita beleza as vibrações do Plano Superior. Não sei como receberá ele a sugestão de servir ao D.E., pois estou em dúvida se o aumento de vencimentos abrange o funcionalismo da E.F.C.B. Peço a Deus para que esse grande batalhador jovem não se perca. *Começar é fácil, continuar é difícil e chegar ao fim* é crucificar-se, diz o nosso Emmanuel para designar uma tarefa cristã.

A frase de Emmanuel resume bem as dificuldades 59.2 de se levar avante uma tarefa até o fim.

Muitos começam. Deslumbrados, espalham entusiasmo e alegria. Vão aceitando tarefas e compromissos. A princípio produzem muito. São promessas e esperanças para os que os acolhem e orientam. Com o tempo surgem os primeiros obstáculos. Surgem os apelos do mundo e parecem fascinantes. Prosseguir torna-se difícil. Certa desilusão começa a surgir. Já não há mais a mesma alegria na execução das atividades. O entusiasmo arrefecido transmuda-se em cansaço, em desinteresse ou tédio. Outros interesses aparecem e vagarosamente desviam-nos do labor doutrinário.

Alguns, porém, permanecem. Vão arrostando os obstáculos, vencendo o desânimo e os apelos do mundo, encontrando cada vez maiores motivações para prosseguir. Para estes o trabalho torna-se a maior alegria. Conviver com os companheiros, a melhor festa. E embora quase sempre incompreendidos no círculo doméstico, ironizados pelos colegas e conhecidos, vão-se dando ao trabalho, vencendo a tudo e a todos através da persistência e da disciplina a que se impõem. Aos poucos, fazem-se respeitados. E nesse crescendo de responsabilidades e deveres, *chegar ao fim é crucificar-se.*

Só os que *chegaram*, sabem, no imo d'alma, o significado profundo e real das palavras de Emmanuel.

Por falarmos em jovens missionários, envio-te um folheto curioso publicado por um rapaz (creio que de 19 para 20 anos), aí no Rio. Trata-se do [...], que sempre trabalhou pela Doutrina em Presidente Soares, aqui em Minas. Não o conheço pessoalmente, mas por algumas notícias que me mandou, nele senti muita vocação para a obra do Evangelho. Parece-me que ele se transferiu para o Rio, onde está no endereço que juntei ao impresso. Quem sabe, poderíamos pedir ao Paulo Ludka ou ao Ernani sondarem a situação dele, de modo a buscar-lhe a colaboração para a União Juvenil da FEB? Parece-me um moço muito pobre e em luta por buscar o fim dos estudos. Se estiver fixo no Rio, estará estudando e trabalhando. Sei que foi muito perseguido pelos nossos irmãos protestantes em Presidente Soares, onde era estudante e professor, ao mesmo tempo. Se julgares o assunto inoportuno, rogo-te esquecer esta minha lembrança. Há sucessos que devem ser esperados e não provocados.

59.3 Quanto ao caso do Sr [...]., a que alude o professor Romeu Amaral Camargo, eu penso deva ele ser um trabalhador daqueles *tipo como quer, onde quer e quando quer*. Diz Emmanuel que esse gênero de servidores pode ser muito bom, mas não é a espécie que Jesus espera do mundo [...].

Interesse de Chico em ajudar um jovem, no qual vê possibilidades de colaborar com a FEB.

O pensamento de Emmanuel bem caracteriza certa categoria de adeptos da Doutrina Espírita, que podem ter valor por um lado, mas que não se identificam com a tarefa verdadeiramente cristã e espírita.

— 60 —
NÃO HÁ PROBLEMA INSOLÚVEL

28-1-1949

[...] Agradeço-te as informações de *Caminho*. 60.1

[...] A greve pacífica é como a tempestade furiosa. Há de passar e o serviço com Jesus continua [...].

[...] O novo trabalho de André Luiz prossegue. Acredito, tê-lo-emos pronto em fevereiro próximo e, assim que terminar, seguirá com destino às tuas mãos. Há muita coisa nele que considero curiosa e importante, em matéria de obsessões, mas esperarei a tua leitura para comentarmos.

Quanto ao livro do Sr. Fígner, logo que nossas irmãs restituírem o original, peço-te encaminhá-lo para cá, a fim de receber as impressões do autor sobre a apresentação. O nosso devotado Emmanuel me diz que ele escolherá um pseudônimo semirreconhecível em nosso meio doutrinário, não se oferecendo ocasião aos descendentes para um processo escandaloso e dispensável. Seria muito interessante se conseguisses, habilidosamente, que as senhoras nos devolvam o original e, de posse dele, farás o favor de enviar para cá, em meu nome, e logo que for *retificado* o nome do autor será reconduzido às tuas mãos, sim?

60.2 Com Jesus e com o tempo, não há problema insolúvel.

Tenho tido notícias do nosso amigo, chefe do Ismael. Como é rigorosa a Lei Divina! Hoje, tenho ideia de que aquelas revelações preparavam-no para os reveses do momento em face de César. Diz-nos um amigo invisível que quem com César adquire débitos, com o próprio César resgatará [...].

Chico refere-se ao livro *Caminho, verdade e vida*, de autoria de Emmanuel. E dá notícias de novo livro de André Luiz, que terá o título *Libertação*, como veremos adiante.

Comentários do médium sobre o pseudônimo a ser adotado por Fred Fígner.

Manifesta em seguida a sua certeza de que tudo se resolverá, dizendo: "Com Jesus e com o tempo não há problema insolúvel".

O tempo, para o trabalhador dedicado ao Cristo, é hoje. É agora. Não há mais tempo para acomodações.

Nenhuma desculpa ou dúvida.

Há uma ansiedade constante em se aproveitar de forma cada vez melhor o tempo disponível.

O valor do minuto que passa é inestimável.

A oportunidade perdida não retorna em idêntica condição.

Urge contribuir para o bem, realizar alguma coisa, antes que o relógio da vida assinale os últimos minutos das últimas horas.

Entretanto, não há pressa, embora seja urgente o serviço do bem.

Bezerra de Menezes lega-nos a importante advertência: "É urgente, mas não apressado". 60.3

Por isso, o trabalhador fiel tem paciência ante as dificuldades. Prossegue na sua faina. Não cruza os braços. Não adota atitude passiva ou acomodada. Continua. Persevera. Ele sabe que *com Jesus e o tempo não há problema insolúvel.*

Resguarda-se na fé e avança, cônscio de que em breve, modificadas as circunstâncias, o problema será solucionado.

Chico Xavier menciona, na parte final, os reveses sofridos pelo chefe de Ismael Gomes Braga.

Trata-se de Joaquim Rola, homem de raro tino comercial e notável intuição no campo arquitetônico, apesar de ter tido apenas o curso primário. Saindo do nada, vida cheia de sofrimentos e dificuldades, veio a ser idealizador do Hotel Quitandinha e do Pavilhão de São Cristóvão, duas obras de arquitetura avançada para a época.

Numa visita que Joaquim Rola fez a Chico, a este é revelado que ali, defronte dele, está, reencarnado, o imperador romano Caracala, que levantou em Roma um de seus mais grandiosos monumentos, as chamadas Termas de Caracala. Chico dá notícia do caso na carta de 25-11-
-1948, dizendo não mais ter dúvidas quanto à revelação.

Joaquim Rola ficou satisfeito com o conhecimento de seu passado, imprimindo novo sentido à sua vida, transformando-se de materialista em crente na continuidade da vida após a morte, o que o levou a ajudar diversas obras assistenciais.

— 61 —
PERDER O PERISPÍRITO

9-3-1949

61.1 [...] Tomei atenção no caso a que te reportas e, conforme a carta anterior, penso que a aplicação dos verbos *sublimar* e *rarefazer* atenderá às nossas necessidades, no momento. Creio que se persistíssemos em empregar a expressão *perder o perispírito* usando notas explicativas por parte da editora não ficaria muito bem. As notas poderiam traduzir fraqueza ou insegurança. Assim, opinaria pelos verbos ultimamente sugeridos, para não ferirmos bruscamente os pontos de vista estabelecidos, embora tenhamos muita coisa a reconsiderar na conceituação doutrinária, na jornada evolutiva que vamos realizando. Nossos amigos do Alto, contudo, são de parecer que tudo se faça com tempo, paciência e medida. Façamos a nossa parte, não achas? Outros prosseguirão e sentir-nos-emos felizes se eles encontrarem menos aflições e menos sarcasmos [...].

Nota de 10-3-1949, inserta na mesma correspondência: "Meu caro Wantuil, em reunião íntima de ontem, manifestou-se Emmanuel e pediu que no *Voltei* o nome do nosso amigo Sr. Fred Fígner passe a ser o *Irmão Frederico*. Desse modo, não precisas devolver-me o original [...]."

Essa carta e as duas posteriores têm sequência de 61.2
assuntos.

Referência de Chico Xavier ao livro *Libertação*, de
André Luiz, já mencionado anteriormente.

Chico e Wantuil preocupam-se com certo trecho
do livro, onde o autor espiritual menciona o caso de
Espíritos que *perdem o veículo perispiritual*. A expressão *perder o perispírito é* objeto de análise de ambos.

Vejamos no capítulo VI do livro *Libertação* como
André Luiz coloca o assunto:

> De outras vezes, raras, aliás, tive notícias de amigos que
> perderam o veículo perispiritual, conquistando planos mais
> altos. A esses missionários, distinguidos por elevados títulos na Vida Superior, não me foi possível seguir de perto.
>
> Gúbio sorriu e considerou:
>
> — Sabes, assim, que o vaso perispirítico é também transformável e perecível, embora estruturado em tipo de matéria mais rarefeita.
>
> — Sim [...] —, acrescentei, reticencioso, em minha sede
> de saber.
>
> — Viste companheiros — prosseguiu o orientador — que se
> desfizeram dele, rumo a Esferas Sublimes, cuja grandeza por
> enquanto não nos é dado sondar, e observaste irmãos que se
> submeteram a operações redutivas e desintegradoras dos elementos perispiríticos para renascerem na carne terrestre. Os
> primeiros são servidores enobrecidos e gloriosos no dever bem
> cumprido, enquanto que os segundos são colegas nossos, que
> já merecem a reencarnação trabalhada por valores intercessores, mas, tanto quanto ocorre aos companheiros respeitáveis

desses dois tipos, os ignorantes e os maus, os transviados e os criminosos também perdem, um dia, a forma perispiritual. Pela densidade da mente, saturada de impulsos inferiores, não conseguem elevar-se e gravitam em derredor das paixões absorventes que por muitos anos elegeram em centro de interesses fundamentais (p. 85 e 86 da 11. ed. FEB).

61.3 Em nota de rodapé do mesmo capítulo, lê-se: "O perispírito, mais tarde, será objeto de mais amplos estudos nas escolas espiritistas cristãs" (Nota do autor espiritual).

Percebe-se, inicialmente, pelo teor da argumentação que Chico usa no texto da carta, que Wantuil de Freitas sugere a colocação dos verbos *sublimar* e *rarefazer* no lugar de *perder o perispírito* e ainda uma nota explicativa da Editora, com a qual Chico discorda expondo os motivos.

Analisemos de nossa parte o texto transcrito, tentando substituir o verbo *perder* pelos dois outros indicados e iremos constatar que ambos não cabem no contexto em que estariam inseridos.

Tal coisa não passou despercebida a Wantuil de Freitas, que termina por aquiescer com a utilização do verbo *perder*, tal como se depreende na carta seguinte. E é desse modo como afinal foi publicado, colocando-se também a nota de rodapé transcrita.

Allan Kardec e Léon Denis, referindo-se ao tema perispírito, dizem, respectivamente:

[...] o perispírito se dilata ou contrai, se transforma: presta-se, numa palavra, a todas as metamorfoses, de acordo com a vontade que sobre ele atua [...]. (*O livro dos médiuns*, segunda parte, cap. 1, it. 56).

É assim que os mais secretos movimentos da alma repercutem no invólucro fluídico (*Obras póstumas*, p. 115, 21. ed. FEB). **61.4**

O nosso invólucro fluídico sutil ou grosseiro, radiante ou obscuro, representa o nosso valor exato e a soma de nossas aquisições. Os nossos atos e pensamentos pertinazes, a tensão de nossa vontade em determinado sentido, todas as volições do nosso ser mental, repercutem no perispírito e, conforme a sua natureza, inferior ou elevada, generosa ou vil, assim dilatam, purificam ou tornam grosseira a sua substância. Daí resulta que, pela constante orientação de nossas ideias e aspirações, de nossos apetites e procedimentos em um sentido ou noutro, pouco a pouco fabricamos um envoltório sutil, recamado de belas e nobres imagens, acessível às mais delicadas sensações, ou um sombrio domicílio, uma lôbrega prisão, em que, depois da morte, a alma restringida em suas percepções, se encontra sepultada como num túmulo (Léon Denis, *No invisível*, 1ª parte, cap. 4. 26. ed. FEB).

Extremamente plástico, o perispírito obedece ao comando da mente, respondendo aos impulsos dominantes.

Por intermédio de André Luiz, e depois por outros autores espirituais, temos notícias mais pormenorizadas sobre o corpo fluídico do Espírito, as quais, ao tempo de Kardec e Denis não existiam ainda.

O ensino dos Espíritos é progressivo.

Determinados assuntos, apenas aflorados em *O livro dos espíritos*, foram desdobrados e aprofundados por Kardec em obras específicas e que surgiram gradativamente. Nota-se também que Kardec retorna muitas vezes a certos temas (como é o caso do perispírito) e, a cada passo, acrescenta um pouco mais em suas explanações. Por outro lado, é o Espírito Galileu que diz, a certa altura, em *A gênese*, que tem de silenciar sobre muitas coisas: " [...] e também porque tenho ainda de me calar no que concerne a certas questões, se bem já me haja sido dado aprofundá-las [...]." (cap. 6, it. 19).

61.5 Muitas revelações os Espíritos devem ter feito a Kardec, sobre as quais ele houve por bem silenciar por serem avançadas demais para a sua época.

Em relação a André Luiz, conforme temos visto, várias vezes este Espírito encontra dificuldades, não apenas para encontrar palavras que expressem a realidade da vida espiritual, como também para não adiantar determinadas explicações que por ora seriam inoportunas.

Quase dez anos depois de *Libertação*, André aprofunda-se no estudo do perispírito no seu livro *Evolução em dois mundos*, trazendo, inclusive, maiores detalhes acerca dos ovoides.

O autor espiritual nos diz que o Espírito pode perder o seu perispírito. Isso ocorre nas seguintes situações:

1) Espíritos Superiores
Kardec registra em *O livro dos espíritos*, questão 186:
> Haverá mundos em que o Espírito, deixando de revestir corpos materiais, só tenha por envoltório o perispírito?

> Há e mesmo esse envoltório se torna tão etéreo que para vós **61.6**
> é como se não existisse. Esse o estado dos Espíritos puros.

Por intermédio da psicografia do próprio Chico Xavier, encontramos a descrição que Irmão Jacob faz de Bittencourt Sampaio:

> Na câmara alva surgiu, de repente, uma estrela cujos raios tocavam o chão. Tão comovedoras vibrações se espalharam no recinto, que não suportei a companhia dos iluminados [...].
>
> Guillon e os outros me fitavam com lágrimas, e, contemplando a estrela que começava quase imperceptivelmente a tomar forma humana [...].
>
> [...] Entre o êxtase e o assombro, notei que a estrela se transformava lentamente. Da nebulosa radiante alguém se destacou, nítido e reconhecível para mim.
>
> Era o magnânimo Bittencourt Sampaio, cuja expressão resplandecente constituía o que imagino num ser angélico.
>
> (*Voltei*, cap. 15 e 16. 7ª ed. FEB).

Portanto, mesmo Espíritos ainda vinculados ao planeta, em razão de elevadas conquistas espirituais, apresentam-se como focos de luz ou uma estrela radiosa.

2) *Espíritos que se entregam ao monoideísmo auto-hipnotizante*
Nestes se incluem os Espíritos primitivos, os selvagens, que anseiam por voltar à taba onde viveram e ao

convívio dos seus. Estabelecida a ideia fixa, os órgãos do corpo espiritual se retraem ou se atrofiam. O desencarnado perde o seu corpo espiritual transubstanciando-se num ovoide.

61.7   3) *Espíritos em profundo desequilíbrio, os grandes criminosos e os pervertidos*
Os clichês mentais de seus crimes e erros, repetindo-se continuamente, tornam vicioso o fluxo do pensamento, resultando no monoideísmo auto-hipnotizante. Perdem, então, os órgãos do corpo espiritual e, conforme o caso anterior, transubstanciam-se em um ovoide.

Para se ter uma ideia mais aproximada acerca de transformações, basta lembrar que no processo reencarnatório existem as *operações redutivas e desintegradoras dos elementos perispiríticos.*

* * *

Na nota do dia 10-3-1949, Chico transmite um recado de Emmanuel. Mas o pseudônimo de Fred Fígner ainda será modificado, como veremos adiante.

— 62 —
LIBERTAÇÃO – REFERÊNCIA AO *VOLTEI*

13-3-1949

[...] Nossos amigos do Alto consideram interessante a pala-   **62.1**
vra *sendas*, mas os termos *evolutivas* ou *espirituais* são muito
longos para um título. Que dirias do título *sendas libertas*?
(Nota inserida no final da carta: "Wantuil, o nosso devotado Emmanuel é de opinião que o livro de André Luiz
tem por centro a missão libertadora de Gúbio, efetuada
pela força milagrosa do amor. Daí a necessidade de alguma
palavra no título que nos recorde *liberdade* ou *libertação*").

Fico ciente de que os originais seguiram para as mãos de
Ismael. Esperemos o que dirá. Considero muito acertado o
que comentas com relação ao outro. Agirás como julgares
acertado. É pena verificarmos certas particularidades tendentes a inovação brusca na mediunidade do nosso amigo,
porque as faculdades dele são sublimes. Parecome haver-
-lhe faltado Evangelho em começo, assim como a criança
bem-nascida, cheia de bondade e inteligência naturais, que
se torna caprichosa por ausência de punição benéfica, no
princípio da luta. As mensagens que ele recebe estão cheias
de luz consoladora, e, tendo lido também as últimas, a que
te reportas, nelas encontrei muito material iluminativo,
embora julgue que tens razão em esperar que o caso seja
convenientemente estudado, uma vez que o nosso meio,

no momento, a meu ver, assemelha-se a uma sementeira ciclópica e promissora, mas ainda tenra, exigindo muito cuidado no trato, com adubação controlada e desenvolvimento progressivo [...]. O caso da moça, no trabalho de André Luiz, refere-se ao paladar. Como julgarem, quanto à expressão a ser usada, assim ficará. De acordo com tuas observações últimas, concordo, com aquiescência dos nossos benfeitores, quanto ao verbo *perder* que, realmente, é o termo exato. Nosso perispírito ainda é matéria e estamos infinitamente longe da substância espiritual pura, sem a matéria qual a conhecemos em nosso veículo de manifestação.

62.2   Troca de ideias entre Chico e Wantuil quanto ao título do novo livro de André Luiz, título que, conforme mencionamos, fica sendo, afinal, *Libertação*.

Em carta anterior (de 28-1-1949) o médium o anuncia e menciona que há em suas páginas interessante material sobre a obsessão.

A atual carta dá-nos ciência de que para Emmanuel o título deveria expressar a *missão libertadora de Gúbio, efetuada pela força milagrosa do amor*.

Libertação apresenta um caso de obsessão, o de Margarida, e todo o complexo processo de desobsessão visto pelo lado espiritual.

Pela primeira vez inteiramo-nos dos detalhes de como se realizam os reajustamentos entre Espíritos, promovidos pelos instrutores espirituais que se dedicam a esses misteres.

A desobsessão não consiste apenas na doutrinação pura e simples do obsessor, trazido às reuniões mediúnicas próprias.

62.3 Os Espíritos envolvidos em vingança, os que têm propósitos maléficos, os que se organizam para perseguir, pelo desejo único de praticar o mal, os que sentem nisso um prazer e o executam com requintes de perversidade, os que o fazem por ignorância, enfim, todos os que imbuídos dessas intenções buscam influenciar os encarnados, transformando-se em algozes renitentes e empedernidos no erro, não serão convencidos ou demovidos de seus projetos apenas pelo brevíssimo tempo de uma doutrinação.

Na realidade, quando a entidade perseguidora é trazida a uma sessão de desobsessão pelos mentores, todo o longo, moroso e difícil empreendimento de resgatá-la já foi efetuado.

Com que zelos e prudência os benfeitores espirituais se entregam a essa tarefa tão delicada; com que bondade e dedicação se empenham para despertar no infelicitador de hoje os latentes sentimentos positivos que tão habilmente sufocam e ocultam; com que paciência e perseverança aguardam o melhor momento ou repetem as tentativas sem jamais esmorecerem; com que amor o fazem! Agora já o sabemos: todo um minucioso plano é elaborado pelos benfeitores da Espiritualidade, após cuidadosas pesquisas, abrangendo os elementos envoltos nas tramas urdidas. Investigam, detalham, sem desprezar as mínimas possibilidades, vão aos meandros do passado, mergulham nas teias dessas vidas entrelaçadas até que consigam desenredar toda a trama e encaminhar algozes e vítimas à reconstrução de seus destinos.

62.4 Essa a conquista pelo amor, este divino sentimento que transforma, redime e eleva o ser humano das sombras para a luz.

A desobsessão é, em todos os sentidos, um processo de *libertação*, tanto para o algoz quanto para a sua vítima, em qualquer plano se situem.

Em seguida, comentários de Chico a respeito de um confrade que começa a apresentar inovações em sua mediunidade, exigindo-se da parte de Wantuil mais cautela.

Acordo final para que o verbo *perder* permaneça em *Libertação*.

> Quanto ao *Voltei*, Emmanuel insiste em que o nome a adotar-se seja o de Irmão Frederico e nos recomenda que ainda nos serão apresentadas umas duas ou três corrigendas para o texto, para que a identificação verbal não seja feita. São as passagens em que ele fala das crônicas, no *Correio da Manhã*, e em que diz (se diz) introdutor do fonógrafo de Edison. Colherei a opinião de Emmanuel para as retificações e as enviarei. Diz o nosso amigo que não convêm as reticências, porque devemos tratar de fazer assentamentos definitivos de serviço para que, em nos desencarnando, não tenhamos aflição de vir consertar [...]. As reticências, toda vez que vistas, acordariam nos leitores um risinho produtor de vibrações desagradáveis para o Espírito Sr. Fígner, depois de haver possuído ele tantos nomes através de muitas reencarnações, ele é o que é — irmão da Humanidade e filho de Deus. As filhas, desse modo, não terão

com que proclamar afirmativas públicas desse ou daquele teor e estaremos tranquilos por nossa vez.

[...] Peço a ti, D. Zilfa e ao Zêus incluírem, de vez em quando, o nome da Maria Pena Xavier nas orações intercessoras. Trata-se de minha irmã, anteontem desencarnada em PL, depois de alguns meses de tratamento e luta. Felizmente, tudo correu bem, até o fim da tarefa. [...]

Prosseguem os acertos sobre o *Voltei*, na busca de uma forma conciliatória que agrade e seja benéfica a todos os envolvidos.   62.5

— 63 —
JACOB E MARTA

18-3-1949

63.1 [...] Muito grato por todas as ponderações.

São muito justas e devemos tudo fazer por não repetir a fogueira de 1944. Temo, com franqueza, outro incêndio daquelas proporções. Peço-te continuar observando todas as particularidades do trabalho que possam dar margem à identificação para que as suprimamos por outras de caráter generalizado.

Ouvi Emmanuel sobre o assunto de Irmão Jacob e Marta e o nosso benfeitor solicitou esperássemos até a noite de quarta-feira próxima, dia 23 do corrente, quando nos trará a sua opinião a respeito do caso. Quinta-feira, pela manhã, te telegrafarei. Na hipótese de nos permitirem o emprego desses nomes Jacob e Marta, o telegrama será redigido: "Sim." Espero que assim seja.

Quando, aproximadamente, teremos *Caminho, verdade e vida*? [...].

Novamente observamos o zelo de Chico Xavier para que o livro de Fred Fígner não ocasione problemas.

Ele teme que se repita o caso Humberto de Campos. Faz recomendações a Wantuil sobre os cuidados imprescindíveis.

Depois de alguns meses, finalmente, acertam os pseudônimos a serem adotados.   63.2

É a primeira referência aos nomes Jacob e Marta, que seriam definitivamente escolhidos.

Na parte final, Chico indaga sobre o livro *Caminho, verdade e vida*, ditado por Emmanuel no ano anterior. Constitui o primeiro da série de obras desse autor espiritual, acerca de comentários em torno de passagens evangélicas.

— 64 —
NOVAS REFERÊNCIAS SOBRE *VOLTEI*

24-3-1949

64.1   [...] Esperando que tenhas recebido meu telegrama, confirmo a aprovação de nosso benfeitor espiritual.

Em todas as páginas do *Voltei*, inclusive na capa, o nome do nosso companheiro Sr. Fígner deve ser *Irmão Jacob* e onde estiver *Raquel* deve ser *Marta*.

Para maior ocultação da identidade pessoal do autor, Emmanuel solicita as seguintes retificações: p. 2, 17ª linha, a frase que se refere ao *Correio da Manhã* deve ser mudada para — *leitores de minhas páginas doutrinárias*. Na página 99, 13ª linha, o trecho que se reporta ao nosso amigo indicando-o como introdutor do fonógrafo na América do Sul deve ser mudado para — *fonógrafo, cuja vulgarização tive o prazer de acompanhar*. Se mais alguma coisa surgir, nesse setor de reajustamentos no *Voltei*, dar-te-ei o aviso, e espero o obséquio de tuas notificações em qualquer outro caso do livro em que julgues a corrigenda oportuna. Aguardarei tuas informações.

Peço-te agradecer ao Zêus a formosa e confortadora carta que me escreveu. Foi uma grande alegria para mim. A carta dele sugeriu-me o pedido de uma nota a André Luiz para o novo livro. Logo que a tiver em mãos enviarei [...].

São combinados os detalhes do livro *Voltei*, com as substituições necessárias. 64.2

— 65 —
POLÊMICAS

10-5-1949

65.1   [...] Enviou-me (Zêus, pois Wantuil sofrera uma fratura de costela em acidente que longamente é comentado pelo médium), ainda, a *Aurora*, de 15 de abril último, em que aparece um artigo compacto, apaixonadamente combativo, contra o trabalho último do nosso prezado Ismael. A discussão, sem proveito, por mais de uma hora, é uma espécie de cachaça. Entontece e perturba. Deus permita que o Ismael não a beba. Diz Emmanuel que: "Polemizar é remexer uma tina d'água, serviço vão que cansa os braços inutilmente. E se temos de remexer a água, debalde, melhor será distribuí-la, tão limpa quanto possível, com os sedentos que vão marchando conosco, em piores condições que as nossas". Peço, assim, a Jesus que se o Ismael for gastar o fogo divino de sua brilhante inspiração com o *duelo das palavras*, o auxilie a gastar esse fogo sublime em artigos iluminados para as nossas necessidades comuns, na imprensa doutrinária [...].

Este texto fala por si.
Ismael Gomes Braga está sendo duramente criticado por causa de seus artigos.

Chico tem interessante observação sobre o hábito 65.2
de polêmicas, comparando-o a uma *espécie de cachaça*.
Faz votos para que Ismael Gomes Braga não use dessa
cachaça.

Ressalta do texto a frase de Emmanuel evidenciando a inutilidade das polêmicas.

— 66 —
O OUTRO ANDRÉ LUIZ

15-12-1949

66.1 [...] Sei que te encontras assoberbado por questões mil, cada hora. Isso esmaga a cabeça e fere o coração. Não te preocupes, pois, por mim [...]. Eu também vou indo por aqui, como alguém que estivesse carregando um vulcão no crânio [...].

O livro a que te referes, recebido em Juiz de Fora, não foi prefaciado por meu intermédio. Já vi um exemplar desse trabalho e tendo perguntado a André Luiz sobre o assunto, ele apenas me disse que conhece várias entidades com o mesmo nome usado por ele. Como vês, acredito que há elementos perturbadores no caso, uma vez que me atribuem, embora só verbalmente, participação direta no prefácio, quando não conheço nem mesmo a médium que recebeu o trabalho, nem o grupo em que foi recebido. A propósito do assunto, já me endereçaram várias *pauladas* da Bahia, porque alguns companheiros de lá, vendo o nome de André Luiz, julgaram que eu teria de ser compulsoriamente o médium das páginas referidas. E como não temos tempo de parar a fim de contar histórias e alinhavar palestras, somos obrigados a deixar o problema por conta do Cristo [...]. Lamento a situação física do nosso confrade Djalma de Farias, de Pernambuco. A ele, minha visita fraterna por intermédio de tua generosidade.

Gratíssimo pelas notícias dos livros em reedição. Comecei a revisão do *Parnaso* com a assistência dos nossos amigos espirituais para mandar-te em breve. **66.2**

[...] Considero o trabalho de Zêus sobre o perispírito de grande oportunidade. Vem ao encontro da expectativa de muitos companheiros nossos, que ainda não tiveram ensejo de maior penetração nessa esfera de estudos [...].

As lutas incessantes, as perseguições sem tréguas, os problemas e as aflições se repetem ou se renovam dia a dia. São os eternos companheiros dos trabalhadores do Bem.

O discípulo fiel ao Cristo é sempre visado por aqueles que se sentem perturbados com a sua atuação. Eles, contudo, passam como que imunes ao sofrimento, desfilando as suas vitórias terrenas aos olhos de todos. Por não se preocuparem, o fardo da vida ainda não lhes pesa. Dormem o sono dos enganos, do qual um dia também despertarão. Entretanto, os que tentam viver integralmente as lições do Evangelho terão sempre em seu íntimo a luta tenaz contra si mesmos, acrescida das investidas que vêm de fora para dentro.

As responsabilidades, e as preocupações de levá-las a bom termo, são sempre pesadas e sacrificiais.

Wantuil e Chico estão assoberbados de problemas e dificuldades.

O médium refere-se a um livro que teria sido recebido em Juiz de Fora e do qual não temos notícias. Todavia, é um pretexto a mais para que o persigam.

66.3 Interessante é o modo como as pessoas se precipitam em seus julgamentos, tirando conclusões errôneas e investindo contra Chico Xavier. Mas este trabalha e prossegue, não tendo tempo para ficar explicando tais absurdos.

Deixa que cada um aprenda a discernir por si mesmo.

Outras referências a confrades e à revisão do *Parnaso*.

— 67 —
INCENSO DO MUNDO

11-1-1950

[...] Tive notícias da desencarnação do nosso companheiro Félix, pelo irmão Victor Torquato [...], sabendo, porém, através dele, que o antigo servidor da Casa de Ismael desencarnou quase que de improviso. 67.1

Tens muita razão nas referências ao .... O caso dele é uma lição viva para nós. Emmanuel costuma dizer-me que *quando aceitamos o incenso do mundo, vamos perdendo o contato com a Vontade de Deus*. É um quadro triste observar o nosso amigo agitando-se em semelhante zona de incompreensão. É um problema estranho que não decifrarei nesta encarnação, porque é quase incrível reparar uma pessoa com tanta luz a comprazer-se nas sombras. Enfim...

De qualquer modo, meu caro, quanto mais acirrar-se o combate de um lado, mais o Espiritismo Cristão precisa do teu concurso desinteressado e nobre. Põe teu Espírito no Cristo e lembra-te de que o Senhor não coloca o serviço dos gigantes em ombros quebradiços [...]. Grato pelas notícias do Conselho [...]. Como vai a Liga Espírita do Brasil? Peço a Deus que a união esteja alicerçada na verdadeira pacificação [...]. Dr. J. Nogueira, autor de *Amor imortal*, já é desencarnado? Há poucos dias recebi a ligeira visita de uma entidade com esse nome e fiquei em dúvida [...].

67.2 Referindo-se a determinado companheiro, Chico repete frase de Emmanuel, ao dizer que *quando aceitamos o incenso do mundo, vamos perdendo o contato com a Vontade de Deus.*

O incenso do mundo tem distraído muitos trabalhadores em suas tarefas. E não poucas vezes os afasta definitivamente de compromissos e responsabilidades.

À medida que o homem se embrenha no cipoal das convenções e honrarias terrestres, deixando-se absorver por elas, mais irá se afastando das atividades que o aproximariam de Deus.

É claro que o homem pode servir aos interesses divinos em quaisquer circunstâncias. Benfeitores da Humanidade existem por toda parte e expressam-se por meio de obras as mais diversas nos inúmeros segmentos da vida humana.

Ninguém precisa ser rotulado para as realizações úteis.

Participar do desenvolvimento e do progresso nas áreas onde vivemos; atuar conscientemente no campo profissional; buscar o próprio crescimento como pessoa e aceitar e desejar que os outros o façam também, enfim, sentir-se solidário com todos os demais seres humanos, que igualmente lutam e se esforçam para vencer o desafio da vida, são ações pessoais básicas, ideais, em primeira instância.

Emmanuel, porém, refere-se àqueles que assumiram determinado tipo de compromisso. E, mais especialmente, em nossas fileiras. 67.3

A Vontade de Deus, na frase, representa, portanto, o compromisso assumido.

Distrair-se com as superficialidades do mundo é prejudicial para os que têm tarefas específicas. Para estes, os ensejos surgem, propiciando-lhes testemunhos nos setores em que atuam.

O incenso do mundo, inebriante como sempre, afasta o trabalhador e o desvia de seus deveres.

Chico explica que esse amigo está em situação difícil. Sendo portador de excelentes qualidades, e tendo luz do conhecimento, deixou-se envolver pela fatuidade que, no caso, é sombra no campo de suas responsabilidades.

Chico lembra, em seguida, a Wantuil, que apesar da todas as lutas ele deve prosseguir no labor para o qual está suficientemente preparado.

— 68 —
NOVOS MÉDIUNS

23-2-1950

68.1 [...] Jesus te multiplique as forças no leme. O progresso é também um criador de problemas e, com a prosperidade de tua administração, as lutas seguirão em aumento [...].

O que me dizes dos livros recebidos por este teu criado é muito confortador para mim, mas acredito que em breve tempo teremos grandes médiuns recebendo muito material de novas elucidações e tesouros de conhecimentos mais avançados. Meu singelo esforço mediúnico terá naturalmente desaparecido e os nossos amigos espirituais terão encontrado recursos mais altos para a manifestação de suas bênçãos divinas às nossas necessidades. E quem nos diz que em 2040 não serás tu mesmo o presidente e condutor da Casa de Ismael novamente? Uma obra da grandeza e da importância dessa que empreendeste é patrimônio sublime no tempo e, como sabes, um século na Eternidade é qualquer coisa semelhante ao átomo. Trabalhemos e confiemos no Alto [...].

O médium alude aos problemas que resultam do progresso e da prosperidade da administração de Wantuil.

É deveras interessante o modo como Chico vê a 68.2 chegada de novos médiuns.

Em várias ocasiões ele manifesta o desejo de que surjam outros medianeiros, possibilitando assim a transmissão de outros novos ensinamentos do Alto em favor dos encarnados.

Evidencia, desse modo, que realmente não guarda em seu coração quaisquer laivos de melindre, ciúme ou vaidade; que não receia a *concorrência* de outros médiuns; que não quer para si o posto de médium principal; que não se julga imprescindível, enfim, que não cultiva susceptibilidades.

Que lição valiosa!

Os médiuns, via de regra, são tachados de susceptíveis, temperamentais, pessoas de difícil convivência, ciumentos e outros qualificativos, como se estes tais fossem um acervo próprio da faculdade mediúnica. Mas Chico Xavier demonstra que já se despojou dessa bagagem inútil, peculiar, sim, ao ser humano em geral. Ele nos está dizendo, por meio do seu exemplo, que ser médium é, sobretudo, viver o Evangelho, seguir os ensinamentos de Jesus, amando o próximo, perdoando e respeitando o semelhante, ajudando-o, inclusive, a crescer.

Nesta carta, de modo especial, ele manifesta a sua expectativa quanto ao surgimento de *grandes médiuns* e que a sua obra mediúnica se esfumaria ante a deles.

O modo como faz esse prognóstico é tão singelo que chega a ser comovente.

68.3 Em seguida, mudando o rumo do assunto, ele fala na possibilidade de Wantuil retornar à presidência da Casa de Ismael no ano 2040, já que "uma obra da grandeza e da importância dessa é patrimônio sublime do tempo".

— 69 —
SÓ OS INÚTEIS NÃO POSSUEM ADVERSÁRIOS

22-4-1950

[...] Ismael deu-me notícias da assembleia última e estou muito satisfeito com os resultados. Jesus nos ajudará para que tenhamos o teu espírito de iniciativa e resolução, à frente da obra do Evangelho no Brasil por muitos e muitos anos.

O clima de luta em que vens atravessando a tarefa administrativa prova a tua ficha de serviço à causa e à casa. Os nossos benfeitores espirituais costumam afirmar que só os inúteis não possuem adversários e que a paz procurada pela maioria das criaturas é simplesmente a paz fantasiosa do cemitério.

Deixemos o caso [...] entregue às forças que o inspiraram. Sempre roguei aos nossos confrades da organização evitarem o empreendimento a que se atiraram. Assim, meu caro Wantuil, continuemos trabalhando com a tranquilidade possível. O tempo é o maior selecionador do Cristo.

[...] Quero comunicar [...] conforme permissão [...] Emmanuel, cedi à nossa confreira, D. Esmeralda Bittencourt, digna companheira de ideal e grande amiga do nosso Ismael Gomes Braga, a permissão para reunir num opúsculo as pequenas mensagens, constantes de

69.1

vários cartões impressos que ela tem recebido pessoalmente, quando de nossa concentração aqui, e já muitíssimo divulgadas [...], será vendido a benefício de um abrigo de órfãos na Tijuca.

69.2 A questão dos adversários é abordada por Allan Kardec em várias oportunidades. Em *Viagem espírita em 1862*, ele assevera:

> No estado atual das coisas aqui na Terra, qual é o homem que não tem inimigos? Para não tê-los fora preciso não habitar aqui, pois esta é uma consequência da inferioridade relativa de nosso globo e de sua destinação como mundo de expiação. Bastaria, para não nos enquadrarmos na situação, praticar o bem? Não! O Cristo aí está para prová-lo. Se, pois, o Cristo, a bondade por excelência, serviu de alvo a tudo quanto a maldade pôde imaginar, como nos espantarmos com o fato de o mesmo suceder àqueles que valem cem vezes menos?
>
> O homem que pratica o bem — isto dito em tese geral — deve, pois, preparar-se para se ferir na ingratidão, para ter contra ele aqueles que, não o praticando, são ciumentos da estima concedida aos que o praticam. Os primeiros, não se sentindo dotados de força para se elevarem, procuram rebaixar os outros ao seu nível, obstinam-se em anular, pela maledicência ou a calúnia, aqueles que os ofuscam.

A paz do cemitério é a versão comum daqueles que julgam ser a morte o derradeiro e eterno sono. Chico usa essa imagem para expressar a ilusão e o engano dos que vivem num *dolce far niente* (agradável ociosidade), na esperança de assim conseguir uma paz que só a luta e o trabalho edificante consolidam.

O livro organizado por D. Esmeralda Bittencourt, mencionado no final da carta, foi lançado naquele mesmo ano e intitula-se *Nosso livro*. 69.3

— 70 —
INCENTIVOS A WANTUIL

2-8-1950

70.1 [...] Meus parabéns pela atitude que assumiste no caso dos estatutos. Guardo a maior fé na reeleição dos caros amigos para que prossigamos no reajustamento de tudo e confio, profundamente, em tua capacidade de renunciação e resistência, na posição direcional que exerces, a benefício da FEB e de nós todos. A tua serenidade e o teu bom senso são admiráveis. Jesus te auxilie a conservá-los. Aguardo, com muito interesse, a tua reeleição e espero, com justificada ansiedade, as tuas notícias, nesse particular. Tens contigo não só a palavra encorajadora e estimulante dos nossos benfeitores espirituais, mas também a contemplação do teu próprio trabalho, cheio de frutos abençoados para o Espiritismo no Brasil. Que a calúnia siga o escuro caminho que lhe compete e, quanto a nós, com o amparo de Jesus, havemos de seguir pelo roteiro da boa vontade e do serviço incessante [...].

Estive com o Hernani nos últimos dias.

Entusiasmado e bem disposto, como sempre, espero continue ele ao teu lado na preparação do grande futuro.

[...] E sabes que o despeito não pode perdoar-te tantas edificações. Alegra-te, contudo, porque a compensação do

Cristo não foi outra. Que Ele te engrandeça o esforço, com renovadas bênçãos de energia, na vanguarda da luta em que te mostras, fortalecendo-nos a todos [...].

70.2 Aproximando-se as eleições na Federação, Chico faz votos de que Wantuil seja reeleito.

Inúmeras vezes vamos encontrar o médium incentivando o então presidente da FEB, dando-lhe apoio e confirmando as grandes responsabilidades de que ele se acha investido, razão pela qual diz ser necessária a continuidade das suas atividades à frente da Casa de Ismael.

As lutas de Wantuil de Freitas foram constantes. A calúnia e o despeito, aqui mencionados por Chico Xavier, são algumas dessas dificuldades a serem transpostas. E relembra ao amigo não ter sido outra a compensação do Cristo.

— 71 —
A CASA DE ISMAEL

21-8-1950

71.1 [...] A leitura da Resolução da Diretoria da FEB me comoveu muito. Excelente a orientação escolhida. A atitude evangélica assumida coloca os acusadores no lugar que lhes é devido. Deus te abençoe e ajude cada vez mais. No momento em que lia a Resolução, ontem, aproximou-se de mim o nosso prezado *Irmão X* e escreveu a mensagem, que me disse dedicar ao teu coração amigo e à FEB, mensagem essa que te envio junto às presentes notícias. As palavras dele me tocaram o coração, porque é assim que também vejo a Casa de Ismael, sobrepairando acima de tudo.

Li em *Mundo Espírita* o extrato de teu relatório. Meus parabéns pela tua obra sublime da difusão do livro espírita-cristão. O teu triunfo é expressivo e soberano [...].

Novos problemas — solucionados, conforme afirma Chico Xavier, de modo excelente, segundo a diretriz evangélica.

Em decorrência desse episódio, do qual não temos maiores detalhes, ele psicografa uma mensagem do *Irmão X* dedicada a Wantuil e à FEB. Essa mensagem intitula-se *O Santuário de Ismael* e foi publicada em *Reformador* de outubro de 1950, e republicada em junho de 1972.

Transcrevemos em seguida um pequeno trecho de 71.2 belíssima página do *Irmão X,* quando, referindo-se à Casa de Ismael, diz:

> [...] Pela obra que realiza não pede louvores.
>
> Pelos benefícios que espalha não lança o imposto do reconhecimento.
>
> Confere o bem pelo mal, e pela abençoada luz que acende, por meio do livro cristão, no lar brasileiro de oito milhões e meio de quilômetros quadrados, não reclama senão a possibilidade de continuar agindo e crescendo para servir a todos.
>
> Ainda assim, na legítima sementeira da fraternidade e da elevação, conduzindo o estandarte da Era Nova pelas mãos abnegadas e valorosas dos obreiros fiéis que o servem, o santuário divino não se furta à guerra fria das trevas, recebendo, sem revolta, os golpes da maledicência e da suspeição, retribuindo-os com o entendimento e com a bondade daqueles que nunca se cansam de ajudar e progredir.
>
> Grande templo de Ismael! Perdoa os peregrinos, em desespero, que te atravessam os pórticos sagrados sem alijar o barro das sandálias, auxilia a todos que ainda te não podem compreender e, de antenas erguidas para a Espiritualidade Superior, prossegue para diante, estendendo a Boa-Nova a todos os quadrantes do mundo, sob o céu doce e claro do Brasil, em que resplandece, vitoriosa e sublime, a estrela da mensagem da Cruz!...

— 72 —
O CÃO LORDE

25-1-1951

72.1 [...] Fiquei muito contente em me enviares todos os detalhes da visita efetuada ao nosso amigo do .... Mais uma vez demonstraste o teu carinho fraterno e a tua boa vontade. Muito me confrange a situação em que vive o nosso velho companheiro, mas o que havemos de fazer? Deus nos proteja e fortaleça a todos. É o que não me canso de solicitar em minhas orações.

Segundo a tua nota, não enviarei o *Pontos e contos* ao X, porque, adiantado como se encontra para o lançamento, será melhor que ele veja o livro depois de pronto. Podes ficar, deste modo, tranquilo [...].

Em 1939, o meu irmão José deixou-me um desses amigos fiéis (um cão). Chamava-se Lorde e fez-se o meu companheiro, inclusive de preces, porque, à noite, postava-se junto a mim, em silêncio, ouvindo música. Em 1945, depois de longa enfermidade, veio a falecer. Mas, no último instante, vi o Espírito de meu irmão aproximar-se e arrebatá-lo ao corpo inerte e, durante alguns meses, quando o José, em Espírito, vinha ter comigo era sempre acompanhado por ele, que se me apresentava à visão espiritual com insignificante diferença. Atrevo-me a contar-te as minhas experiências, porque também passaste agora por essa dor de perder um cão leal e amigo. Geralmente, quando falamos na sobrevivência dos animais, muita gente sorri e nos endereça atitudes de piedade. Mas a vida é uma luz que se alarga para todos [...].

Alusão a uma visita feita por Wantuil a um amigo de ambos. 72.2

O livro *Pontos e contos*, do *Irmão X*, está prestes a ser lançado, o que acontece nesse mesmo ano.

O cão *Lorde*, cujo caso é citado no final do texto, traz-nos à lembrança o padre Germano e seu fiel amigo *Sultão*. No seu livro de memórias ele exalça a lealdade de *Sultão*, que durante anos o acompanhou em todas as suas atividades, fazendo-se, inclusive, grande amigo das crianças de sua aldeia. É admirável o modo como ele se refere ao cão:

> Ah! Sultão! Sultão! que maravilhosa inteligência possuías. Quanta dedicação te merecia a minha pessoa! Perdi-te, e perdi em ti o meu melhor amigo!
>
> Outrora, quando me recolhia ao meu tugúrio; quando, prosternado ante o oratório, rezava com lágrimas; quando lamentava as perseguições que sofria, era ele quem me escutava imóvel, sem nunca se aborrecer da minha companhia. Seu olhar buscava sempre o meu e, quando às portas da morte, vi-o reclinar a cabeça em meus joelhos, buscar o calor do meu corpo, foi quando no seu olhar se extinguiu a chama misteriosa que arde em todos os seres da Criação. Agora, sei que estou só [...]. (SOLER, Amália Domingo. *Memórias do padre Germano*, 10. ed. FEB).

72.3   Chico, em 1932 psicografou mensagem do padre Germano, publicada no *Reformador* e que está inserida no livro de Clóvis Tavares *Trinta anos com Chico Xavier*. Interessante mencionar que tanto para a vidência de Chico Xavier quanto para a do médium Divaldo Pereira Franco, o padre Germano se apresenta acompanhado pelo *Sultão*.

Allan Kardec, em *O livro dos espíritos*, aborda o tema da alma dos animais, especialmente nas questões 597 a 602.

Muitas notícias têm sido transmitidas pelos Espíritos, através dos anos, quanto à presença dos animais no Plano Espiritual. Inúmeras também são as afirmativas de médiuns que tiveram o ensejo de vê-los, seja pela vidência ou em desdobramento.

Modernamente, André Luiz trouxe informes mais detalhados sobre os animais na Espiritualidade.

Finalizando os comentários a respeito do *Lorde*, Chico diz uma frase que nos deixa pensativos: "A vida é uma luz que se alarga para todos".

— 73 —
ATAQUES – SILENCIAR – A LIÇÃO DE KARDEC

14-2-1951

[...] Que o Alto ilumine o nosso irmão... Fazes bem nada respondendo. O ataque fala sempre pela procedência. O trabalhador fiel ao bem não dispõe nem de intenção, nem de tempo para assaltar o nome e serviço dos outros. Eu também, com a graça de Jesus, continuo recebendo bordoadas aqui e ali, mas agora, mal acabo de *apanhar*, faço uma prece de agradecimento e vou seguindo para adiante. A Justiça Verdadeira vem das mãos de Deus. Enquanto nos acusam e condenam, prossigamos trabalhando. Um dia...

73.1

Muito agradeço ao Zêus o recorte do *Jornal do Comércio*. Tenho profunda veneração por Inácio de Antioquia.

A carta do nosso secretário na Embaixada Brasileira, em Madri, que te restituo, em anexo, é uma documentação impressionante. Parece-nos que a Europa recuou no tempo.

Os prognósticos são dolorosos, porque com tanta ignorância cristalizada, de mistura com os ódios raciais, só podemos esperar um fim de século sanguinolento e tenebroso.

As observações do nosso companheiro são muito sensatas. Que o Céu se compadeça de nós.

73.2 Vamos ver se o *Hace...* conseguirá vencer na tradução espanhola. Aguardemos a passagem do tempo [...].

Mais um ataque e mais uma resposta sábia de Chico Xavier, que enuncia uma grande verdade: "O ataque fala pela procedência".
As atitudes evidenciam o caráter de quem as pratica. Uma agressão espelha a personalidade do agressor. Um revide nivela vítima e agressor.

E Chico arremata: "O trabalhador fiel ao bem não dispõe nem de intenção, nem de tempo para assaltar o nome e o serviço dos outros".

Basicamente, o trabalhador fiel ao bem não cultiva mais a vontade ou a intenção de prejudicar quem quer que seja. E muito menos atacar alguém e o seu trabalho. Além disso, o tempo torna-se-lhe por demais precioso e, entregue aos seus afazeres, não terá ensejo (nem os criará) para se ocupar do próximo. A não ser para ser útil.

A atitude de Chico Xavier, a do silêncio perante os ataques que recebe, condiz, perfeitamente, com a própria conduta de Allan Kardec. É este quem narra:

> Diremos, de início, que encontramos uma unânime aprovação relativamente ao nosso silêncio em face dos ataques que, pessoalmente, temos sofrido. É relevante que todos

os dias recebamos cartas de felicitações a este respeito. Nos muitos discursos pronunciados, de modo geral, aplaudiu-se significativamente nossa moderação [...].

Quando as coisas caminham por si sós, por que, então disputar e combater em lutas infrutíferas? Quando um exército verifica que as balas do inimigo não o atingem, ele o deixa atirar a seu *bel-prazer* e desperdiçar suas munições, certo de obter uma vantagem depois. Em semelhantes circunstâncias, o silêncio é, muitas vezes, um recurso astucioso. O adversário, ao qual não se responde, acredita não haver ferido bastante profundamente ou não ter encontrado o ponto vulnerável. Então, confiando no êxito que supõe fácil, ele descobre e cai por si mesmo [...]. Se a moderação não estivesse em nossos princípios — pois que constitui uma consequência mesma da Doutrina Espírita, que prescreve o esquecimento e o perdão às ofensas —, seríamos encorajados a empregá-la pela simples verificação do efeito produzido por esses ataques, constatando que a opinião pública melhor nos vinga do que jamais nossas palavras tê-lo-iam podido fazer [...] (*Viagem espírita em 1862.* Casa Editora O Clarim, 1. ed., p. 34).

73.3

Em seguida, Chico comenta com Wantuil ocorrências da época e prevê um fim de século bastante difícil.

No final, Chico refere-se ao *Hace dos mil años*, tradução do livro *Há dois mil anos...*, do Espírito Emmanuel, lançado em 1950 pela Editorial Victor Hugo, de Buenos Aires (Argentina).

— 74 —
UNIFICAÇÃO – DIA DA MORTE

15-3-1951

74.1 Estou muito contente com a partida dos teus rapazes para a Europa. Será um grande serviço à nossa causa a visita a Bordéus e Paris. Observador quanto é, Zêus pode trazer muito material informativo edificante para nós no Brasil, mormente no que se refere à obra de Roustaing. Também lastimo que o tempo dos dois estimados viajantes seja tão curto lá.

[...] O Dr. Lins de Vasconcellos esteve aqui e encontramo-nos por duas noites consecutivas. Falou-me do teu trabalho com muito carinho e mostrou-se excelente amigo da unificação, cujo movimento lhe interessa, sobremaneira, a missão do momento [...]. Como vai passando o nosso confrade Sr. João d'Oliveira (e Silva, mais conhecido por *Joãozinho*)? Melhor? Não tenho o prazer de conhecer o irmão Sr. Carlos da Costa Guimarães, a quem te referes. Espero que continues resolvendo os teus problemas de administração com muito êxito e harmonia, como sempre.

[...] Agradeço as notícias da desencarnação do nosso companheiro J. B. Chagas, que eu ignorava. Partiu quando?

[...] O estado do professor Leopoldo, ao que suponho, realmente inspira cuidados. Embora a resistência moral com que ele enfrentou a separação da companheira, a partida dela foi um golpe terrível sobre o nosso amigo. Tenho muita inveja de todos os nossos irmãos que *viajam* e pergunto, em silêncio, quando terei a *passagem carimbada* para *tomar o trem*. Aguardarei a minha vez [...].

74.2 Entre os vários nomes mencionados, Chico refere-se ao Dr. Lins de Vasconcellos e enfatiza que este se mostrou *excelente amigo da unificação*. De fato, o Dr. Arthur Lins de Vasconcellos teve uma atuação marcante, ao lado de outros valorosos companheiros, na célebre Caravana da Fraternidade, que visitou em 1950 instituições espíritas de todo o Norte e Nordeste do País, visando à unificação dos espíritas. Esse movimento culminara, em 1949, com o Pacto Áureo — Unificação dos Espíritas Brasileiros.

No final, Chico refere-se ao professor Leopoldo Machado (que também participou do movimento de unificação), que havia perdido a esposa havia pouco tempo.

Referindo-se à morte, Chico usa os termos *viajar* e *tomar o trem*. Diz estar com inveja de quem viaja e que deseja ter a sua *passagem carimbada*.

Um desabafo de quem está lutando muito.

Mas, em 1983, agosto, Chico dá uma entrevista ao repórter da Rede Manchete, do Rio de Janeiro, levada ao vídeo no dia 27 do mês citado, e diz o seguinte:

> Eu não sei o dia da minha desencarnação. Embora não tema esse assunto, mas como, felizmente, a minha vida, a nossa vida, é repleta de muito trabalho, os Espíritos me poupam esta preocupação com o dia da morte, porque

74.3 se Jesus permitir, eu desejo trabalhar até o dia da partida. Então, eles me ocultam por uma questão de harmonia em trabalho. Vamos fazer força para demorar no corpo, porque quanto mais tempo desfrutarmos para trabalharmos juntos, uns com os outros, neste mundo, melhor para nós, porque partiremos com mais experiência (Do livro *Entender conversando*, 1. ed. IDE).

— 75 —
JOSÉ BONIFÁCIO E RUI BARBOSA

19-7-1951

[...] Não estive com o nosso confrade [...], senão no decurso de uma sessão pública no *Luiz Gonzaga*. A luta, em diversos setores, não me permitiu reencontrá-lo. A reunião contava com muita gente, de várias procedências, e ele foi um dos oradores. Notei-o com pregação cheia de azedume e revolta contra tudo. Que Jesus o ampare. Pareceume descontente comigo por não lhe poder oferecer mais tempo para conversação mais demorada.

75.1

Fiquei satisfeito por haveres identificado a personalidade de José Bonifácio em Rui Barbosa. Já me achava de posse dessa informação. Quando José Bonifácio partiu, levou grande amor e reconhecimento à Bahia e reencarnou-se lá, quase que de imediato, para prosseguir no trabalho de libertação do País. Antes era a Independência e, em seguida, a Abolição do cativeiro e a República. Como vemos, as tarefas continuam...

O Ismael me disse que planejas remeter-me o *Falando...* para que eu visse os pequenos reajustes feitos, mas peço-te não mandar. Dar-me-ei por satisfeito com o que fizeres, pois o assunto é de amor à causa e esse amor está sempre mais vivo em teu coração [...].

Recebeste o *processo*? Aguardarei tuas notícias com referência à chegada de Pietro Ubaldi ao nosso país [...].

75.2 Chico se vê às voltas com um confrade que se aborrece por não conseguir dele maior tempo para uma conversação.

Wantuil de Freitas identifica a personalidade de José Bonifácio em Rui Barbosa. E Chico esclarece a respeito.

Essa identificação feita por Wantuil se tornou possível graças à mensagem de Rui Barbosa, *Oração ao Brasil*, psicografada por Chico Xavier e que consta no livro *Falando à Terra*. No belíssimo texto em que se pode identificar o estilo característico de Rui Barbosa, este faz referências à sua encarnação anterior:

> Ouvi o cântico das três raças, que o trabalho, a simplicidade e o sofrimento consagraram para sempre em teu nascedouro, e recebi a honra de compartir o esforço de quantos te prelibaram a independência.
>
> Por ti, em minha frágil estrutura de homem, amarguei os tormentos do operário e as angústias do orientador. E, enquanto te acompanhava os vagidos no berço da emancipação que conquistaste sem sangue, por ti fui aquinhoado com a graça do desfavor e do exílio, para voltar, depois, à cabeceira do infante que te guiaria os destinos, durante meio século de probidade e sacrifício (*). (A nota de rodapé esclarece: (*) Referência a D. Pedro II).

O autor espiritual refere-se então à sua morte e ao retorno quase imediato: "Eu, que desfrutara o privilégio de sentar-me nas assembleias que te planejavam o grito libertador, assomei à tribuna de quantos te defendiam os ideais republicanos, filiando-te na legião dos povos cultos e determinadores".

Se analisarmos a vida de José Bonifácio de Andrade e Silva e em seguida a de Rui Barbosa veremos a trajetória de um mesmo Espírito, com todas as suas aquisições morais e culturais. Como Rui Barbosa, ele (o Espírito) dá sequência a uma mesma e fundamental missão: a de trabalhar e contribuir para o engrandecimento do Brasil. Com uma outra personalidade ele se projeta na História da Pátria pela prestação de relevantes serviços nos quais pontifica pela probidade, pela cultura e pela dignidade. 75.3

Com esse tópico de sua carta, Chico abre-nos uma janela para a História. E isso é tão bonito — a possibilidade que só o conhecimento da reencarnação nos faculta — que chega a ser emocionante!

* * *

Chico refere-se em seguida ao livro que estamos mencionando, o *Falando à Terra*. Diz confiar nos reajustes feitos por Wantuil. E arremata: "O assunto é de amor à causa e esse amor está sempre vivo em teu coração".

— 76 —
O CASAMENTO DE CHICO XAVIER

28-7-1951

76.1 [...] As notícias do ... e do ... me surpreenderam bastante. É pena. Moços habilitados a produzir na sementeira dos nossos ideais, é lamentável não possam entender a necessidade de ajustamento espiritual ao serviço que nos cabe desenvolver. Que o Senhor nos inspire. O tempo se incumbirá de tudo solucionar a benefício da verdade, da luz e do bem.

Não te desanimes diante da luta. O quadro deste mundo é justamente o que vemos — o mal não encontra dificuldades para expressar-se, mas o bem vive rodeado de obstáculos. De minha parte, quando paro para pensar alguns minutos nas asperezas da tarefa mediúnica, um frio terrível me penetra o coração... Seja feita a Vontade do Senhor.

Grato pelas notícias do nosso hóspede P. Ubaldi. Ainda não sei quando virá a Minas, mas sei que colocaram o meu nome na comissão de recepção, em Belo Horizonte. Esperemos o que há de vir.

O afastamento de dois jovens confrades é lamentado.

Diante dos óbices e lutas constantes que enfrentam, Chico alerta o amigo para não desanimar. Enuncia então uma grande verdade: "O mal não encontra dificuldades para expressar-se, mas o bem vive rodeado de obstáculos".

76.2

Sempre foi assim na trajetória humana. O mal, se resultado da nossa imperfeição, eclode em toda parte, brota de todos os lados e convive conosco dia a dia.

Vencer o mal por meio do bem e tornar-se bom, eis o grande desafio para o ser humano. É, segundo Geley, o importante passo do inconsciente para o consciente.

Chico deixa entrever na frase seguinte o que tem sido a sua vida: "Quando paro para pensar nas asperezas da tarefa mediúnica, um frio terrível me penetra o coração". E logo em seguida revela a sua posição: "Seja feita a Vontade do Senhor".

> A história de que me falas, na qual pretendem que o Chico Xavier vai casar-se, foi uma notícia levada pelo nosso confrade ... para o Rio. Aqui esteve na semana passada a D. Marina Quintão, filha do nosso amigo Manuel Quintão, que me trouxe novidade. Suponho tratar-se de alguma anedota criada pela comunidade espírita de ... no setor em que o nosso irmão ... foi recebido. Há quem lá hostilize a minha amizade natural à ..., pela qual nutro muita simpatia e carinho, constituída por gente trabalhadora, simples e honesta. Corações amigos ali me acolhem com muita fraternidade e bondade e não sou eu quem os protege, mas sim eles que me auxiliam na luta de sempre, nos serviços de leitura, revisão e datilografia.

76.3   Acredito que o nosso confrade ..., com quem não tive oportunidade de palestrar, senão por alguns minutos, terá solenizado algum chiste do caminho, mas, nesta encarnação, pode ficar o nosso ... sossegado, que realmente não me casarei. Aguardo o próximo renascimento.

A propósito do assunto, tenho outra anedota melhor. A viúva de meu irmão José, D. Gení Pena Xavier, desde 1942, vive ora em casa conosco, ora no hospício em Belo Horizonte. Em janeiro, fevereiro, março e abril deste ano, fui constrangido a efetuar várias visitas ligadas ao caso de nossa doente, para solucionar problemas, uma vez que ela se encontra num período mais calmo ao nosso lado. E realizei as visitas a médicos e autoridades, aos domingos, em companhia de minha irmã D. Zina Xavier Pena, que reside na Capital mineira. De olhos mais doentes e mais cansados, como me encontro, dava o braço à minha irmã, para andar com mais desembaraço nas ruas de muito movimento. Fizemos o que era preciso. Ali buscávamos um apoio, ali uma informação, acolá um atestado. No fim de certo tempo, a nossa família espírita de Belo Horizonte movimentou-se. Boatos foram espalhados, à socapa. Opiniões alarmantes foram projetadas em toda parte. Dizia-se que eu estava sendo visto em companhia de certa mulher. Um médium conhecido chegou a receber longa mensagem de reprovação e advertência que me foi finalmente endereçada. Uma comissão de três amigos veio a Pedro Leopoldo aconselhar-me. Só então é que eu pude esclarecer que a mulher é minha irmã, filha, como eu, das primeiras núpcias de meu pai, casada, com esposo ainda encarnado e mãe de cinco filhos já maiores.

O desfecho deu muito bom humor para todos, mas naturalmente bastante tristeza para mim, diante das dificuldades e incompreensões que cercam a vida de um médium. Mas a vida é esta mesma e devemos seguir adiante [...].

* * *

As especulações em torno de Chico Xavier são 76.4
constantes. Boatos como este, de seu possível casamento, aconteceram mais de uma vez.

Na simplicidade e bondade de seu coração, Chico sofre por ser alvo de tantos e constantes comentários.

— 77 —
CERTAS CRUZES – MARTELADAS

1-1-1952

77.1 Continuo pedindo ao Alto por tua saúde e refazimento completo. Estou convencido de que todos nós e, acima de tudo, a nossa causa, precisamos de ti no posto em que te encontras. Sei que o teu ministério é sacrificial, entretanto, meu caro, a missão do alicerce é a de suportar o peso de um edifício inteiro. Imaginemos o que seria de nós, se os nossos amigos espirituais solicitassem dispensa dos encargos a que os constrangemos. Chegado à altura moral e à responsabilidade que atingiste, penso que o teu afastamento voluntário da FEB seria abandonar à tempestade o teu serviço mais sublime na atual encarnação. Acredito, pois, com todo o cabedal de estima que te consagro, que só deverás ou poderás deixar a Direção da Casa de Ismael por circunstâncias estranhas à tua vontade, nunca por teu desejo, uma vez que, segundo a opinião de nossos benfeitores invisíveis, há certas cruzes sob as quais deveremos morrer. Atravessamos uma época sombria, e num barco de compromissos graves como esse em que navegamos mais valerá sermos substituídos por ordem superior, a fim de que não nos seja imputada a culpa pela perturbação ou pelo soçobro de muitos. Confio em ti e peço ao Senhor te fortaleça.

77.2 Quanto às marteladas, nem de leve pensemos em diminuição delas. Enquanto estivermos por aqui e, principalmente, enquanto estivermos trabalhando, pelo mundo seremos aguilhoados e perseguidos sem pausa de descanso.

Que o Senhor não nos negue, por misericórdia, a oportunidade de algo sofrer e algo fazer, a benefício de nós mesmos, no resgate do pretérito escuro e triste.

O primeiro tópico dessa carta dá notícias da continuidade das lutas para Wantuil de Freitas. E são de tal gravidade que este admite em suas cogitações a possibilidade de se afastar voluntariamente da Presidência da FEB.

Chico Xavier usa de novos argumentos para animá-lo, lembrando-lhe, inclusive, dos compromissos assumidos.

Wantuil de Freitas ocupou a Presidência da FEB por largo período (cerca de 27 anos). Na missiva que Chico escreve em 52, Wantuil já havia completado oito anos no cargo. E, como temos acompanhado por meio dessa correspondência, foi um período de lutas constantes e sucessivas.

Para quem observasse de longe, talvez nem de leve imaginasse o teor e a intensidade das tribulações enfrentadas por Wantuil de Freitas. O que sobressai, quase sempre, é o cargo e o que ele possa expressar. Como também não passaria pela mente de ninguém que Wantuil, em certos momentos, preferisse estar longe de tantas preocupações e aborrecimentos.

77.3   Pela resposta de Chico Xavier, tem-se uma noção do grande conflito íntimo vivido por Wantuil de Freitas.

Cada frase do texto inicial enseja ensinamento profundo.

"Imaginemos o que seria de nós, se os nossos amigos espirituais solicitassem dispensa dos encargos a que os constrangemos", argumenta Chico.

Esse é um bom alerta para todos nós, os que nos acostumamos a ocupar os guias espirituais com toda sorte de pedidos e exigências.

Há uma facilidade muito grande para pedir. Como existe também uma falsa ideia de que os benfeitores espirituais estão à disposição dos encarnados nas vinte e quatro horas do dia.

O termo *constrangemos*, empregado por Chico, retrata bem a questão.

Realmente, a grande maioria remete aos amigos espirituais uma aluvião de solicitações, praticamente exigindo deles plantão permanente ao lado de cada um.

Esse apego excessivo aos guias evidencia desconhecimento doutrinário e, no fundo, a necessidade que tem o ser humano de escorar-se em alguém.

A Doutrina Espírita, todavia, ensina o homem a libertar-se de toda dependência. Ensina-o a caminhar por si mesmo, sem necessidade de muletas psicológicas. Entretanto, o hábito multimilenar levou-o a um condicionamento difícil de ser vencido.

É bem verdade que a presença dos amigos espirituais é sumamente reconfortante e tem ainda uma função educativa, pois nos permite o exercício gradual de uma liberdade que nem todos sabem ainda usar. Esse passo decisivo é progressivo e, obviamente, moroso. Não se realiza de súbito. Antes exige um processo gradativo de conscientização que não pode ser apressado.

77.4

O estudo da Doutrina Espírita e a assimilação dos seus ensinamentos ensejará em cada um a libertação almejada.

É, porém, imprescindível que se façam, frequentemente, os esclarecimentos necessários a fim de que se compreenda melhor a tarefa dos guias e a responsabilidade dos encarnados.

Com isso evitar-se-á o vezo de se *constranger* amigos da Espiritualidade com petitórios infantis e absurdos, com questões terra a terra e que competem ao ser humano resolver.

Deixemos para pedir ajuda nos instantes graves de nossa vida, em momentos decisivos e quando realmente se faça necessário.

* * *

Chico recorda a Wantuil de Freitas o alto compromisso assumido. E afirma-lhe que deixar a direção da Casa de Ismael só mesmo por circunstâncias alheias à sua (de Wantuil) vontade, por ser aquele um serviço sublime na atual encarnação do Presidente da FEB.

77.5   Termina com a opinião dos benfeitores espirituais, expressa em belíssima frase: "Há certas cruzes sob as quais deveremos morrer".

Há certas cruzes sob as quais deveremos morrer — repetimos bem alto.

Certas vidas na Terra tiveram essa característica.

Vultos, que a História registra, deixaram-se imolar na cruz do dever e da abnegação, da renúncia e da doação total de si mesmos para que a Humanidade crescesse e avançasse.

Desde Sócrates a Galileu, de Francisco de Assis e Jan Huss a Gandhi, Albert Schweitzer e Eunice Weaver, uma notável galeria de nomes que se destacaram nos diversos campos do conhecimento humano, todos eles assinalando com a própria vida a sua trajetória terrena.

E há, ainda, os que, passando anonimamente, se dedicaram até ao sacrifício pessoal para propiciar a marcha do progresso humano.

Essas são as cruzes pelas quais vale a pena morrer.

Invisíveis e insuspeitadas cruzes.

Anônimas e desconhecidas, vão sendo arrastadas por ombros que se vergam ao seu peso, mas deixam no solo em que se apoiam um sulco de luz que lhes assinala a passagem, para todo o sempre.

* * *

Chico acrescenta que a época é sombria e os compromissos são de muita gravidade. Uma substituição, portanto, só mesmo por ordem superior, pois a deserção ao dever poderia acarretar problemas mais sérios ainda.

Nos dois últimos tópicos do texto, Chico alude às *marteladas* que ambos têm recebido e afiança a Wantuil que em relação a estas não haverá diminuição. E conclui pedindo a oportunidade de *algo sofrer* e *algo fazer* no resgate do pretérito.

A posição de Chico Xavier é a daquele que entende a necessidade de expurgar as faltas do passado e a consequente certeza de que só poderá fazê-lo através de testemunhos constantes.

Os que já alcançaram essa situação são acusados de masoquistas, de procurarem sofrimentos, de terem uma fé doentia e cega.

Chico sabe, contudo, através da Doutrina Espírita — que também nos propicia os mesmos ensinamentos —, que há obstáculos e espinhos na caminhada. Mas sabe, igualmente, que muito pode ser realizado. Por isso escreve *sofrer* e *fazer*.

A conquista da paz interior demanda tempo.

A arrancada definitiva das sombras para a luz não se faz sem percalços, lágrimas e aflições.

Emmanuel escreveria pouco tempo depois, no livro *Fonte viva* (cap. 140): "Por enquanto, a cruz ainda é o sinal dos aprendizes fiéis".

A cruz é também a companheira imprescindível daqueles que empenham a própria vida pelo desenvolvimento da Humanidade.

77.7 No *Código penal da vida futura* (*O céu e o inferno*, 1ª parte, cap. 7), Allan Kardec assevera que as imperfeições geram sofrimentos:

> 1°) A alma ou Espírito sofre na vida espiritual as consequências de todas as imperfeições que não conseguiu corrigir na vida corporal. O seu estado, feliz ou desgraçado, é inerente ao seu grau de pureza ou impureza.
>
> 2°) A completa felicidade prende-se à perfeição, isto é, à purificação completa do Espírito. Toda imperfeição é, por sua vez, causa de sofrimento e de privação de gozo, do mesmo modo que toda perfeição adquirida é fonte de gozo e atenuante de sofrimentos.
>
> [...].
>
> 7°) O Espírito sofre pelo mal que fez, de maneira que, *sendo a sua atenção constantemente dirigida para as consequ*ências desse mal, melhor compreende os seus inconvenientes e trata de corrigir-se.

Joanna de Ângelis afirma em seu livro *No limiar do infinito*:

> A dor, em qualquer situação, jamais funciona como punição, porquanto sua finalidade não é punitiva, porém educativa, corretora (cap. 6).
>
> Por isso a dor não deve ser encarada na condição de punição divina, mas, como processo normal da evolução, mediante o qual o ser se libera, como a gema que se liberta do envoltório grosseiro aos golpes da lapidação.

> Trabalhada, sulcada pelo arado, aturdida pelo adubo, visitada pela semente a terra mais produz. Quando mais instado pelo sofrimento e adubado pela fé, o homem mais avança, melhor progride (cap. 7). **77.8**

Alcançada essa compreensão, a criatura tem outra visão da vida terrena.

Ao referir-se à premente necessidade de *sofrer*, Chico demonstra igual entendimento.

Entenda-se bem: não é uma apologia à necessidade de sofrer, mas o reconhecimento puro e simples de que existe sofrimento na própria vida humana. As contingências da vida terrena, as vicissitudes em geral que o viver ocasiona são mais que suficientes para comprovarmos isso.

Quando um Espírito, de mediano entendimento espiritual, se prepara para uma nova encarnação, ele sabe que deverá enfrentar todas as vicissitudes terrestres, mas, além disso, que igualmente não deve fugir às circunstâncias que atenuariam essas vicissitudes e que facilitariam a sua vida. Assim, buscará aquelas provas que se constituem em óbices na caminhada e que, ao mesmo tempo, não o desviem do curso mais conveniente para aquisição de experiências valiosas.

É nesse sentido que Chico Xavier abençoa as marteladas e prefere as dificuldades, entendendo o quanto são benéficas para a sua existência.

> Grato pelas notícias do Hernani e do Américo. Não tenho informações deles em sentido direto, há muito tempo.

77.9 [...] Lamentei não me tivesse dito o confrade ..., sobre o boato de que eu havia recebido o professor Pietro Ubaldi de joelhos. Teria desmentido a notícia de viva voz. Ele foi recebido em Pedro Leopoldo com naturalidade e cortesia, como são recebidas as pessoas que se dirigem até aqui, e veio até nós, numa sexta-feira, noite de sessão pública. Como esse, outros boatos têm surgido, mas prefiro ignorá--los, porque o tempo seria consumido em acender uma fogueira de propaganda, indesejável para o nosso movimento de evangelização [...].

Dia 17 de dezembro findo, recebemos no Centro Espírita Luiz Gonzaga a visita pessoal do ex-sacerdote católico e hoje professor Huberto Rohden. É uma figura simpática de pregador, que tratou a Doutrina com sincera reverência. Ignoro se esposará nossos princípios, intimamente, mas, pela palavra, mostrou-se muito identificado com as nossas ideias e ideais, sob o ponto de vista do Evangelho [...].

Na parte final da carta, Chico esclarece a respeito do boato de que ele teria recebido o professor Ubaldi de joelhos.

Mais uma vez constatamos que os boatos mais estranhos surgem na vida de Chico Xavier.

Menciona ainda a visita do professor Huberto Rohden.

— 78 —
INSULTOS AO MÉDIUM

23-10-1952

[...] As notícias de *Pai nosso* e *Roteiro* trouxeram-me grande prazer [...]. Esteve aqui o nosso prezado Rocha Garcia. Foi um grande abraço que trocamos. Deu-me o teu recado [...], e tudo farei para amortecer o impacto do ... Ele me escreveu uma carta longa e insultuosa, desconhecendo as lutas enormes que me ferem o coração no desdobramento das tarefas mediúnicas. Só Deus sabe quanto me tem custado viver 25 anos consecutivos de mediunidade ativa em Pedro Leopoldo [...], por amor a uma Doutrina na qual tenho procurado regenerar o meu próprio Espírito endividado à frente da Lei. Sei, porém, que cada coração dá o que possui e, por isso, rogo ao Alto nos ajude e auxilie.

78.1

Minhas felicitações pelo teu belo trabalho com a obra de Roustaing. Estás realizando um serviço de grande importância para o nosso ideal [...].

Chico refere-se a Rocha Garcia, esforçado trabalhador da Casa de Ismael, da qual era diretor. A pedido de Wantuil de Freitas, foi a Pedro Leopoldo a fim de dar pessoalmente ao médium conhecimento dos horrores que certo confrade andava dizendo contra o Chico e contra a Federação Espírita Brasileira.

78.2   O médium declara, então, que esse mesmo confrade já lhe tinha escrito *carta longa e insultuosa*, sem saber, talvez, o quanto de escolhos e tribulações acompanha a mediunidade com Jesus.

Bem caberia aqui relembrar o que Allan Kardec expressou com relação aos perseguidos e injuriados:

> [...] Considerai-vos ditosos, quando haja homens que, pela sua má-vontade para convosco, vos deem ocasião de provar a sinceridade da vossa fé, porquanto o mal que vos façam redundará em proveito vosso. Lamentai-lhes a cegueira, porém não os maldigais [...]. (*O evangelho segundo o espiritismo*, cap. 24, it. 19).

Vimos, na carta acima, que Chico lamenta o ocorrido, com certa tristeza d'alma, mas se posiciona de maneira evangélica. Os verdadeiros missionários de Deus se revelam, como disse o Codificador, pelas suas virtudes, por seus atos, pelo resultado e pela influência moralizadora de suas obras. Não precisam trombetear a missão a que foram chamados, pois que são *adivinhados*.

— 79 —
NOVO ROMANCE

1-3-1953

[...] Li, com imensa satisfação, a tua entrevista à rádio. O nosso Aquino me enviou diversos exemplares, que tenho distribuído, com muita alegria, entre os mais íntimos. Os lances de tua chegada ao Espiritismo são muito comovedores. Que os nossos Maiores na Espiritualidade Superior continuem guiando-te os passos, em tua grande missão. A data de 8 de março passou para o meu álbum invisível de sublimes lembranças [...].

79.1

A notícia nova que tenho a dar-te é a de que estou recebendo um novo romance de Emmanuel. Se tudo correr bem, com o auxílio de Jesus, penso que o trabalho estará terminado em abril próximo. Ajuda-me com as tuas preces. Peço-te guardar a notícia entre nós, até que o livro esteja mais adiantado.

Achei excelente o trabalho de Zêus, *Religião e psiquiatria*, publicado em *Reformador*, de janeiro e fevereiro últimos. A ele, o meu grande abraço de parabéns [...].

Chico refere-se, no princípio desse texto, a *Uma entrevista sensacional*, levada ao ar pela *Hora Espiritualista João Pinto de Souza* e por esta impressa ainda em 1953.

Segue-se a primeira notícia a respeito do novo romance ditado por Emmanuel: *Ave, Cristo!*.

— 80 —
EMOÇÕES COM O *AVE, CRISTO!*

28-5-1953

80.1 [...] Recebi muitos ensinamentos e inesquecíveis emoções na psicografia desse livro e a tua opinião confortadora representa abençoado estímulo para mim.

Vou trabalhar na revisão final do *Parnaso*, sob a orientação de Emmanuel e de outros amigos. Espero enviar-te o volume, que se encontra comigo há tempos, em breves dias. Ficas com a liberdade de aprovar ou não as sugestões que foram apresentadas daqui. Considero igualmente contigo que o *Parnaso* está muito volumoso, mas se eu pudesse votar por alguma alteração, votaria pela supressão de algumas poesias, sem substituição. Assim, o livro ficaria num tamanho mais agradável. Concordas? A escolha das produções a serem afastadas dependeria de tua revisão. Organizarias uma relação delas e apresentá-la-ei aos nossos amigos espirituais para a solução definitiva.

[...] Li em *Reformador*, de maio corrente, a tua comovedora notícia acerca de Pedro Leopoldo. Aprendi contigo muita informação sobre a cidade em que vivo e em que renasci [...]. Alguns descendentes dos pioneiros do Espiritismo aqui são meus conhecidos e amigos.

80.2 [...] Tendo em alta conta e profunda estima a obra de Kardec e de Roustaing e dos grandes pioneiros que foram Léon Denis, Flammarion e Delanne, ficaria muito contente e agradecido se me desses a conhecer a estatística sobre a penetração dos livros que nos legaram, em nossa Pátria, caso tenhas essa estatística com facilidade. Considero essa penetração muito importante para o trabalho de nossa Consoladora Doutrina, no Brasil [...].

Menos de dois meses depois da carta anterior, Wantuil de Freitas já está com os originais do *Ave, Cristo!* e transmite ao médium a sua opinião sobre o mesmo.
Novas revisões em *Parnaso de além-túmulo*.

— 81 —
PRECONCEITO – REDENÇÃO

27-6-1953

81.1 [...] Recebi igualmente as notas sobre os trabalhos umbandistas. Creio que a tua atitude de auxílio é a que a Doutrina nos recomenda. Se os católicos romanos ou se os reformistas do Evangelho, sentindo os fenômenos do Espiritismo em seus templos, viessem a nós, buscando simpatia e cooperação, teríamos coragem de negar-lhes boa vontade e o possível amparo, a pretexto de sermos espíritas? O antigo lema de Allan Kardec — *Fora da caridade não há salvação* — é uma bandeira para todos. Compreendo que nos cabe defender a pureza doutrinária, mas, a título de *pureza doutrinária,* não podemos esquecer que estamos com o Divino Mestre numa obra de educação, a partir de nós mesmos. E como realizar essa obra se fugimos do próximo, alegando que o próximo não pensa como nós? Creio que abrir uma guerra contra os nossos irmãos que ainda se sentem ligados aos ritos herdados da África seria pretender um racismo tão lamentável que, não satisfeito em oprimir neste mundo, se estendesse também à vida espiritual.

Emmanuel costuma dizer que *o Espiritismo, tanto quanto o Evangelho, é dinâmico* e somente agindo nos programas da Doutrina é que alcançaremos os seus objetivos de redenção. Se estivermos unidos no trabalho infatigável do bem, leais à boa consciência e firmes na prestação de serviço ao próximo, naturalmente colocaremos o Espiritismo no elevado nível em que deve situar-se, como legítimo orientador de quaisquer fenômenos de origem espiritual, sem perturbações e sem atritos.

Isso, porém — diz-nos Emmanuel —, depende de nós e não de legendas religiosas, na feição literal. **81.2**

Grato pelas notícias dos grandes pioneiros Roustaing, Denis, Flammarion e Delanne. Se a *Revue Spirite* algo publicar, esperarei tuas notícias.

Com os trabalhos que hoje te envio (inclusive um envelope separado) pequena mensagem de Emmanuel, recebida em nossa reunião pública de 17-12-1951, quando da visita do reverendo Huberto Rohden, ao *Luiz Gonzaga*, mensagem essa de que somente agora obtive cópia.

Gratíssimo por tudo. Lembranças a todos os teus.

E, pedindo a Jesus te fortifique na batalha, para que te vejamos sempre valoroso e firme no leme da orientação, abraça-te, afetuosamente, o teu de sempre,

CHICO

Chico refere-se inicialmente ao trabalho publicado em *Reformador*, de 1953, intitulado *Conceitos elucidativos*, de autoria de Wantuil de Freitas. Aliás, nesse mesmo *Reformador*, Emmanuel trata com grande saber das chamadas linhas de Umbanda, numa mensagem estampada à página 151.

81.3   Chico compara a hostilidade aos umbandistas como uma espécie de racismo, pois que outra é a cor religiosa deles.

No segundo tópico há uma citação de Emmanuel. Ele lembra-nos de que *o Espiritismo é dinâmico*. Este é um ponto que muitos esquecem, permanecendo estagnados numa visão antiquada e, o que é pior, distorcida do Espiritismo, o que irá refletir-se no modo como o praticam e na transmissão dos conhecimentos doutrinários.

Allan Kardec, todavia, em muitas ocasiões alertou para a progressividade dos ensinos dos Espíritos, o que seria sempre uma garantia contra a estagnação.

Chico desdobra a frase de seu guia espiritual, aduzindo: "E somente agindo nos programas da Doutrina é que alcançaremos os seus objetivos de redenção".

A palavra *redenção* tem, em nosso meio, o significado de transformação moral plena, exprimindo o estado daquele que conseguiu superar as próprias provações, que conseguiu vencer a si mesmo, conquistando méritos apreciáveis. E é este o significado que Chico dá à frase. Ele dá ênfase à necessidade básica da transformação moral que o Espiritismo transmite aos seus adeptos.

Externando, portanto, a sua opinião, Chico ressalta a importância de se defender a pureza doutrinária, com firmeza, mas sem radicalismos, para que a caridade legítima prevaleça. Note-se bem: caridade, e não omissão ou conivência.

Termina o assunto afirmando que *o Espiritismo é* 81.4
o legítimo orientador de quaisquer fenômenos de ordem
espiritual.

Isso, porém — diz-nos Emmanuel —, *depende de*
nós e não de legendas religiosas, na feição literal.

Um pensamento bastante avançado, mesmo para
a época atual...

— 82 —
FÉ NA VANGUARDA

10-9-1953

82.1 [...] Formulo votos para que tenhas vencido valorosamente todas as ameaças de desarmonia que pairavam sobre o nosso campo de ideal e de luta. Bady, Spinelli e Gomes Mattos estiveram aqui e as tuas notícias de que tudo vai bem me alegram muito. Louvado seja Deus!

As tuas informações acerca do *Ave, Cristo!* Trouxeram-me grande reconforto [...].

Aguardo a transcrição de *Revue Spirite*, no *Reformador* de outubro próximo.

Sei que a tua notícia aos irmãos franceses deve estar muito interessante.

Conheço o nosso amigo Dr. Canuto. Ele é realmente depositário de muitos tesouros de nossa Consoladora Doutrina. Faço votos para que ele os divulgue, a benefício de nossa causa. Lamento também não haver ficado à altura de nosso Movimento a tradução de livros de Emmanuel para o inglês [...].

Esperemos o tempo. Por aqui vamos seguindo sob a proteção de Jesus. Tudo marchando com a fé na vanguarda e lutas em todos os flancos.

[...] Meu caro Wantuil, na primeira oportunidade, enviarei o *Parnaso*. Emmanuel, porém, me disse que, considerando melhor as lutas do nosso campo de ação, seria interessante a reedição sem nada alterar, de modo a não oferecermos combustível à fogueira dos nossos adversários gratuitos. Que achas? Mais um abraço do — Chico.

82.2

Prosseguem as lutas de Wantuil para a harmonização do meio espírita.

Chico cita três confrades que o visitaram: Bady, Spinelli e Gomes de Mattos.

Bady Elias Curi, de Belo Horizonte, Francisco Spinelli, do Rio Grande do Sul, e no terceiro nome parece haver um equívoco do Chico, pois tudo indica ser Simões de Mattos, também do Rio Grande do Sul, cujo nome completo é José Simões de Mattos.

Cita ainda o Dr. Canuto Abreu, de São Paulo, estudioso pesquisador espírita, de grande cultura e erudição.

"Tudo marchando com a fé na vanguarda e lutas em todos os flancos", diz Chico.

Quando existe a fé, a criatura humana torna-se capaz de vencer os obstáculos e agiganta-se na sua fragilidade para lutar denodadamente em busca do ideal a que aspira.

Da força da fé extrai a energia de que precisa para não ceder ante os obstáculos. Na coragem da fé encontra o estímulo para prosseguir sempre.

Na luz da fé orienta-se para as realizações incessantes.

Chico coloca acima de tudo a força extraordinária da sua fé em Jesus e o ideal maior que lhe norteia os passos.

82.3   Não a fé cega e improdutiva. Não a fé desorientada e radical. Mas a fé espírita cristã, como ele mesmo gosta de dizer, que raciocina e age, que é razão e ação.

Toda a estrutura do seu trabalho repousa nos alicerces da fé, que lhe tem sido a alavanca propulsora para prosseguir e não esmorecer jamais.

Esse profundo sentimento é que lhe dá a certeza de que apesar de tudo vale a pena continuar. Vale a pena sofrer e chorar para conquistar o futuro de paz que se anuncia. Esse futuro que se vai tornando presente para Chico Xavier, pela constância e abnegação totais no trabalho do Bem.

A fé está na vanguarda. E a conquista desse amanhã feliz, no hoje sombrio e sofrido, é a própria fé em ação.

As lutas serão vencidas sempre. Os anos dobraram-se e Chico Xavier caminha resoluto, entrando no futuro que para ele já amanheceu.

— 83 —
TRABALHO EXIGE HARMONIA
– *AVE, CRISTO!*

24-9-1953

[...] Esperemos em Deus, meu caro, tudo continue em paz em nosso campo de ação. **83.1**

O trabalho exige harmonia para erguer-se!

Muito agradecido pela remessa das duas páginas finais do *Ave*. Li-as e reli-as, atentamente, e reconheço não precisar acrescentar coisa alguma às notas felizes de tua revisão. Diz o nosso Emmanuel que o livro, como uma sinfonia — precisa terminar bem. E tal qual está em tua revisão, o *Ave* está muito bem rematado. Nossos amigos espirituais me explicam que há certa poesia musical na prosa, a que não devemos fugir, e as duas páginas com os teus apontamentos ficaram muito harmoniosas, afirmando-me Emmanuel que devem ser incluídas assim como mas enviaste [...].

Minha referência ao *Parnaso* em carta última foi feita porque eu havia pedido a Emmanuel estudássemos um recurso de retirar algumas das produções do livro referido, que julgo menos compatíveis com a respeitabilidade de nossa Consoladora Doutrina. Pensei me houvesse comunicado contigo, acerca do assunto, em correspondências anteriores.

83.2 Nosso orientador espiritual, porém, conforme notifiquei na missiva última, julga devamos deixar o *Parnaso* tal como está, de modo a não atrairmos qualquer nova faixa de incompreensão. Aguardemos mais tempo [...].

"O trabalho exige harmonia para erguer-se". Chico busca a harmonia para trabalhar em paz.

Nessa pequena fase, entre a carta anterior e essa, nota-se que está havendo relativo sossego na vida de Chico Xavier. Tem ele uma trégua para refazer-se e dar continuidade à tarefa.

Poucos períodos de tranquilidade entremeiam as suas lutas. Não fosse a sua própria *harmonia interior* e as suas atividades teriam sido interrompidas a cada passo.

Se ele se deixasse dominar pelo desânimo, se ele esmorecesse a cada embate, não teríamos hoje esse acervo magnífico de obras a enriquecer o nosso Movimento Espírita.

O trabalho exige harmonia para ser realizado, e Chico Xavier tem-na dentro de si mesmo, como fruto abençoado de suas conquistas pessoais, ao longo de sua trajetória evolutiva.

Chico recebe de Wantuil as duas páginas finais do livro *Ave, Cristo!* com a revisão.

E como recomenda o autor espiritual: "O livro, como uma sinfonia, precisa terminar bem". Reconhecemos, pela leitura das páginas finais desse último livro da série romana de Emmanuel, que, realmente, elas são de uma beleza sublime.

— "Ave, Cristo! os que *aspiram* à glória de *servir* em teu nome te glorificam e saúdam!" — coloca o autor espiritual em sua bela introdução (grifo nosso).

83.3

Verifica-se aí, com o emprego dos verbos *aspirar* e *servir* uma promessa e uma esperança.

No início da narrativa, Quinto Varro encontra-se com o filho amado, Taciano, no Plano Espiritual. Almeja, então, que ao findar-se o prazo de lutas terrenas que ambos terão de enfrentar, e no qual ele se sacrificaria em benefício do filho, este pudesse dizer:

— "Ave, Cristo! os que vão *viver para sempre* te glorificam e saúdam!..." (grifo nosso).

Nesta colocação, o *viver para sempre* está significando a realização de todas as promessas e esperanças, as quais, ao final do romance, realmente se cumprem, à custa de muitas experiências dolorosas para Taciano, que se manteve quase todo o tempo recalcitrante entre a adoração enceguecida aos deuses pagãos e a lógica do amor que o Cristo apresentava.

Como bem deseja Emmanuel, o livro termina como uma belíssima sinfonia, cujos acordes finais sensibilizam e comovem.

Para esse final, Wantuil de Freitas colabora com a sua revisão lúcida e sensível.

Ave, Cristo! merece ser lido. Em suas páginas, na linguagem formosa e elevada de Emmanuel, viajamos através dos tempos e encontramos o Cristianismo vicejando na cidade de Lyon, em seus primeiros passos e em sua primitiva pureza.

83.4   Na parte final, Chico menciona a carta anterior (de 10-9-1953), esclarecendo a referência que fizera sobre *Parnaso*.

Muito interessante a observação feita por ele de que considera algumas das produções dessa última obra *menos compatíveis com a respeitabilidade de nossa Consoladora Doutrina*. A esse respeito comentaremos mais adiante, na carta de 18-6- 1954.

— 84 —
INVESTIGADORES DO TRABALHO DE CHICO XAVIER

26-11-1953

[...] As notícias do *Ave* são excelentes [...]. Recebi o *Reportagens* [...]. O novo trabalho de André Luiz continua a série. Penso que terá mais de 200 páginas datilografadas. Mas, ao meu ver, embora seja da sequência nossa conhecida, é um livro completamente diverso dos que o antecederam. **84.1**

Espero que os nossos benfeitores espirituais nos ajudem a ver o serviço terminado em breve.

Relativamente aos trabalhos para *Reformador*, estamos aqui com as tradicionais tarefas de fim de ano na repartição e o tempo para concentrações nesse objetivo tem sido muito escasso. Contudo, espero poder mandar-te novas páginas dos nossos amigos, brevemente.

Com referência ao caso do arquivo, no qual temos a personalidade do amigo a que te reportaste, realmente o assunto é complexo, porque a cópia de todos os trabalhos recebidos foi guardada, atendendo-se à solicitação dos amigos espirituais. Esse arquivo, envolvendo serviços de 1927 para cá, todo ele constituído de mensagens, muitas das quais inéditas, está dividido entre o amigo a que nos referimos e o cofre da documentação do *Luiz Gonzaga*, ao qual confiei toda a parte já publicada. Entretanto, devo confessar-te que, individualmente, sou pela conservação desse arquivo, porque, das 100 ou 200 pessoas novas que aqui aparecem por semana, um terço é formado de céticos e investigadores que, em sua maioria, chega a Pedro Leopoldo admitindo que os livros mediúnicos são constituídos por trabalhos de um grupo de espiritualistas, pago pela FEB, e que sou uma pessoa abundantemente remunerada para que meu nome surja como *médium*. Dentre as centenas que têm vindo aqui, dois padres católicos e três ministros protestantes confessaram essa impressão que somente se dissipou à frente do arquivo, porque cada livro está copiado, em pastas respectivas com as mensagens dos Espíritos a eles referentes, antes, durante e depois da tarefa psicográfica. Desse modo, confiemos o problema ao tempo, uma vez que a luta por aqui é enorme, junto à corrente incessante dos indagadores de boa e má índole que só a Misericórdia de Jesus nos auxilia a enfrentar, dentro de nossa insignificância de tudo.

84.2   Oportunamente, escrever-te-ei sobre a modificação no tópico do livro *Emmanuel*, a que te referes. Aguardo a ocasião de ouvir o autor [...].

Referências ao novo trabalho de André Luiz, presumivelmente, pela data, *Entre a terra e o céu*.

Todo esse caso do arquivo a que Chico se refere, e o número sempre crescente de pessoas que se aproximam para investigá-lo, nos dá alguma noção das dificuldades que ele enfrenta.

O ser humano acha mais fácil explicar o fenômeno mediúnico pelos métodos mais difíceis. Ou então prefere catalogá-lo à conta de embuste ou fraude, por temer a verdade que ele demonstra.

Chico muitas vezes terá que provar a autenticidade do seu trabalho mediúnico. E o faz ao longo dos anos.

84.3

Mais de meio século transcorrido e Chico Xavier permanece, comprovando, a cada dia que passa, a seriedade do seu labor mediúnico.

Chico Xavier é hoje patrimônio da Doutrina Espírita. Patrimônio moral e espiritual — prova viva de que a mediunidade com Jesus é possível.

Pelo amor que todos nós consagramos à Doutrina, o mínimo que podemos fazer por ele é dar-lhe todo o nosso respeito e toda a nossa gratidão.

— 85 —
AUTORIZAÇÃO PARA RETIRAR POESIAS DO *PARNASO*

18-6-1954

85.1 [...] Sobre o *Parnaso*, Emmanuel me disse que poderás retirar do texto de 15 a 20 trabalhos que julgues menos adequados ao livro e daqui te enviarei 10 a 15 que possam figurar na nova edição com mais propriedade. Certo? Aguardo as tuas notícias [...].

As revisões de *Parnaso de além-túmulo* demandam tempo. Chico Xavier e os autores espirituais, sob a orientação de Emmanuel, estudam várias fórmulas buscando aprimorá-lo cada vez mais.

Em cartas anteriores, encontramos Chico a argumentar com Wantuil, inclusive transmitindo as opiniões de Emmanuel, que também se modificam algumas vezes, no transcurso do tempo, obviamente movidas por outros fatores e circunstâncias.

Observa-se sempre o cuidado do instrutor espiritual em não levantar polêmicas.

Nesse pequeno trecho deparamo-nos com um fato importante: Emmanuel autoriza Wantuil de

Freitas a retirar de 15 a 20 poesias e Chico promete enviar umas 10 ou 15 outras que possam figurar na nova edição, exatamente a 6ª, que, no entanto, só sairia no ano de 1955.

Clóvis Ramos, no seu livro *Cinquenta anos de parnaso*, esclarece quais foram as produções retiradas e relaciona as emendas efetuadas de acordo com a revisão realizada pelos próprios autores espirituais.

O atual Presidente da FEB, Francisco Thiesen, forneceu a Clóvis Ramos, para a elaboração do livro comemorativo do cinquentenário de *Parnaso*, os filmes de páginas da 5ª edição, "do exemplar revisto por Emmanuel em nome dos Espíritos autores, e anotado pelo próprio médium, com sua letrinha inconfundível".

Todo esse trabalho de revisão e de anos de acertos entre Chico e Wantuil e entre o médium e os autores espirituais; as dificuldades superadas até se chegar ao acordo, tudo isso pode suscitar em algumas pessoas indagações quanto ao processo psicográfico. Por que, afinal de contas, a mensagem não consegue ser filtrada pronta e irretocável? Serão assim tão difíceis os meios de comunicação entre desencarnados e encarnados?

Somente aqueles que têm oportunidade de estudar mais profundamente os mecanismos de uma comunicação mediúnica podem avaliar as dificuldades e barreiras a serem transpostas. André Luiz explicaria mais tarde, no seu livro *Mecanismos da mediunidade*, as nuanças do processo.

85.3   Diz o autor espiritual no capítulo VI, intitulado *Circuito elétrico e circuito mediúnico*, quando compara o circuito que se estabelece entre o Espírito e o médium a um circuito elétrico:

> Aplica-se o conceito de circuito mediúnico à extensão do campo de integração magnética em que circula uma corrente mental, sempre que se mantenha a sintonia psíquica entre os seus extremos ou, mais propriamente, o emissor e o receptor.
>
> O circuito mediúnico, dessa maneira, expressa uma vontade-apelo e uma vontade-resposta, respectivamente, no trajeto ida e volta, definindo o comando da entidade comunicante e a concordância do médium, fenômeno esse exatamente aplicável tanto à esfera dos Espíritos desencarnados quanto à dos Espíritos encarnados, porquanto exprime conjugação natural ou provocada nos domínios da inteligência, totalizando os serviços de associação, assimilação, transformação e transmissão da energia mental.
>
> Para a realização dessas atividades, o emissor e o receptor guardam consigo possibilidades particulares nos recursos do cérebro, em cuja intimidade se processam circuitos elementares do campo nervoso, atendendo a trabalhos espontâneos do Espírito, como sejam, ideação, seleção, autocrítica e expressão.

Comentemos o trecho acima de André Luiz:

O circuito mediúnico expressa uma "vontade--apelo" do médium e uma "vontade-resposta" do Espírito, respectivamente no trajeto de ida e volta, representando o comando mental do comunicante e a concordância do médium a este comando.

Mas, isso é apenas a sintonia inicial entre o Espírito e o médium. 85.4

Para a transmissão de uma mensagem, contudo, terá que haver ainda: 1º) a associação entre as duas mentes, entre os dois pensamentos distintos; 2º) a assimilação, por parte do médium, do pensamento que o comunicante transmite; 3º) a transformação desse pensamento através dos recursos próprios do médium, compreendendo a sua bagagem intelectual e moral; e 4º) a transmissão, propriamente dita, da mensagem pelo médium, que usará de seu próprio vocabulário. Enquanto se efetivam todas essas elaborações entre o emissor e o receptor, igualmente outros processos se realizam, individualmente, no cérebro de cada um deles, como sejam: 1º) ideação (formação de ideia); 2º) seleção (escolha, seleção da ideia); 3º) autocrítica (análise que cada um faz da ideia); e 4º) expressão (processo final, enunciação da ideia). Esses quatro processos é que permitem ao médium o selecionamento da mensagem que o Espírito queira transmitir. No caso de Espírito inferior, terá assim condições de bloquear quaisquer palavras ofensivas, sabendo, inclusive, previamente, as ideias que ele queira expender.

Em relação a Chico Xavier e Emmanuel, por exemplo, como existe identificação muito profunda entre ambos, todos esses processos se realizam de modo instantâneo e sem esforço algum de ambas as partes. Quando o comunicante é um Espírito muito superior, a dificuldade aumenta, pois terá que haver a gradação da voltagem ou, até mesmo, utilizar-se o concurso do guia do médium. Foi o que aconteceu entre Veneranda, Emmanuel e Chico Xavier para a transmissão dos livros *O caminho oculto* e *Os filhos do grande rei*, conforme mencionamos no comentário da carta de 9-4-1946.

85.5 Entretanto, não é ainda o bastante para que aconteça a comunicação.

É necessário também que o circuito mediúnico formado entre o receptor e o emissor seja mantido, isto é, não sofra interrupções. No circuito mediúnico forma-se uma corrente mental cujo fluxo energético precisa ser alimentado para que prossiga em circulação, o que depende do *pensamento constante de aceitação ou adesão* do médium. Se este ficar desatento, interrompe-se o circuito, mesmo que o comunicante prossiga tentando enviar a mensagem.

Todavia, isso ainda não é o bastante. Outros fatores influem no mecanismo da comunicação mediúnica, tais como: o grau de experiência do médium; a sua disposição física e espiritual; a sua preparação anterior ao momento da reunião; o ambiente espiritual; a homogeneidade dos pensamentos dos presentes; a seriedade de que o trabalho se reveste; as intenções e finalidades, etc. Tudo em conjunto vai refletir no intercâmbio mediúnico e favorecer ou prejudicar o processo de *filtragem* por parte do médium.

Léon Denis afirma em *No invisível*:

> A mediunidade apresenta variedades quase infinitas, desde as mais vulgares formas até as mais sublimes manifestações. Nunca é idêntica em dois indivíduos, e se diversifica segundo os caracteres e os temperamentos. Em um grau superior, é como uma centelha do céu a dissipar as humanas tristezas e esclarecer as obscuridades que nos envolvem.

85.6

A mediunidade de Chico Xavier está perfeitamente integrada nessas características superiores mencionadas por Léon Denis.

E dentro de todo o mecanismo anteriormente descrito, encontramos ainda a explicação para a notável harmonização e sintonia existente entre Emmanuel e Chico Xavier. É comum dizer-se que em certos momentos não se distingue se quem fala é o médium ou o seu guia espiritual. Isto não significa perda de identidade, ou da personalidade de um ou de outro, mas, sim que ambos estão estreitamente sintonizados. Não obstante, Emmanuel não interfere nos momentos comuns do Chico, nas suas lutas cotidianas, e não permanece ao lado dele, de plantão, nas 24 horas do dia. Sabe-se, mesmo, que Emmanuel, em muitas ocasiões, dentro da seriedade que lhe é característica, deixa que Chico resolva seus problemas e passe os apertos comuns da existência humana para que adquira experiências importantes e enriquecedoras.

Muita gente julga que o nobre instrutor espiritual está ao lado do médium, dizendo-lhe o tempo todo o que fazer e como fazer. Se tal acontecesse, não haveria méritos por parte do Chico e Emmanuel estaria interferindo no livre-arbítrio do médium.

85.7 Emmanuel age como um pai procede com o filho, sabendo que este terá de andar sozinho, viver a sua própria vida, ser independente e conquistar o seu espaço no mundo.

Voltando ao livro de Clóvis Ramos, verificamos ali, à página 87, que Francisco Thiesen, ciente de todo o complexo mecanismo da mediunidade, enfatiza:

> Emmanuel ia comandando a formação do livro. Até à 5ª edição ele teve aumentado seu número de poesias [...] com a 6ª edição, *revista e ampliada* pelos autores espirituais, o *Parnaso de além-túmulo* ficou acrescido de característico incomum, único no gênero pelo seu vulto inusitado: não apenas o da ampliação, agora definitiva na parte mediúnica da obra, mas o da *revisão* pelos Espíritos!

O *característico* realçado pelo Presidente da Casa de Ismael é realmente interessante e digno de maiores reflexões.

Chico psicografa as poesias geralmente em reuniões públicas, de modo muito rápido, e logo em seguida as páginas são lidas em voz alta por ele. Não há praticamente tempo para uma revisão por parte do autor e do médium. Esse trabalho ocorre continuamente, dia após dia. Embora todo o cuidado, é natural que ocorram pequenas falhas no mecanismo que acabamos de descrever.

Quando o *Parnaso* começou a passar por uma 85.8
revisão mais detalhada, foi necessário a Chico Xavier
entrar, de novo, em sintonia com todos os autores das
poesias, o que demandou vários anos. Aí é que começou o trabalho notável de revisão. Pode-se imaginar, pelo menos de modo superficial, o que esse trabalho deve ter representado, em termos de minúcias e paciente esforço de ambas as partes.

— 86 —
CANSAÇO, NÃO DESÂNIMO
– ACERCA DE F. XAVIER

3-10-1955

86.1   [...] Muito me conforta a informação de que foste visitado pessoalmente pelo Clóvis Tavares.

[...] Atualmente, por vezes, sinto que o cansaço me atinge. Não é o desânimo. É uma aflição que não sei precisar bem se é do corpo para a alma ou da alma para o corpo.

Chico menciona Clóvis Tavares, seu amigo e autor do livro *Trinta anos com Chico Xavier*.
Em seguida fala do cansaço que vem sentindo. Esclarece que não é o desânimo. Mas não tem certeza se é resultado do corpo que está combalido, desgastado, ou se é algo mais profundo, como se a alma estivesse abatida pelas lutas, abatimento que então se refletiria no corpo físico. É um instante de desabafo em que o médium revela a aflição que o atinge.

[...] Aquele soneto cuja cópia me enviaste (lembro-me bem) é do Antero de Quental. É da coleção que o José, meu irmão, distribuiu por várias publicações, colocando F. Xavier, no intuito de estimular-me ao *futuro literário*, como dizia ele. Escrupulosamente, registrava as produções que eu ouvia ou escrevia quase que automaticamente, sem pôr os nomes dos verdadeiros autores, que só se evidenciaram plenamente aos meus sentidos de 1931 para cá, quando então as minhas dúvidas, para minha felicidade, começaram a se extinguir para sempre. Nesse sentido, há todo um livro de versos para crianças, intitulado *Lições para Angelita*, que ouvi de João de Deus e que o José enviou à *Aurora*, de Ignácio Bittencourt, com o nome F. Xavier. Foi publicado em números sucessivos, não sei bem se em 1928–1929 ou 1930. Desse livro que, no tempo, me pareceu interessante, não mais vi a cópia. Será que a gente poderia obter isso, isto é, os números de *Aurora*, na biblioteca da FEB? Estimaria rever o mencionado trabalho que, em 1931, fiquei sabendo ser de João de Deus [...].

86.2

Nas coleções de *Aurora*, de 1928 a 1932, há numerosos trabalhos do Espírito João de Deus, cuja autoria somente pude reconhecer, mediunicamente, em 1931. Não conseguiríamos as coleções dos anos referidos para que eu pudesse fazer um reestudo e minuciosa vistoria? [...].

Explicações de grande interesse, prestadas por Chico Xavier, a respeito da fase inicial do seu trabalho mediúnico.

Por ter publicado alguns trabalhos com a assinatura de F. Xavier, algumas pessoas acusaram Chico Xavier de pastichador quando ele passou a colocar nos trabalhos subsequentes a assinatura de seus verdadeiros autores.

86.3 Esse período inicial foi marcado por muitas dúvidas. Chico, conforme ele mesmo narra em entrevista ao Dr. Elias Barbosa (*No mundo de Chico Xavier*, cap. 1, IDE), desde a sua adolescência ouvia e via pessoas invisíveis que lhe falavam sobre vários assuntos. Ingenuamente, o menino Chico conta o fato à professora, que lhe afirma não estar ele vendo ninguém e a voz que ouvia era dele mesmo, uma voz interior. Condicionado durante anos a essas explicações forçadas, é muito natural que o moço Chico Xavier, entrando nos 20 anos de existência, alimentasse dúvidas e hesitações nesse intercâmbio espiritual.

Recebia versos, mas não colocava os nomes dos autores, por um escrúpulo muito compreensível.

É então que José Cândido Xavier, irmão de Chico, toma a iniciativa de publicar essas páginas.

Eis a narrativa que o próprio Chico faz sobre o episódio:

> Meu irmão José Cândido Xavier e alguns amigos de Pedro Leopoldo, como, por exemplo, Ataliba Ribeiro Vianna, achavam que as páginas deviam ser publicadas com meu nome, já que não traziam assinatura, e essas publicações começaram no jornal espírita *Aurora*, do Rio de Janeiro, que era dirigido, nessa época, pelo nosso confrade Ignácio Bittencourt, a quem Ataliba escreveu perguntando se havia algum inconveniente em lançar as citadas páginas com meu nome. Ignácio Bittencourt respondeu que não via inconveniente algum, desde que as produções citadas escritas por minhas mãos não trouxessem assinatura. Ninguém poderia afirmar se eram minhas ou não e que ele as publicaria, não

por meu nome, mas pelas ideias espíritas que elas continham. Aí começaram nossos amigos de Pedro Leopoldo a enviar essas produções para diversos setores, obedecendo ao entusiasmo pelos trabalhos nascentes da Doutrina Espírita em nossa terra.

Algumas publicações não espíritas também divulgaram esses trabalhos, entre 1927 e 1931: *Jornal das moças*, do Rio; *Almanaque de lembranças*, de Portugal, e o suplemento literário de *O Jornal*. 86.4

Ainda em resposta ao Dr. Elias Barbosa, Chico diz que por orientação de Emmanuel não cogita de publicar as páginas desse período por considerá-las apenas de experimentação.

Foram elas, portanto, as primeiras produções mediúnicas de Chico Xavier e constituíam o que se denomina de treinos psicográficos.

Em um desses *treinos*, Chico recebe a visita do luminoso Espírito Auta de Souza, que escreve o belíssimo soneto *Senhora da amargura* para a felicidade geral estampado no livro *Auta de Souza* (IDE). Parece ser esse soneto a única dessas páginas publicada pela imprensa espírita atual.

Eis como Chico narra o caso, em resposta à pergunta do Dr. Elias Barbosa:

— Recorda, de modo particular, alguma produção que ficasse inesquecível em sua memória?

86.5 — Sim, recordo-me de um soneto intitulado *Senhora da amargura*, que, se não me engano quanto à data, foi publicado pelo *Almanaque de lembranças*, de Lisboa, na sua edição de 1931. Eu estava em oração, certa noite, quando se aproximou de mim o Espírito de uma jovem, irradiando intensa luz. Pediu papel e lápis e escreveu o soneto a que me referi. Chorou tanto ao escrevê-lo que eu também comecei a chorar de emoção, sem saber, naqueles momentos, se meus olhos eram os dela ou se os olhos dela eram os meus. Mais tarde, soube, por nosso caro Emmanuel, que se tratava de Auta de Souza, a admirável poetisa do Rio Grande do Norte, desencarnada em 1900. O soneto foi enviado a Portugal por meu irmão José, em meu nome, tendo sido a página publicada e tendo eu recebido de Lisboa uma carta de um dos colaboradores da formação do citado *Almanaque*, com muitos elogios ao trabalho que não me pertencia.

Outra pergunta do Dr. Elias Barbosa a Chico Xavier elucida a questão da dúvida.

— Como passou a sua mediunidade psicográfica dessa fase de indecisão para a segurança precisa?

— Isso aconteceu em 1931, quando o Espírito Emmanuel assumiu o comando de minhas modestas faculdades. Desde aí, tudo ficou mais claro, mais firme. Ele apareceu em minha vida mediúnica assim como alguém que viesse completar a minha visão real da vida. Tenho a ideia de que até a chegada de Emmanuel, minha tarefa mediúnica era semelhante a uma cerâmica em fase de experiências, sem um técnico eficiente na direção. Depois dele, veio a orientação precisa, com o discernimento e a segurança de que eu necessitava e de que, aliás, todos nós precisávamos em Pedro Leopoldo.

A questão da dúvida é muito natural no início da **86.6**
mediunidade. Entretanto, muitos médiuns abandonam a tarefa exatamente por alimentarem constantes hesitações.

Somente o estudo, aliado depois à prática consciente e perseverante, dará ao médium condições de superar esse primeiro estágio da mediunidade.

A dúvida, achamos nós, sob certos aspectos, é inclusive bastante saudável, pois se o médium afoitamente aceitasse, sem quaisquer hesitações, tudo o que recebe, estaria abrindo campo para uma possível fascinação.

A indecisão é normal e representa o escrúpulo do médium, que, cauteloso, examina as suas primeiras produções mediúnicas. Com o tempo as dúvidas devem ser vencidas para não se tornarem prejudiciais, o que não significa, porém, que o médium deixe de analisar as comunicações que recebe. A análise deve ser feita sempre e os próprios Espíritos a aconselham.

— 87 —
RAMIRO GAMA E OS *LINDOS CASOS DE CHICO XAVIER*

16-10-1955

87.1 [...] Sobre o caso das biografias, pedi muito ao Ramiro não publicasse o livro que pretende lançar. Escrevi mesmo à ..., fazendo-lhe ver que eu não tinha qualquer interesse na publicação, porque o autor me disse que ia destinar o livro à instituição presidida por..., mas o nosso confrade lá se foi adiante e, ao que hoje sei, publicará o livro que organizou [...].

[...] não me canso de dizer a todos que sou apenas uma besta em serviço, e não me consta que uma besta possua biografias [...].

Chico está se referindo ao livro *Lindos casos de Chico Xavier*, de autoria de Ramiro Gama.

Pelo texto verifica-se que o médium, na sua linha de conduta humilde e modesta, tenta evitar que o livro seja publicado. Não se sente digno de ser biografado e pede ao autor que não o faça.

Ramiro Gama, porém, entende que os fatos da vida de Chico Xavier merecem ser divulgados, pelas lições vivas que transmitem. E dando, por certo, um colorido pessoal à narrativa, pela admiração que consagra ao médium, lança em 1955 o *Lindos casos*, que hoje está na 12ª edição, totalizando quase 60 mil exemplares.

A carta expressa bem o modo como ele próprio sente essas homenagens. 87.2

Em nenhum momento Chico procura ou deseja a louvação dos homens. Toda a sua conduta é a da sobriedade, da simplicidade. Sendo humilde por natureza, é lógico que tentasse impedir a publicação de um livro a seu respeito, sabendo, de antemão, que Ramiro Gama, como amigo e admirador, não deixaria de enaltecê-lo.

— 88 —
LEVAR AO RIDÍCULO

12-11-1955

88.1 [...] Compreendo perfeitamente o que me dizes acerca do livro editado pelo ..., que somente anteontem fiquei conhecendo. Quando li a dedicatória repeti, em voz alta, apesar de estar a sós: "Valha-nos Deus!".

Tenho a tua opinião. Estamos cercados por forças que pretendem levar-nos ao ridículo e ao desânimo, neste plano e no outro [...]. Vou fazer uma releitura do livro *A gênese*, de Allan Kardec, para conhecer melhor as páginas a que te referes. Aliás, são dois livros do Codificador que desejo estudar atentamente — esse e *Obras póstumas*. Vou lê-los cuidadosamente.

Essas mensagens de ... são mais um problema esquisito para os nossos círculos de trabalho e de luta. É uma pena observarmos o nosso ..., tão entusiasmado. Ainda agora [...] Ignácio Bittencourt [...] advertiu-nos sobre a ausência de estudo, que oferece margem à aceitação de tolices e disparates em nosso campo doutrinário [...].

Chico Xavier recebe um livro com dedicatória, que o assusta.

Comenta então com Wantuil de Freitas: "Estamos cercados por forças que pretendem levar-nos ao ridículo e ao desânimo, neste plano e no outro". 88.2

Essa advertência permanece. É atual.

Levar ao ridículo é uma estratégia hábil. Pode acontecer em qualquer momento.

Um médium invigilante e que pouco se preocupa com o estudo pode deixar-se fascinar por entidade mistificadora e psicografar mensagens, páginas e mais páginas, livros, totalmente incoerentes, recheados de erros doutrinários, confundindo o neófito e dando uma visão distorcida do Espiritismo. Esses enfoques errados descaracterizam a Doutrina Espírita, oferecendo argumentos para os que a queiram combater.

Levar ao ridículo: a mediunidade, por exemplo. É um fato real, não incomum.

Desde que o médium não revista a prática da mediunidade com a seriedade e os cuidados que ela requer, dentro da metodologia aconselhada por Kardec; desde que o médium vise apenas à satisfação pessoal de ter o seu nome como autor de um livro; desde que o médium queira servir-se da Doutrina para adquirir projeção, não se preocupando com o que esteja divulgando, o resultado é esse que estamos vendo: safras de livros novos quase todos os dias, mediúnicos, principalmente, divulgando tolices, trazendo erros históricos, fazendo concessões aos modismos, vulgarizando e barateando a mediunidade, a tal ponto que os faltos de conhecimentos a respeito encontrarão aí farto material para chacotas.

88.3 Levar ao ridículo: a crença na reencarnação, por exemplo.

Os que se interessam avidamente pelas reencarnações passadas e que cultivam a ideia de que foram vultos históricos. Em geral, invariavelmente famosos e cultos. Isto já extrapolou o nosso Movimento e é objeto de comentários e zombarias.

Essas forças querem levar-nos ao ridículo e ao desânimo. São Espíritos interessados em obstar o progresso, em impedir o avanço da Doutrina. São absolutamente reais, e constantes.

A simples constatação desse fato pode gerar o desânimo. Faz-nos supor que não há meios de nos libertarmos dessas influências perturbadoras.

Mas temos aprendido, com o próprio exemplo que Chico Xavier nos proporciona, quais os meios de resistência e superação.

E, sobretudo, temos recebido, por intermédio dos conhecimentos que a Doutrina Espírita propicia, os recursos essenciais para avançarmos, sem tropeços, em nossa *trajetória*.

Perseverar no bem. Trabalhar e estudar. E não desanimar. Prosseguir lutando, porque vale a pena.

Ao final do texto da carta, Chico declara que as mensagens de certo Espírito trazem confusão e lamenta que recebam o apoio entusiástico de ilustre confrade. Aduz, pela palavra de Ignácio Bittencourt, que a falta de estudo é que enseja a aceitação de muitas tolices e disparates no campo doutrinário do Espiritismo.

— 89 —
NAS TELAS DO INFINITO

28-11-1955

[...] Recebi tua carta última. Jesus te recompense. Creio compreender a tua batalha. Parece-me que, em muitas ocasiões, deves sentir-te assim como um centro sensível a receber choque de todos os lados. Que a Providência Divina te multiplique as forças para que te tenhamos a fortaleza e o discernimento, à frente da nossa causa, hoje e sempre.

89.1

Recebi *Nas telas do infinito*. O livro é sublime. Extraordinário observar como são fiéis os estilos do Dr. Bezerra e do Camilo Castelo Branco. Não conheço o estilo camiliano, mas o *Tesouro do castelo* é vazado numa linguagem bela e fascinante. Tudo no livro é nobre e luminoso. Sobretudo, a substância doutrinária, numa hora em que presenciamos tantas perturbações, é um grande reconforto para todos nós. É deveras impressionante pensar como permaneceram fora da publicidade espírita, na FEB, páginas assim tão construtivas e tão lindas.

Recebi um exemplar com generosa dedicatória de nossa irmã Yvonne e vou escrever a ela, hoje, agradecendo. Tenho muito interesse em ter alguma notícia do desdobramento de nossa amiga em que ela esteve com Léon Denis. Podes dizer-me algo?

89.2 Em anexo, segue a cópia da mensagem psicofônica do nosso amigo Ignácio Bittencourt. Se desejares publicá-la, podes fazê-lo como julgues conveniente.

Recebemos ontem as provas do *Instruções*. Passei o olhar rapidamente e espero fazer-te a devolução das provas referidas, na segunda-feira próxima [...].

Multiplicam-se as lutas acerbas de Wantuil de Freitas, e Chico é sempre o amigo a solidarizar-se.

Primeira referência ao labor mediúnico de Yvonne do Amaral Pereira.

Por essa época a FEB lança *Nas telas do infinito*, que é dividido em duas partes. A primeira, ditada por Adolfo Bezerra de Menezes: *Uma história triste*, e a segunda, uma novela narrada por Camilo Castelo Branco.

Chico pede notícias sobre o encontro espiritual de Yvonne Pereira com Léon Denis.

Sabe-se que este escritor foi um dos instrutores espirituais da médium.

Menciona ainda o livro *Instruções psicofônicas*, de autoria de diversos Espíritos, lançado no ano seguinte, livro que difere dos demais, pois foi transmitido, não pela psicografia, mas através da psicofonia. As mensagens que o constituem foram recebidas por Chico Xavier na parte final dos trabalhos de desobsessão do Grupo Meimei, em Pedro Leopoldo. Traz ainda interessante resumo, em forma de boletim, do transcurso e resultado dos trabalhos e pequena nota explicativa antes de cada mensagem.

Um ano depois do lançamento dessa obra, a FEB tira o segundo volume do relato das atividades do Grupo Meimei, cujo título é *Vozes do grande além*. 89.3

Ambos os volumes trazem excelente matéria para os estudos da mediunidade.

— 90 —
YVONNE PEREIRA

5-12-1955

90.1 [...] Fiquei contente ao saber que D. Yvonne recebeu minha carta. Espero dessa nossa irmã vitoriosa tarefa mediúnica, junto ao Espiritismo no Brasil. Ainda tenho comigo a beleza espiritual de *Nas telas...* Que livro surpreendente! É uma janela de luz para o infinito.

Restituímos às tuas mãos as provas do *Instruções*, que tiveste a gentileza de enviar-nos. Ficamos muito felizes, todos nós, os companheiros do *grupo*. Lermos as provas com a ideia de cooperar na revisão seria desacerto de nossa parte, porque ninguém melhor que Wantuil e Zêus para semelhante tarefa.

[...] desejava me informasse se o nosso irmão Salim Haddad, atualmente nos Estados Unidos, é assinante do *Reformador*. Ele expressou o desejo de receber publicações espíritas do Brasil e, caso ele não seja assinante da nossa revista, estimaria poder oferecer-lhe uma assinatura em 1956. *Reformador* é a única publicação nossa que desejaria mandar-lhe [...].

Conforme promete na carta anterior, Chico **90.2**
escreve a Yvonne Pereira.

Nota-se o quanto se encantou com o livro psicografado por ela, e augura-lhe vitoriosa tarefa mediúnica.

É próprio de Chico Xavier incentivar os médiuns que vão surgindo e, especialmente, Yvonne Pereira, de quem sempre foi amigo e admirador.

Ressalte-se a confiança plena que Chico Xavier deposita na revisão de suas obras mediúnicas feita pela FEB.

— 91 —
MEMÓRIAS DE UM SUICIDA

12-12-1955

91.1 [...] Estamos diante de um grande livro. Pressinto para *Memórias de um suicida* um êxito completo. As páginas que li são maravilhosas e agradeço-te a gentileza da remessa. Deus te pague.

Com todo o respeito e carinho ao teu trabalho e ao trabalho de nossa estimada D. Yvonne, tão belo é o livro que tomaria a liberdade de sugerir fossem permutadas aquelas expressões da 8ª linha, a contar de baixo, no prefácio — p. nº 1 — *reuniões secretas* por *reuniões íntimas*. Sugeriria também que D. Yvonne retirasse aquela sentença em que principia o último período do prefácio. *Não sei se esta obra é boa*, escrevendo mais ou menos isto: *Não posso ajuizar quanto aos méritos desta obra*. Proponho isso porque o livro é impressionante e será desses que ficam ajudando a multidão. No prefácio de *Parnaso*, em *Palavras minhas*, empreguei uma frase de dúvida: "Serão das personalidades que as assinam?", que até hoje me traz remorso porque o tempo se incumbiu de mostrar-me a grandeza e realidade do Mundo Espiritual. Perdoem-me pela lembrança. Abraços mil do teu de sempre.

CHICO

Chico volta a falar sobre a produção mediúnica de Yvonne Pereira. Dessa feita ele se refere à monumental obra *Memórias de um suicida*.

91.2

Chico demonstra estar impressionado com o que leu. E prevê que o livro será um êxito completo. O que realmente aconteceu.

Em seguida, Chico faz duas sugestões a Yvonne Pereira: que mudasse no prefácio a expressão *reuniões secretas* por *reuniões íntimas*. Conferindo-se com o livro verificamos que foi mantido apenas o termo *reuniões*. Vejamos como ficou: " [...] eu vinha obtendo de Espíritos de suicidas que voluntariamente acorriam às *reuniões* do antigo Centro Espírita de Lavras, na cidade do mesmo nome [...]".

Na segunda sugestão, Chico baseia-se na sua própria experiência. Ele aconselha Yvonne a mudar a frase: "Não sei se esta obra é boa" por "Não posso ajuizar quanto aos méritos desta obra". Realmente, Yvonne acata a ponderação de Chico Xavier e verificamos que o último parágrafo do prefácio inicia-se exatamente como ele sugeriu.

Ao propor essa modificação, Chico recorda-se das palavras que ele mesmo usa em *Parnaso de além-túmulo* e as quais deplora.

Está lá, em *Palavras minhas*, a frase: "Serão das personalidades que as assinam?", que exprime uma dúvida por parte do médium. Dúvida que o tempo se encarregou de substituir pela certeza plena.

91.3   Acompanhando por essa correspondência as dificuldades iniciais que marcaram a mediunidade de Chico Xavier, é bastante compreensível que ele empregasse aquelas palavras.

Como dissemos anteriormente, a dúvida é, até certo ponto, atitude saudável, que reflete o senso de honestidade do médium, que se interroga sobre a autenticidade da sua produção mediúnica, avaliando assim a sua qualidade. Por isso é um impulso natural de toda pessoa que raciocina e se autoanalisa. O contrário, o aceitar-se tudo cegamente é que é prejudicial. Com o tempo as dúvidas desaparecem, pois muitas pequenas provas de legitimidade vão sendo proporcionadas ao médium pelos Espíritos que o assessoram.

Todavia, embora compreensível para nós, espíritas, a dúvida externada por Chico Xavier poderia ter comprometido o início de sua obra mediúnica.

Quanto ao livro *Memórias de um suicida*, é hoje um clássico da literatura espírita. Obra única no gênero,[10] abrange os sofrimentos de um grupo de suicidas no Plano Espiritual, os trabalhos de sua recuperação, os estudos e os preparativos para a reencarnação. Além disso, dá uma visão muito detalhada de como são atendidos em instituições apropriadas e como estas se organizam para receber os Espíritos suicidas. Escrito em linguagem elevada, de

---

10   Nota da autora: A FEB edita também outro livro que trata do problema do suicídio — *O martírio dos suicidas*, de Almerindo Martins de Castro.

invulgar beleza, traduz bem o estilo de Léon Denis, que foi o seu revisor.

Yvonne Pereira, no prefácio, descreve o modo como recebeu a obra, não sendo propriamente psicográfica.

É livro belíssimo e que merece ser lido.

91.4

— 92 —
NOVAS REFERÊNCIAS SOBRE YVONNE PEREIRA

14-1-1956

92.1 [...] Em anexo, restituo-te a biografia de nossa irmã D. Yvonne. A leitura foi exclusivamente minha. Para evitar comentários antecipados, não a mostrei a qualquer de nossos companheiros. Muito me comovi com o relato das experiências de nossa irmã na presente vida. Ela é realmente uma heroína silenciosa. Deus a fortaleça e abençoe.

Muito te agradeço a bondade, confiando-me essa documentação, portadora de muitos ensinamentos para mim.

Estou ultimando a confecção do quarto volume das páginas de interpretação evangélica de Emmanuel para ouvir-te. Estimaria ouvir a tua opinião e a do Zêus sobre o título. Encontraste algum melhor que *Fonte viva*? [...].

Chico lê a biografia de Yvonne Pereira e se comove com o relato que ela faz.

92.2 Muitas das experiências mediúnicas dessa notável médium espírita estão no seu livro *Recordações da mediunidade*.

Notícias do quarto volume da série de livros de Emmanuel, iniciada com *Caminho, verdade e vida*. O título fica sendo *Fonte viva*.

— 93 —
VISITA INESPERADA

11-6-1957

93.1 [...] A notícia de *Nosso lar* e de *Na sombra e na luz*, em esperanto, é um grande contentamento para nós todos. Sempre estimei em *Na sombra e na luz* um de nossos melhores valores doutrinários. A propósito, como vai nossa irmã D. Zilda Gama? Muita alegria nos trouxe igualmente a informação do serviço de tradução da série *André Luiz* por um nosso companheiro de Cuba. É uma felicidade para nós todos ver o serviço andando, não é? [...]

A visita pessoal de frei Boaventura, na manhã de 11 de maio findo, na repartição, foi realmente uma surpresa. Procurou-me, de improviso, em companhia do padre Sinfrônio Torres, responsável pela paróquia de Pedro Leopoldo, e conversou comigo duas horas, de 9h15 às 11h15. Falou-me que ele me procurara com o fim de hipnotizar-me, entretanto, se é verdade que ele me fitou com muita insistência, não chegou a tocar nesse assunto. Submeteu-me a interrogatório que procurei responder respeitosamente. Desde que ele percebeu que eu o tratava com veneração e carinho, passou a tratar-me também nessas bases. Escutou-me sobre nossos pontos de vista espíritas, embora não admita a realidade mediúnica. Conversamos muito sobre mediunidade, reencarnação, comunicação, vida no outro mundo, etc. Ele não aceita verdade espírita alguma, contudo me tratou com bondade e respeito. Foi, porém, muito descortês em me solicitando à confissão católica romana, ventilando assuntos que só mesmo pessoalmente, um dia, poderei contar-te. Nada de grave, porém. Tudo correu bem, mas creio com o nosso Ismael Gomes Braga que os sacerdotes teriam mais prazer em me ouvir num *Tribunal da Inquisição*, no banco dos réus, para depois me condenarem à fogueira. Infelizmente, sentimo-los ainda muito distantes da grande realidade. Sentem que o padre é infalível e santo, e nesses moldes é difícil um entendimento. Deus nos proteja e ajude sempre.

[...] Caro Wantuil, o livro saído por último do *Irmão X* é de 1951. Ele deseja organizar um volume novo com as crônicas de pequenas histórias e apólogos publicadas em *Reformador*, de 1951 até agora, selecionando 40 ou 50. Que achas da ideia? Poderia ouvir-lhe as instruções, redatilografar as páginas e mandar-te em fins de 57 ou princípios de 58, se Deus permitir [...]. **93.2**

O livro *Na sombra e na luz*, ditado por Victor Hugo à médium Zilda Gama, recebe elogios de Chico Xavier.

Os informes de que livros estariam sendo vertidos para outros idiomas deixam-no muito contente. É o serviço andando, a tarefa solidificando-se cada vez mais, os objetivos que vão sendo conquistados paulatinamente.

Chico descreve o que foi a visita de frei Boaventura Kloppenburg, O.F.M., que deixamos à meditação do leitor.

Encerra a carta a sugestão ao amigo para a publicação de um novo volume do *Irmão X*. Este livro é o *Contos e apólogos*, lançado em 1958.

— 94 —
PRIMEIRA REFERÊNCIA A WALDO VIEIRA – MÉDIUNS PARA O TRABALHO

28-8-1957

94.1 [...] Muito grato à acolhida que dará em *Reformador* a páginas mediúnicas recebidas por nosso Waldo. Apesar de moço ainda, revela-se um companheiro muito abnegado e senhor de um caráter honesto e limpo. Estudioso, amigo, trabalhador. Creio que a publicação dessa ou daquela mensagem por ele recebida no órgão da FEB será para nosso jovem amigo um grande encorajamento no serviço espiritual, ao mesmo tempo que isso significará para nós a preparação necessária de valores para o futuro [...].

Não faças, meu querido Wantuil, depender de Chico Xavier a entrada dessa ou daquela página mediúnica em nossa querida revista, porque o valor justo é sempre o valor justo e devemos, de nosso lado, submeter-nos ao critério que a tua autoridade para nós representa. Sabes que não passo de pobre lutador em meio ao chão da vida terrestre. Sofro as vicissitudes do meu clima de serviço e trago nos meus ombros o fardo das provações que fiz por merecer. Cabe-me reverenciar a FEB e no Presidente da FEB autoridade de direção, como qualquer outro companheiro de nossas lides doutrinárias. Examina com teu cérebro de orientador tudo o que eu te der com o meu coração. E guarda a certeza de que estou no dever de acatar-te as decisões.

Para mim seria o ideal que muitos médiuns aparecessem, cada vez mais cônscios de nossas responsabilidades para com o Espiritismo Evangélico no Brasil. Médiuns que entendam a Federação e lhe respeitem as diretrizes. Permita Jesus que muitos e muitos apareçam e nos auxiliem a todos, porque a comunidade espírita cresce dia a dia, rogando pão espiritual. **94.2**

No caso de nosso Waldo, tomei a liberdade de fazer a apresentação porque tenho visto nele uma autêntica vocação para o serviço com Jesus. Ainda assim, julgo o assunto com o meu sentimento em círculo pessoal, ao passo que a ti concedeu Jesus o recurso e o direito de analisar com vistas ao Espiritismo dentro da Nação inteira.

Espero que o Senhor abençoe o nosso Waldo, para que ele possa prosseguir com valor nos serviços iniciados.

De minha saúde, vou melhorando... A melhora tem sido gradual, mas continua avançando. Deus seja louvado! [...]

Primeira referência ao médium Waldo Vieira. Por essa época Chico ainda está em Pedro Leopoldo.
Ao fazer a apresentação de Waldo Vieira, Chico faz também uma ponderação muito judiciosa.
Alerta a Wantuil para que não se deixe influenciar por um pedido seu, mas, sim, que examine tudo com o mesmo critério que sempre demonstrou.
Chico Xavier sempre nos surpreende.
Em relação a pedidos, em geral acontece o oposto. Cada pessoa acha que uma recomendação sua ou um

pedido intercessor tem forçosamente que merecer o acatamento e, quando isto não ocorre, o resultado é o aborrecimento e a mágoa.

94.3   Chico Xavier, porém, não age assim. Ele faz a apresentação, referindo-se com carinho a Waldo Vieira. Mas, logo em seguida, não querendo sugestionar Wantuil de Freitas à sua opinião, ou, ainda, até mesmo constrangê-lo, afirma: "Não faças, meu querido Wantuil, depender de Chico Xavier a entrada dessa ou daquela página mediúnica em nossa querida revista".

Sempre a mesma justeza entre o modo de pensar e de agir de Chico Xavier.

Ao pedir que Wantuil analise com o cérebro o que ele enviar com o coração, Chico reconhece, inclusive, que em muitas circunstâncias deixa-se levar pelo sentimento.

Outro aspecto digno de menção é o comentário de Chico de que gostaria de ver surgirem muitos médiuns responsáveis, para atender ao crescimento da comunidade espírita.

Ele não quer, assim, as prerrogativas de médium principal ou de ser o único porta-voz da Espiritualidade Maior.

Nunca avocou para si próprio qualquer deferência. Ao contrário: foge delas.

Jamais admitiu quaisquer benefícios em seu favor. Por inúmeras vezes os recusou, ao longo da sua vida.

Sempre se referiu a si mesmo como instrumento dos Espíritos, esclarecendo que deles promanam os ensinamentos.

Mas, Chico reconhece que a comunidade espírita e os homens em geral necessitam cada vez mais de ouvir *as vozes dos Céus*. E, por isto, deseja que surjam muitos médiuns, a propiciarem farta distribuição do pão espiritual procedente de Mais Alto.

E não é outro o anseio do homem atual, perdido no torvelinho dos desequilíbrios que caracterizam a nossa época.

Na trajetória da Humanidade, jamais os Espíritos calaram a sua voz. Sempre estiveram ao lado do homem, dando sinais inequívocos de sua presença.

Em todos os tempos o fato mediúnico é como um sopro vigoroso renovando a psicosfera[11] terrena.

Com o advento do Espiritismo, as *vozes dos Céus* como que oficializaram a sua intervenção no campo das experiências humanas. Houve uma interação maior e mais profunda entre os dois planos e hoje, mais do que nunca, o plano terrestre precisa desse intercâmbio.

O ensino dos Espíritos — já sabemos — é gradual, Mas, pode deduzir-se, também, que só avançará mais quando tivermos absorvido o que aí está.

Eis a razão pela qual a Espiritualidade Maior repete, vezes sem conta, os ensinamentos, vestindo-os

---

11 N.E.: Psicosfera/fotosfera psíquica, aura, pensene e psicosfera são sinônimos e podem ser definidos como o campo de emanações de natureza eletromagnética que envolve todo ser humano, encarnado ou desencarnado, refletindo, não só a sua realidade evolutiva e o seu padrão psíquico, como também sua situação física e emocional do momento, espelhando seus pensamentos, sentimentos, desejos, ideias, opiniões, etc. (Vide *Evolução em dois mundos*, autoria espiritual de André Luiz, psicografia de Chico Xavier/Waldo Vieira).

com outras roupagens, a fim de que os homens não apenas *creiam* e *saibam*, mas, sobretudo, que vivam esses ensinamentos.

94.5 "Não basta crer e saber, é necessário viver a nossa crença...", adverte-nos o inesquecível Léon Denis.

— 95 —
ESPERANÇA NO NOVO COMPANHEIRO

16-9-1957

[...] Ciente de tuas notícias sobre o caso do Humberto, fico na expectativa de qualquer novidade por aqui para telefonar-te, de imediato, se for preciso. Ouvi o *Irmão X* e ele disse-me que a tua ideia de retirar-se o nome de família dos livros nos quais ainda consta é excelente. Podes agir como melhor te pareça.

95.1

Em anexo, envio-te as primeiras páginas da mediunidade do nosso caro Waldo para *Reformador*, submetendo-as ao teu critério. Ao fazê-lo, estou em prece, rogando a Jesus para que o nosso companheiro seja amparado em sua rota ao lado de nossos amigos espirituais, compreendendo a responsabilidade do ministério a que foi chamado. Agradeço tudo o que puderes fazer para que o vejamos fortalecido e estimulado no trabalho e na fé. Agora, meu caro Wantuil, que trinta anos consecutivos se passaram sobre minhas singelas atividades mediúnicas, tenho necessidade de sentir alguém comigo, a quem eu possa ir transmitindo recomendações de nossos benfeitores espirituais que eu não possa, de pronto, atender ou em cujas mãos possa deixar alguns deveres preciosos, na hipótese de qualquer necessidade. Sei que a obra é de Jesus e que tudo está nos desígnios d'Ele, Nosso Senhor. Entretanto, sinto em meu coração que devo e preciso cooperar para que o Waldo se aproxime da FEB e do *Reformador* com respeitosa afeição. Não me sinto cansado, nem tenho a vocação de falar na morte, quando há tanto serviço a fazer. É o anseio natural de ver a obra enriquecida com o enriquecimento espiritual daqueles que a amam e que vieram a este mundo para estendê-la nos corações.

95.2 Deus te pague pelo amparo moral que puderes dar ao nosso jovem companheiro.

Tenho nele imensa esperança. Que Jesus nos abençoe [...].

Wantuil de Freitas tem a ideia de retirar o nome Humberto de Campos dos livros ditados por este e que motivaram o processo. Entretanto, tal não aconteceu, permanecendo até hoje, nas seguintes obras: *Crônicas de além-túmulo* (1937); *Brasil, coração do mundo, pátria do evangelho* (1938); *Novas mensagens* (1939); *Boa nova* (1941); e *Reportagens de além-túmulo* (1942).

Chico envia as primeiras páginas psicografadas por Waldo Vieira para a revista *Reformador* e explica a Wantuil a importância da colaboração do jovem médium à sua própria tarefa.

Na verdade, Chico reconhece em Waldo Vieira o companheiro capaz de apoiá-lo e com quem pode dividir um pouco das suas grandes responsabilidades. De fato, durante alguns anos os dois médiuns trabalharam juntos em obras de grande valor doutrinário, como é do conhecimento geral, e como veremos adiante em outras cartas.

95.3 O desejo de ter alguém a seu lado, compartilhando o esforço de difundir a palavra dos benfeitores espirituais, a necessidade de preparação de novos médiuns, conforme ele próprio declara inúmeras vezes, fazem com que Chico se entusiasme e incentive, com paternal afeto, o trabalho mediúnico de Waldo Vieira.

Chico explica a Wantuil que o apoio ao Waldo não significa cansaço ou que esteja pensando na morte, mas "é o anseio natural de ver a obra enriquecida com o enriquecimento espiritual daqueles que a amam e que vieram a este mundo para estendê-la nos corações".

— 96 —
BOFETÕES NO ROSTO

25-11-1957

96.1 [...] Em anexo, restituo-te a carta do nosso ..., que me enviaste em caráter confidencial. Muito grato pela tua bondosa confiança.

O conteúdo da missiva muito me comoveu e embora respeite com veneração a consulta do nosso estimado ... a experiência ensina-me a pensar de outro modo.

Convidar alguém para vir aqui ou promover medidas tendentes a convencer esse alguém que ele está sendo convidado a vir, seria envolver-nos em promessas que não podemos cumprir. A comunicação dos entes amados deve ser absolutamente espontânea e, sendo assim, se o nosso amigo de São Paulo (citado pelo ...) merece esse conforto pessoal, não precisaremos procurar determinado médium, por que lá mesmo, na capital paulista, os nossos benfeitores do Alto dispõem de recursos mediúnicos para fazê-lo.

Muitos amigos nossos têm trazido aqui pessoas de alta condição social, como se eu as tivesse convidado para receber mensagens desse ou daquele parente desencarnado, e como as mensagens não vêm com facilidade, na maioria das vezes, o resultado para todos nós é o desapontamento e a mágoa maior. De semelhantes iniciativas, que nunca promovi, tenho colhido lições amargas, inclusive a de ter apanhado bofetões no rosto, por quatro vezes diversas, nestes meus trinta anos de mediunidade ativa, agressões essas que partem de pessoas naturalmente obsidiadas ou enfermas, para as quais não pude receber a palavra de afeições queridas do Além. Assim julgo, uma vez que, se não estivessem doentes, teriam tido outro procedimento, porquanto nunca chamei qualquer pessoa a PL, e de todas as que já vieram nunca pedi favor algum, nem mesmo o da compreensão.

Creio seja melhor aconselharmos ao ... entregar o amigo a que ele se refere a Nosso Senhor Jesus Cristo, por intermédio da oração silenciosa, pois só Jesus pode interferir num caso assim em que o enfermo espiritual está premiado por tantos dotes de inteligência e recursos materiais. **96.2**

Que Deus nos proteja e abençoe a todos e nos ajude a ver o nosso irmão de São Paulo procurando a Doutrina Espírita, como qualquer um de nós, sem ser por ela cortejado, o que lhe agravaria os problemas de ordem moral.

Grande abraço do teu de sempre, CHICO.

(Nota do médium: Seria importante informar ao ... que, segundo notícias de São Paulo, há notáveis sessões de materialização no Centro Espírita Padre Zabeu e num grupo espírita de Interlagos, na Capital de São Paulo. Abraços do Chico).

Estamos diante de um dos textos mais chocantes dessa correspondência, mas também um dos mais ricos e que nos enseja profundas reflexões.

Chico toma conhecimento de uma carta que lhe é enviada por Wantuil de Freitas, escrita por ....

Deduz-se que o missivista programava levar alguém até Chico Xavier, para que este recebesse notícias de entes queridos daquela pessoa.

96.3 Chico, então, fala de suas experiências.

No terceiro parágrafo, reporta-se a um dos mais frequentes problemas que ele próprio enfrenta: o daqueles que vão à sua procura absolutamente certos de que basta estarem próximos ao médium para que recebam notícias de seus entes queridos. Outros julgam que é só dar o nome, ou que bastaria ao Chico a boa vontade de se concentrar e pedir aos desencarnados que venham ao seu encontro, para que isso aconteça. E quando tal não ocorre, quando se certificam de que não veio mensagem alguma atendendo aos seus pedidos e/ou às suas preces, revoltam-se e sofrem duplamente.

Poucos têm noção de Espiritismo e é até normal que não compreendam o mecanismo das comunicações. Mas, o que surpreende é o número daqueles que se dizem espíritas e que têm o mesmo tipo de comportamento. Nesse caso, julgam-se *merecedores* (e talvez muitos o sejam mesmo), razão pela qual ficam descrentes e desiludidos quando não conseguem o que pretendem. Alguns até concluem que se fulano recebeu uma carta do filho desencarnado é porque houve proteção ou preferência por parte de Chico Xavier.

Pela natureza do seu trabalho, na fase atual, Chico está sujeito a tais problemas.

Examinemos de novo este tópico:

96.4 Convidar alguém para vir aqui ou promover medidas tendentes a convencer esse alguém que ele está sendo convidado, a vir, seria envolver-nos em promessas que não podemos cumprir. A comunicação dos entes amados deve ser absolutamente espontânea e, sendo assim, se o nosso amigo de São Paulo (citado pelo ...) merece esse conforto pessoal, não precisaremos procurar determinado médium, porque lá mesmo, na capital paulista, os nossos benfeitores do Alto dispõem de recursos mediúnicos para fazê-la.

Chico deixa claro que não promete nada.

Todo fenômeno mediúnico depende dos Espíritos para que se realize. Allan Kardec, em várias ocasiões, menciona a circunstância de que o médium não pode prometer que irá produzir esse ou aquele fenômeno, pois isto depende da vontade e aquiescência dos Espíritos.

Tudo deve ser espontâneo. É o caminho certo e prudente.

Outro ponto digno de menção é a afirmativa de Chico, de que se essa pessoa merecesse o conforto pessoal ela o obteria lá mesmo onde reside, através de outros médiuns. E enuncia uma grande verdade: que os benfeitores espirituais têm condições para fazê-lo, em qualquer lugar.

No tópico seguinte ele menciona, inicialmente:

> Muitos amigos nossos têm trazido aqui pessoas de alta condição social como se eu as tivesse convidado para receber

mensagens desse ou daquele parente desencarnado e como as mensagens não vêm com facilidade, na maioria das vezes, o resultado para todos nós é o desapontamento e a mágoa maior.

96.5   Como se vê, Chico acaba passando como se ele próprio tivesse feito os convites, o que o coloca em situação difícil. Acresce o detalhe significativo da posição social elevada, o que pode levar a uma conclusão de que tais pessoas deveriam merecer deferências não apenas de Chico Xavier, mas também dos Espíritos.

E o que têm resultado para Chico Xavier essas iniciativas? Ele é quem narra:

> De semelhantes iniciativas que nunca promovi, tenho colhido lições amargas, inclusive a de ter apanhado bofetões no rosto, por quatro vezes diversas, nestes meus trinta anos de mediunidade ativa, agressões essas que partem de pessoas naturalmente obsidiadas ou enfermas, para as quais não pude receber a palavra de afeições queridas do Além.

Como é chocante e ao mesmo tempo comovente esse relato. É a mediunidade gloriosa de que nos fala Léon Denis:

> Os médiuns do nosso tempo são muitas vezes tratados com ingratidão, desprezados, perseguidos. Se, entretanto, num golpe de vista abrangermos a vasta perspectiva da História, veremos que a mediunidade, em suas várias denominações, é o que há de mais importante no mundo [...].

96.6 Magnífica é a sua tarefa (dos médiuns), ainda que frequentes vezes dolorosa. Quantos esforços, quantos anos de expectativa, de provanças e de súplicas, até chegarem a receber e transmitir a inspiração do Alto. São muitas vezes recompensados unicamente com a injustiça. Mas, operários do Plano Divino, rasgaram o sulco e nele depositaram a semente donde se há de erguer a seara do futuro.

Caros médiuns, não desanimeis; furtai-vos a todo desfalecimento. Elevai as vistas acima deste mundo efêmero, atraí os auxílios divinos. Suplantai o *eu*; libertai-vos dessa afeição demasiado viva que sentimos por nós mesmos. Viver para outros — eis tudo! Tende o espírito de sacrifício. Preferi conservar-vos pobres, a vos enriquecerdes com os produtos da fraude e da traição. Permanecei obscuros, de preferência a traficardes com os vossos poderes. Sabei sofrer, por amor ao bem de todos e para vosso progresso pessoal. A pobreza, a obscuridade e o sofrimento possuem seu encanto, sua beleza e magnitude; é por esse meio que, lentamente, por meio das gerações silenciosas, se acumulam tesouros de paciência, de energia, de virtude, e que a alma se desprende das vaidades materiais, se depura e santifica, e adquire intrepidez para galgar os escabrosos cimos.

No domínio do Espírito, como no mundo físico, nada se perde, tudo se transforma. Toda dor, todo sacrifício é um desabrochar do ser. O sofrimento é o misterioso operário que trabalha nas profundezas de nossa alma, e trabalha por nossa elevação. Aplicando o ouvido quase escutareis o ruído de sua obra. Lembrai-vos de uma coisa: é no terreno da dor que se constrói o edifício de nossos poderes, de nossa virtude, de nossas vindouras alegrias.

(*No invisível*, cap. 25 e 26, 3ª parte).

96.7   E não é essa a vivência de Chico Xavier? O exemplo de vida que ele lega a todos nós é, talvez, a sua maior obra. É o monumental livro, conforme nos referimos em nossa *Apresentação*, que ele escreve página a página, dia após dia, minuto a minuto, registrando com suor e lágrimas a sua trajetória terrena.

Alguém se lembrará de dizer, supomos, que estamos querendo santificar o Chico e que ele comete erros e tem lá as suas falhas.

Mas não. Não pretendemos santificá-lo. Compreendemos tenha também o nosso Chico algumas das fraquezas humanas, que certamente luta por superar.

Reconhecemos nele, isto sim, o exemplo dignificante da vida, o espírita-cristão por excelência que soube viver integralmente a mediunidade com Jesus.

— 97 —
SORRIR PARA ISSO OU AQUILO

12-2-1958

[...] É o primeiro livro que recebo (*Pensamento e vida*), depois de minha moléstia dos ouvidos, com a qual vou me adaptando [...]. O nosso amigo ... a que te referes, esteve aqui, nos dias últimos. Ah! meu amigo, quantos problemas essa gente nos impõe! Quantas dificuldades morais! Quantas lutas! Considero muito oportunas as tuas medidas sobre as transcrições a que te reportas e creio que a carta registrada em cartório terá excelente efeito.

97.1

Chico está sofrendo em decorrência de problemas criados por aqueles que o procuram. Percebe-se um tom de dor e amargura nesse comentário.

Por seu turno, Wantuil de Freitas teve que tomar providências, inclusive registrando carta em cartório, dirigida a determinado confrade, no sentido de impedir a transcrição de páginas dos livros da FEB, sem indicação da fonte de origem. Aliás, esse fato ocorre frequentemente ainda hoje!

97.2   Em qualquer circunstância, na qual o nosso amigo referido ou outros do mesmo setor digam *Chico falou, Chico permitiu, Chico quer ou disse*, não tomes em consideração. Procede como Presidente da instituição venerável que devemos preservar e defender e não como amigo de Chico Xavier, porque, em Pedro Leopoldo, sou obrigado a sorrir para isso ou aquilo, mas sempre com a certeza de que estás firme na austera defesa do patrimônio espírita, resguardando-nos a todos. Infelizmente, meu nome serve para muitos comentários e alegações e como a tarefa em Pedro Leopoldo me obriga a tratar todos os que me procuram com respeitoso carinho, age com as tuas altas obrigações sem te preocupares com o meu coração, pois importa a Doutrina de amor que esposamos e não esse ou aquele sentimento de natureza individual [...].

Importante advertência de Chico para que Wantuil não leve em consideração os boatos ou as solicitações que surjam com o seu nome. Explica ao amigo que, pela natureza do seu labor, tem necessidade de atender ao público e, às vezes, de sorrir diante de determinados fatos.

Quem já acompanhou de perto, por alguns dias ou mesmo algumas horas, o atendimento que o médium faz ao público, compreende bem o que ele quer dizer.

Coisas espantosas e absurdas muitas vezes surgem aqui e ali, e Chico, ainda que o quisesse, não teria tempo nem condições de esclarecer todas as pessoas. E na quase totalidade dos casos pouco valeriam esses esclarecimentos transmitidos em rápidos minutos.

No exíguo tempo de que dispõe para atender a cada um, Chico sorri e abençoa, distribuindo amor e paz.

Chico sorri — e isto é considerado como sinal de aprovação a qualquer coisa, daí se originando suposições as mais diversas.

Quantos interpretam mal as suas palavras, seja porque não lhes compreendem o verdadeiro sentido, seja porque não ouviram direito ou até porque lhes convém modificá-las. Todas essas coisas acabam gerando confusões e contradições bem desagradáveis.

Os comentários de que o *Chico disse, Chico permitiu* espalham-se, mas nem sempre expressam a realidade.

No final da última frase, Chico diz a Wantuil que ele só deve preocupar-se em preservar a Doutrina, colocando-a acima de qualquer sentimento de natureza individual.

Essa é uma lição a mais que ele nos transmite. Lição de amor à Doutrina, colocando-a acima de preferências pessoais e além dos estreitos limites do interesse humano.

Não há em toda a vida de Chico Xavier momento algum em que a Doutrina Espírita seja desconsiderada ou preterida. Não! O fim é sempre a própria Doutrina. O objetivo é sempre o mais elevado.

Preservá-la, enaltecê-la, propagá-la, corroborá-la, eis as metas de Emmanuel e Chico Xavier.

— 98 —
DESDOBRAMENTO

14-3-1958

98.1 [...] O nosso confrade das fitas e o outro estão mesmo para ficar somente no livro de nossas orações. *Estão soltos no ar e só Jesus poderá contê-los.* Agora deram para dizer: "isso ou aquilo, conforme reunião havida em Pedro Leopoldo, etc. etc." Mas não dizem que semanalmente estacionam grupos de visitantes em hotéis da cidade, com médiuns variados em recepções e reuniões nesses mesmos hotéis, sem que eu lhes possa partilhar os trabalhos e assuntos. Há grupos de confrades diversos, das mais diversas procedências que se reúnem aqui para essa ou aquela medida, em seus templos distantes, mas, como é natural, não posso segui-los. Que Deus os ampare e ajude a todos.

Não penso como o nosso Ismael, no que respeita ao livro do nosso caro Zêus. Pela parte que li em *Reformador*, o assunto das mesas girantes é de profundo interesse para todos os tempos da nossa Doutrina, e Zêus, com a penetração espiritual de que dispõe, é sempre muito feliz nos temas que abraça. Lembremo-nos do *Memórias de um suicida*. Muita gente, ao ver superficialmente o livro, julgava-o distante da comunidade geral dos leitores e, entretanto, o livro esgotou-se logo e tem sido uma bênção. Aguardo, pois, o trabalho do Zêus com o maior interesse.

Ultimamente, estou frequentando, fora do corpo físico, uma noite por semana, uma escola do Espaço em que o nosso abnegado Emmanuel é professor de Doutrina Espírita. Confesso que é uma experiência maravilhosa. Estou aprendendo o que nunca pensei em aprender e tenho conservado a lembrança do que vejo, com o auxílio dos amigos do Alto. **98.2**

Segue o documentário *Pensamento e vida* [...].

Um mês após a última carta e o mesmo confrade ainda permanece criando problemas e tendo agora a companhia de *outro*.

Há uma frase neste texto que merece destaque: "Estão soltos no ar e só Jesus poderá contê-los".

Chico não ignora que muitos visitantes utilizam-se do seu nome para referendar deliberações tomadas pelos próprios e sem que ele delas participe ou tenha notícias. Que muitas pessoas, em interpretações a seu talante, fazem afirmativas como se estas partissem dele, Chico. Ele tem conhecimento disso, mas não tem como impedir ou esclarecer. Tais boatos ou inverdades ganham foros de verdade e correm por todo o País ao sabor das interpretações individuais, em tudo envolvendo o nome de Chico Xavier.

O seu comentário, no texto, a respeito do problema nos dá bem uma ideia do que ocorre.

Seguem-se as ponderações a respeito do livro que Zêus está escrevendo sobre as *mesas girantes*. Chico diz que o assunto é de muito interesse. Ele estava certo, pois realmente o livro *As mesas girantes e o espiritismo* é excelente e apresenta um trabalho de pesquisa profundo e atraente.

98.3 No tópico final, Chico relata algo muito curioso: que está frequentando, fora do corpo físico, em desdobramento, uma escola no Plano Espiritual na qual Emmanuel é professor de Doutrina Espírita. Revela ainda que tem conservado a lembrança do que vê e ouve.

Já fizemos alguns comentários sobre desdobramento na carta de 25-11-1948.

Chico, ao referir-se a essa escola no Plano Espiritual, confessa estar maravilhado com a experiência e o aprendizado.

No cap. 8, questão 402, de *O livro dos espíritos*, ficamos cientes de que os encarnados, quando libertos parcialmente do veículo físico, vão em busca daqueles que lhes são afins.

Os que cultivam os ideais elevados vão para junto dos seres que lhes são superiores. Com estes viajam, conversam e se instruem.

Os que optam pelos interesses inferiores,

> esses vão, enquanto dormem, ou a mundos inferiores à Terra, onde os chamam velhas afeições, ou em busca de gozos quiçá mais baixos do que os em que aqui tanto se deleitam. Vão beber doutrinas ainda mais vis, mais ignóbeis, mais funestas do que as que professam entre vós.

Chico Xavier, plenamente identificado com o seu 98.4
ministério de amor, com toda a sua vida dedicada ao
bem, prossegue no Plano Espiritual, quando em parcial liberdade, nas tarefas de socorro e aprendizado.

Em níveis apropriados às responsabilidades e conquistas de cada um, isso também pode acontecer com todos os que se dedicam a tarefas doutrinárias e, muito especialmente e com mais regularidade, com os que têm responsabilidades administrativas, mediúnicas e na área de divulgação da Doutrina. Estes, desde que estejam bem sintonizados, terão na Esfera Espiritual a assessoria dos seus mentores para frequentarem cursos apropriados às atividades que exercem. A maioria, todavia, não guarda integralmente a lembrança desses encontros, mas os ensinamentos ficam arquivados e emergem, no momento propício, em forma de intuições, ideias que assomam repentinamente, etc.

Os médiuns e aqueles que laboram em tarefas mediúnicas, mormente as de desobsessão, são particularmente treinados pelos instrutores espirituais, para que durante o sono, em desdobramento, prossigam nessas atividades, cujo aprendizado lhes é especialmente valioso. Por outro lado, os processos desobsessivos são realizados com a presença do obsidiado, igualmente desdobrado, a fim de que se processem os reencontros com os obsessores, quando já estejam a caminho da rearmonização.

— 99 —
EVOLUÇÃO EM DOIS MUNDOS

10-12-1958

99.1 [...] Restituo-te a certidão [...] e o expediente do nosso amigo Sr. Guenther. As mensagens publicadas na Alemanha são deveras muito interessantes, mormente considerando-se a época em que apareceram. Posso, no entanto, adiantar que se trata de outro mensageiro e não do nosso benfeitor espiritual, que, nos últimos anos do século passado, já se encontrava no Brasil [...].

Agradeço a sinceridade com que me falas do *Evolução*. Sabes que a tua opinião é sempre um roteiro para mim. Meditei bastante sobre o que dizes e, de minha parte, também muito me surpreendi com o livro. Emmanuel me falou sobre o trabalho em dezembro de 1957 e tanto ele quanto André Luiz convidaram o Waldo e a mim para a recepção da obra, alegando que, em 1958, justificaríamos o convite e compreenderíamos com mais segurança o cometimento. Entregamo-nos de alma e coração ao serviço. Certa feita, Emmanuel me disse que o novo livro de André Luiz estava para os demais assim como o *A caminho da luz*, para os dele, Emmanuel. Nesse, tentava nosso benfeitor apresentar um resumo da história da civilização, à luz do Espiritismo, utilizando os conhecimentos e registros da Humanidade. E, no *Evolução...* — acrescentava Emmanuel — André

Luiz tentaria apresentar um resumo da história da alma humana, à luz do Espiritismo, utilizando os conhecimentos e registros já feitos pela Ciência da Humanidade. Achei curiosa a comparação e o livro continuou... Com o trabalho avançado, achei igualmente que o livro apresentava um teor de cultura demasiadamente avançado. Waldo também surpreendia-se e escrevia-me sobre o assunto, sempre com o entusiasmo que lhe marca o sentimento de fé. E, justamente em julho, ao terminarmos a tarefa, explode o caso infeliz do [...]. Além das muitas cartas insultuosas que recebi, lembro-me de duas, assinadas por médicos ateus, perguntando por que motivo André Luiz não expunha ideias espíritas em termos médicos que pudessem eles, os médicos, entender.

Percebi, então, que os nossos amigos espirituais se haviam adiantado ao ataque das trevas. *Evolução...* estava pronto. 99.2

Na simplicidade da fé com que recebo os atos de nossos benfeitores, tenho o livro como sendo uma resposta a muitas das interrogações e dúvidas que o caso [...] deixou em nosso ambiente.

Pela leitura do primeiro tópico infere-se que Chico Xavier comenta algumas mensagens publicadas na Alemanha e que houve uma suposição, talvez de Wantuil de Freitas ou outra pessoa, de que o autor seria Emmanuel. Chico explica que àquela época, em que as tais mensagens foram recebidas, esse benfeitor espiritual já se encontrava no Brasil.

Do segundo parágrafo em diante as referências são em torno do livro *Evolução em dois mundos*.

Os dois prefácios de *Evolução*, ditados por Emmanuel e André Luiz, estão datados de 21 de julho de 1958, em Pedro Leopoldo, e 23 de julho de 1958, em Uberaba, psicografados respectivamente por Chico Xavier e Waldo Vieira. Entretanto, pode-se observar que o início do trabalho foi em 15 de janeiro de 1958, sendo o primeiro capítulo psicografado pelo Waldo em Uberaba e o segundo em Pedro Leopoldo, pelo Chico.

99.3 Esse é o 11° livro de André Luiz.

Chico explica a Wantuil — que já está com os originais em seu poder para a publicação — o que representa o novo livro na obra do mencionado autor espiritual. Observa-se pelo texto que Emmanuel avisa o médium em dezembro, e no mês seguinte a tarefa é iniciada.

O processo utilizado por André Luiz é deveras singular e, por si só, uma fantástica comprovação da autenticidade do fenômeno mediúnico.

É simplesmente notável que ele tenha conseguido dois médiuns com idêntica capacidade de sintonia e filtragem, a tal ponto que nenhuma diferença existe entre os capítulos psicografados por um e outro. Entre Chico Xavier e Waldo Vieira, no entanto, existem nítidas diferenças de personalidade, o que afasta a hipótese de que houvesse, por este lado, uma explicação para tal identidade com o autor espiritual, o que torna ainda mais autêntico o trabalho mediúnico de Chico e Waldo com André Luiz.

No futuro, pode-se prever, o processo psicográfico usado para a transmissão e recepção dos livros *Evolução em dois mundos* e *Mecanismos da mediunidade* merecerá estudo detalhado, que faça jus ao admirável resultado alcançado.

Analisemos, por nossa vez, alguns aspectos, como primeiro e despretensioso ensaio para esse trabalho futuro. 99.4

No livro *No mundo de Chico Xavier*, cap. 11, p. 121, 3ª ed. IDE, encontramos a seguinte pergunta feita a Chico Xavier:

> — Conscientemente, como registra o fenômeno da psicografia?

Ao que ele respondeu:

> — Quando escrevo psicograficamente, vejo, ouço e sinto o Espírito desencarnado que está trabalhando, por meu braço, e, muitas vezes, registro a presença do comunicante sem tomar qualquer conhecimento da matéria sobre a qual ele está escrevendo.

Em *Encontros no tempo*, cap. 10, 2ª ed. IDE, Chico dá outros detalhes sobre a sua mediunidade psicográfica, ao responder a pergunta do entrevistador:

> — Desde 1927, quando psicografei a primeira mensagem, eu senti que a entidade tomava o meu braço como se fosse um instrumento quase que mecânico para que ela pudesse escrever livremente.
>
> Muitas vezes o Espírito comunicante me faz sentir no campo mental aquilo que ele recorda ou pensa, mas habitualmente eu não sei o que ele está escrevendo através do

meu braço. É como se o meu braço fosse um aparelho elétrico repentinamente ligado à força, cuja origem eu mesmo não posso precisar.

99.5 Deduz-se, portanto, que o Chico é um médium mecânico, que pode, às vezes, pelo próprio processo utilizado pelos Espíritos, atuar como médium semimecânico.
Allan Kardec elucida a respeito, no cap. 15 de *O livro dos médiuns*, it. 179 e 181:

> Médiuns mecânicos: [...] Quando atua diretamente sobre a mão, o Espírito lhe dá uma impulsão de todo independente da vontade deste último. Ela se move sem interrupção e sem embargo do médium, enquanto o Espírito tem alguma coisa que dizer, e para, assim ele acaba.
>
> Nesta circunstância, o que caracteriza o fenômeno é que o médium não tem a menor consciência do que escreve. Quando se dá, no caso, a inconsciência absoluta, têm-se os médiuns chamados *passivos* ou *mecânicos*. É preciosa esta faculdade, por não permitir dúvida alguma sobre a independência do pensamento daquele que escreve.
>
> [...]
>
> Médiuns semimecânicos: No médium puramente mecânico, o movimento da mão independe da vontade; no médium intuitivo, o movimento é voluntário e facultativo. O médium semimecânico participa de ambos esses gêneros. Sente que à sua mão uma impulsão é dada, malgrado seu, mas, ao mesmo tempo, tem consciência do que escreve, à medida que as palavras se formam. No primeiro, o pensamento vem depois do ato da escrita; no segundo,

precede-o; no terceiro, acompanha-o. Estes últimos médiuns são os mais numerosos.

Não temos dados sobre o tipo de mediunidade de Waldo Vieira, entretanto, é lógico supor-se que também ele fosse médium mecânico (pelo menos) e semimecânico. 99.6

Temos assim dois médiuns com o mesmo gênero de mediunidade psicográfica. Nesta análise, bastante simples, não levamos em conta os outros tipos de mediunidade que ambos possam ter, como a psicofonia, a vidência, etc. Apenas nos interessa, aqui, a psicografia.

O processo de transmissão e recepção de mensagens, contudo, requer uma série de outros fatores para que se realize com êxito. É o que Léon Denis denomina de *leis das comunicações espíritas* e que o próprio André Luiz aborda em vários de seus livros, tal como já comentamos nas cartas datadas de 30-8-1947 e 18-6--1954, respectivamente.

Todas essas etapas estavam, portanto, perfeitamente ajustadas e graduadas para que o trabalho fluísse absolutamente harmônico. Os dois médiuns, como duas estações de rádio, estariam com o seu potencial de sintonia e recepção regulado para a mesma frequência.

Herculano Pires, entrevistando Chico Xavier no *Pinga-Fogo* (1972), indaga como se realizou a psicografia de *Evolução em dois mundos*, ao que ele responde:

99.7 Eu sentia, naturalmente, um grande prazer em ser instrumento daquelas páginas, conquanto eu não as entendesse muito bem. Remetia diretamente pelo correio ao companheiro que partilhava comigo da mesma experiência. Em dias convencionados da semana, então ele também me mandava para Pedro Leopoldo.

Eu lia o que ele havia escrito, ele lia o que havia recebido, e o livro continuou até o fim.

É assim, com sua maneira simples e humilde, que Chico explica a recepção desse magnífico livro.

* * *

Ainda da carta, que ora comentamos, outros pontos devem ser mencionados.

Examinemos, especialmente, aquele em que Emmanuel destaca a importância da nova obra de André Luiz.

Três livros ressaltam da psicografia de Chico Xavier, e são evidência bastante marcante de que existe uma programação espiritual grandiosa na maneira pela qual a Espiritualidade Maior orienta os seres humanos.

São eles: *Brasil, coração do mundo, pátria do evangelho*, de Humberto de Campos, *A caminho da luz*, de Emmanuel, ambos publicados em 1938, e *Evolução em dois mundos*, ditado por André Luiz, exatamente vinte anos depois.

O primeiro a ser lançado é o de Humberto de Campos, e conforme esclarece o próprio Emmanuel *foi a revelação da missão coletiva de um país*. (*In: A caminho da luz* — Antelóquio).

99.8

No mesmo ano, Chico psicografa o segundo: *A caminho da luz*. Na apresentação, Emmanuel diz, referindo-se ao livro: "Nossa contribuição será à tese religiosa, elucidando a influência sagrada da fé e o ascendente espiritual, no curso de todas as civilizações terrestres". (*A caminho da luz* — Antelóquio). E na carta que estamos analisando, Emmanuel acrescenta que o seu livro é "um resumo da história da civilização, à luz do Espiritismo, utilizando os conhecimentos e registros da Humanidade".

O terceiro livro, *Evolução em dois mundos*, nos chega vinte anos depois, e o autor espiritual apresenta o "resumo da história da alma humana, à luz do Espiritismo, utilizando os conhecimentos e registros já feitos pela Ciência da Humanidade", segundo as palavras de Emmanuel.

Percebe-se que a Espiritualidade Maior coloca nessas três obras revelações de profunda significação para o Movimento Espírita hodierno, que deixamos à reflexão do leitor, inclusive a dedução acerca da programação espiritual que elas evidenciam.

Esse programa, traçado pelos Espíritos Superiores, deve merecer um estudo aprofundado, à parte.

Isso nos traz à mente, uma vez mais, a referência que o Espírito Galileu faz, em *A gênese*, das questões sobre as quais deveria silenciar, apesar de já as ter aprofundado para si mesmo. É especialmente notável que logo em seguida a essa referência, que se encontra no cap. 6, it. 19 (já comentada em carta de 9-3-1949), esteja mencionado o assunto que é o escopo do estudo realizado por André Luiz em *Evolução em dois mundos,* e que ora transcrevemos:

99.9 Aos que desejem religiosamente conhecer e se mostrem humildes perante Deus, direi, rogando-lhes, todavia, que nenhum sistema prematuro baseiem nas minhas palavras, o seguinte: O Espírito não chega a receber a iluminação divina, que lhe dá, simultaneamente com o livre-arbítrio e a consciência, a noção de seus altos destinos, sem haver passado pela série divinamente fatal dos seres inferiores, entre os quais se elabora lentamente a obra da sua individualização. Unicamente a datar do dia em que o Senhor lhe imprime na fronte o seu tipo augusto, o Espírito toma lugar no seio das humanidades.

Estão essencialmente nessas palavras de Galileu os elos mais significativos entre a obra de André Luiz e a Codificação. Pode-se ainda citar as questões 606 a 609 de *O livro dos espíritos.*
Na apresentação de *Evolução em dois mundos,* André Luiz afirma em *Nota ao leitor:*

De espírito voltado para eles, os torturados do coração e da inteligência, aspiramos a escrever um livro simples sobre a evolução da alma nos dois planos, interligados no berço e no túmulo, nos quais se nos entretece a senda para Deus...

Notas em que o despretensioso médico desencarnado que 99.10
somos — tomando para alicerce de suas observações o
material básico já conquistado pela própria Ciência terrestre, material por vezes colhido em obras de respeitáveis
estudiosos — pudesse algo dizer do corpo espiritual, em
cujas células sutis a nossa própria vontade situa as causas de
nosso destino sobre a Terra [...].

Estudemos a rota de nossa multimilenária romagem no
tempo para sentirmos o calor da flama de nosso próprio
Espírito a palpitar imorredouro na Eternidade e, acen-
dendo o lume da esperança, perceberemos, juntos, em
exaltação de alegria, que Deus, o Pai de Infinita Bondade,
nos traçou a divina destinação para além das estrelas.

* * *

Chico comenta, ainda, quanto ele e Waldo estavam surpresos com o teor do livro.

Outro ponto que não podemos perder de vista é
que os dois médiuns apresentam aquisições culturais
muito diferentes. Chico tem apenas o curso primário e
Waldo cursou a universidade, é médico. Esse aparente
desnível cultural é outro dado que autentica a mediunidade psicográfica de ambos.

Mas, mesmo para Waldo Vieira a obra em curso era
uma fonte de surpresas, pois André Luiz aos poucos des-
vendava, primeiro diante dos seus médiuns e depois para
todos, uma nova visão da trajetória da alma humana.

Em nossa análise do teor das três obras mediúnicas
mencionadas, iremos verificar que o tempo veio soldando

os elos de uma invisível e gigantesca corrente, que se inicia na aurora da Humanidade e vem, num crescendo, unindo os seres e forjando a fantástica epopeia humana.

99.11   E é admirável constatarmos que o conhecimento da evolução do homem nos chega exatamente pela revelação dos Espíritos Superiores.

* * *

Chico estava prestes a viver um dos períodos mais difíceis de sua vida. Antecipando-se aos fatos dolorosos que já se delineavam no horizonte do médium, Emmanuel e André Luiz trabalharam rapidamente e o livro termina alguns dias antes.

Por isto, Chico fala na carta: "Percebi, então, que os nossos amigos espirituais se haviam adiantado ao ataque das trevas. *Evolução* estava pronto".

Quanto ao ponto alusivo às aproximações genésicas de que me falas, ficaria contente se escrevesse ao nosso caro Waldo, esclarecendo a dificuldade de aceitares o assunto como está exposto e propondo (quem sabe?) pedirmos a André Luiz omitir a referência, adiando o problema para mais tarde. Tens autoridade para dirigir ao nosso amigo a tua franqueza de coração e o nosso Waldo tem profundo amor pela tua grande missão junto da FEB. De minha parte, desejo que ele se entrose contigo e com os nossos amigos da Federação, tanto quanto seja possível. Nossos benfeitores espirituais prometem escrever outros trabalhos por nós dois, em conjunto, aspiro ardentemente esteja ele em contato mais íntimo contigo. Estou com quase cinquenta anos, doente, quase cego, com muitas dificuldades em família para superar e preciso ir entregando minhas pequeninas experiências a alguém ligado também aos nossos amigos espirituais e a escorar-me, espiritualmente, nesse alguém para me livrar, pelo menos agora, dos perigos que nos rondam a tarefa, ante um familiar deliberadamente vendido aos adversários implacáveis de nossa causa. E esse alguém é o nosso estimado Waldo, a quem, na orientação dos nossos amigos espirituais, estou entregando gradativamente os meus assuntos.

Estendo-me no assunto, simplesmente para dar-te a conhecer a minha necessidade de vê-lo mais unido ao teu coração. Não desejo que ele me sinta como pessoa interessada em absorvê-lo ou tutelá-lo. Aspiro a que ele se veja em livre crescimento, junto aos amigos da FEB para a execução de uma sadia mediunidade, independente e ao mesmo tempo responsável, com base no reto cumprimento do dever profissional, assim como tenho aprendido a viver, no clima de influência da FEB, há quase trinta anos. 99.12

Sei que me compreenderás e isso me reconforta.

Neste mês, por ordem do Ministério da Agricultura, devo afastar-me do trabalho profissional para encaminhamento de minha aposentadoria. É possível te telefone, por estes dias, comunicando-te o meu afastamento daqui [...].

Logo no início da transcrição acima, Chico fala de um ponto que Wantuil tem dificuldade de aceitar do modo como está exposto no livro *Evolução em dois mundos*.
Em seguida ele se refere a Waldo Vieira e o faz com paternal carinho. E o faz também com muita sabedoria:

Não desejo que ele me sinta como pessoa interessada em absorvê-lo ou tutelá-lo. Aspiro a que ele se veja em livre crescimento, junto aos amigos da FEB para a execução de uma sadia mediunidade, independente e ao mesmo tempo responsável, com base no reto cumprimento do dever profissional, assim como tenho aprendido a viver, no clima de influência da FEB, há quase trinta anos.

99.13 Quantas lições ressumam dessa passagem da carta.
É inegável que Chico toma Waldo Vieira sob sua proteção. Contudo, enche-se de cuidados para que tal proteção não o sufoque ou cerceie. Não quer absorvê-lo ou tutelá-lo, mas deseja que ele cresça com liberdade.

Diante da pequena dúvida de Wantuil em relação ao trecho do livro de André Luiz, Chico recomenda-lhe que escreva ao Waldo, confiando que este possa agir da melhor maneira possível.

Chico oferece assim ao jovem médium a oportunidade de aprendizado responsável e independente.

Magnífica lição para quantos tenham a tarefa de ajudar, educar, orientar. Pois geralmente tais atitudes são acompanhadas por sentimentos contraditórios que tolhem, abafam, constrangem e, até mesmo, escravizam.

Extrapolando ainda mais, há pessoas que têm posição de direção nas tarefas doutrinárias e que abusam dessa condição para tornar dependentes da sua opinião, da sua palavra aqueles que as cercam

A Doutrina Espírita, no entanto, liberta o ser humano de todas as amarras, na medida em que ele cresça espiritualmente e delas se desprenda no esforço pessoal de alcançar novos horizontes.

    Chico sabe disso e deixa que Waldo Vieira caminhe por si mesmo e conquiste suas próprias experiências.   99.14

— 100 —
MUDANÇA PARA UBERABA

22-4-1959

100.1 [...] Restituo-te a nota do nosso Indalício. Não é verdade que eu pretenda morar em qualquer de nossas instituições doutrinárias. Isso equivaleria dizer que eu, junto delas, iria prestar serviço, o que, no momento presente de minhas forças, não poderia prometer, uma vez que enquanto for essa a vontade do Alto, não pretendo afastar-me da tarefa mediúnica e, devendo essa ser livre, é justo que eu viva fora de nossas instituições beneficentes. Tudo estou fazendo para fixar-me aqui em definitivo e espero que o Senhor me atenda a esse desejo e necessidade. Desse modo, se souberes que me recolhi a essa ou aquela casa espírita de socorro, podes estar certo de que estarei me sentindo extremamente mal de saúde e com perspectiva de desencarnação. E digo-te isso porque sei que há pessoas pagas ou com promessas de pagamento para me responsabilizarem por falsas declarações contra a obra de Emmanuel e de nossos demais benfeitores espirituais, em meu provável leito de morte. Não podendo me sufocar em meu estado de lucidez, certos setores de nossos adversários vigiam meus passos e preciso precaver-me contra qualquer intromissão deles, no caso de cair em enfermidade grave. Nessa hipótese, já me entendi com o nosso caro Waldo e com outros confrades uberabenses, no sentido de me internarem nalgum instituto espírita de confiança, se eu tombar fisicamente de um instante para outro, de modo a manter-me a salvo dos que, nos últimos anos, me movem silenciosa perseguição, sem tréguas. Até que isso aconteça, se for essa a Vontade do Senhor, pretendo continuar, como até aqui, em liberdade para atender aos nossos benfeitores espirituais, vivendo de meu salário que, graças a Deus, dá para as minhas necessidades naturais.

100.2 Em anexo, seguem para a nossa querida revista mais algumas páginas de nossos benfeitores espirituais. A mensagem de Emmanuel, *Palavras aos espíritas*, em nossa reunião pública da noite de 17 último, foi transmitida com a presença de vários confrades paulistas, em sessão com mais de duzentos pessoas, na véspera do 102 aniversário de *O livro dos espíritos*.

Nosso caro Waldo envia-lhe afetuosas lembranças, e, desejando-lhe saúde e paz, felicidades e bom ânimo, abraça-te, muito afetuosamente, com atenciosas visitas a todos os teus caros familiares, o teu de sempre.

CHICO

Chico deixa a sua cidade natal e fixa residência em Uberaba, no dia 5 de janeiro de 1959. Ele informa, em entrevista concedida ao jornalista Alfredo Neto, da revista *Destaque*, de Uberaba, publicada em 2-10-1977, os motivos que o levaram à mudança:

P. – Houve algum motivo especial para sua mudança de Pedro Leopoldo para Uberaba?

R. – Uma das causas principais que não posso esquecer foi uma labirintite sofrida por mim, durante dois anos, sem que a Medicina de Belo Horizonte e de Pedro Leopoldo pudesse debelá-la. Só consegui fazer com que ela desaparecesse num clima temperado como o de Uberaba. Pedro Leopoldo, minha cidade de nascimento é muito fria e não me permitiu as melhoras desejadas. Em Uberaba eu consegui a minha recuperação.

100.3 P. – Então foi somente por esse motivo que você se adaptou tão bem à cidade de Uberaba?

R. – Não só por esse motivo, mas porque encontrei em Uberaba uma comunidade profundamente humana e imensamente compreensiva, onde os católicos, os evangélicos, os espíritas e os materialistas conseguem viver em paz uns com os outros, com grande respeito mútuo, e a maioria de todos eles interessados no benefício do próximo. Uberaba me impressiona tanto pelo espírito de solidariedade humana, que sinceramente é uma cidade da qual eu não desejaria me retirar em tempo algum (In *Encontros no tempo*, 2. ed. IDE).

Chico explica a Wantuil porque não deve morar em nenhuma instituição espírita, acrescentando que não pretende afastar-se da tarefa mediúnica e que esta deve ser livre.

E em que consiste essa liberdade mencionada pelo médium?

Chico necessita de independência para cumprir a sua missão. Cabe a ele mesmo, de acordo com Emmanuel, determinar as atividades que deverá cumprir, em quais horários e como serão realizadas. Prender-se, nesse caso, às opiniões e ideias de terceiros, por mais bem-intencionados, será sempre motivo de atraso quando não de correntes de opiniões pessoais, de determinações diferentes, o que ocasionaria sérios problemas. Daí a necessidade de que o seu labor mediúnico seja livre.

Ele avisa a Wantuil de Freitas que só se recolheria a uma instituição espírita no caso de estar muito doente e prestes a desencarnar. Relata ainda o plano abominável de algumas pessoas que desejariam colher dele falsas declarações contra a obra de Emmanuel, o que significaria a negação de toda a sua produção mediúnica. 100.4

O objetivo dessas pessoas é o da completa desmoralização de Chico Xavier. Um momento em que ele fraquejasse poria por terra o trabalho de dezenas de anos.

Isso nos traz à memória o que aconteceu no passado. Em 1888, em Londres, Margaret Fox, após muitos anos de sessões mediúnicas e demonstrações públicas de efeitos físicos, realizadas juntamente com sua irmã Kate Fox, pressionada pelos preconceitos religiosos vigentes, termina por negar o trabalho que ambas realizaram. Um ano depois, Margaret, arrependida, admitia que mentiu ao negar a autenticidade dos fenômenos que eram produzidos por ela e pela irmã. Narra Conan Doyle, em *História do espiritismo*, que tanto Kate Fox Jencken quanto Margaret Fox Kane morreram no começo do decênio último do século e que o fim delas foi triste e obscuro.

As intenções, os preconceitos, embora mascarados e bem disfarçados até, continuam os mesmos, em nossa época.

100.5   Para os inimigos da Doutrina Espírita a maior alegria seria a negação pública de Chico Xavier à própria mediunidade. Por isso estão à espreita de qualquer sinal de sua debilidade orgânica, de um modo ou de outro, para tratarem de atingir os propósitos escusos.

É quase inacreditável que tal plano fosse urdido. Chico confessa em uma de suas cartas já ter levado alguns bofetões no rosto. Contudo, pelo que acabamos de ler, ele não apenas é agredido fisicamente em algumas ocasiões, mas precisa também lutar com todos os meios ao seu alcance para não ser massacrado pela crueldade humana, para não se deixar sufocar pelas perseguições e vilanias de toda espécie, para não ser seviciado pela incompreensão dos homens, enfim, para não ser violentado em sua própria consciência.

Ele — que só fala de amor e de paz, que vive o que prega, mas cuja presença incomoda os que se demoram nas sombras da ignorância e da maldade — é bem a expressão do verdadeiro discípulo do Senhor.

— 101 —
MECANISMOS DA MEDIUNIDADE
– O ESTILO DE EMMANUEL

23- 9-1959

[...] Consoante o que disseste, selecionarei, como sempre, todas as mensagens destinadas ao *Reformador*. As do Irmão X, as do *Esflorando o evangelho* e as poesias são sempre rigorosamente exclusivas de nossa querida revista. Acontece, porém, que algumas (2 ou 3) de Emmanuel que interessavam à nossa família espírita, ante o problema [...], foram divulgadas aqui (das recebidas em sessões públicas), mas tomarei cuidado em somente enviar material inédito para o nosso mensário. Podes ficar tranquilo. **101.1**

Waldo e eu julgamos muito oportuna tua palavra sobre a necessidade de não se interromperem os ensinamentos mais simples do nosso André Luiz. Muito justas as tuas ponderações. E como nosso amigo espiritual promete, se Jesus permitir, escrever para o ano próximo alguma coisa nova em estilo simples (um livro narrando experiências entre Nosso Lar e a esfera humana), tomamos a liberdade de pedir-te, de acordo com ele, guardar o *Mecanismos*, em regime de reserva, sem lançamento, até o fim de 1960, para ver se Deus nos permite receber um livro até essa ocasião, que possa ser intercalado entre o

Evolução e ele, o *Mecanismos*. Estamos certos que a tua bondade concordará conosco.

101.2 O pequeno livro de Meimei sobre o culto do Evangelho, segundo creio, se o Alto consentir, ficará pronto até os fins de outubro próximo [...]. Em 1954, recebi um livro de contos suaves de Meimei, seguindo o estilo do *Pai nosso* e enviei para o nosso amigo de B. Horizonte ilustrar, antes de fazer-te a remessa [...]. Com grande espanto para mim, daí a dez dias vi todo o material publicado num folheto (suplemento) infantil, da *Folha de Minas* [...], sob a responsabilidade de jovem jornalista, hoje poeta moço de Minas. Nunca pude saber como ocorreu o fato. Creio que o desenhista não chegou a ver o trabalho [...]. O certo é que perdemos todo um livro, embora pequeno. Emmanuel, porém, julgou que me cabia silenciar simplesmente, porque, de outro modo, seria fazer barulho inconveniente [...].

Temos apreciado com entusiasmo a colaboração do nosso confrade H.C.M. O materialismo está avançando e precisamos de vozes que os materialistas consigam entender. As páginas do nosso amigo H.C.M. estão muito interessantes para o momento [...]

Verifica-se que Wantuil de Freitas opina sobre a obra de André Luiz. Àquela altura ele tem em mãos os originais de *Mecanismos da mediunidade* e, naturalmente, analisando o conteúdo científico deste e de *Evolução em dois mundos* — lançado um ano antes —, julga ser necessário que o autor espiritual prossiga também com a literatura romanceada, por meio da qual se tornou conhecido, ou com o estilo adotado em *Agenda*

cristã, lançado em 1948 — livros que, obviamente, estão mais ao alcance do povo.

Mecanismos da mediunidade, segundo pedido do próprio Chico e de André Luiz, só viria a público em 1960. Observamos que as apresentações de Emmanuel e André Luiz para a referida obra estão datadas de agosto de 1959.

101.3

Há 25 anos André escrevia:

> Depois de um século de mediunidade, à luz da Doutrina Espírita, com inequívocas provas da sobrevivência, nas quais a abnegação dos mensageiros divinos e a tolerância de muitos sensitivos foram colocadas à prova, temo-la ainda, hoje, incompreendida e ridicularizada.
>
> Os intelectuais, vinculados ao ateísmo prático, desprezam-na até agora, enquanto os cientistas que a experimentam se recolhem, quase todos, aos palanques da Metapsíquica, observando-a com reserva. Junto deles, porém, os espíritas sustentam-lhe a bandeira de trabalho e revelação, conscientes de sua presença e significado perante a vida. Tachados, muitas vezes, de fanáticos, prosseguem eles, à feição de pioneiros, desbravando, sofrendo, ajudando e construindo, atentos aos princípios enfeixados por Allan Kardec em sua Codificação basilar (In *Mecanismos da mediunidade* – Ante a mediunidade).

Um quarto de século depois, pouca coisa mudou em relação à mediunidade. Pode ser, talvez, acabrunhante a constatação desse fato. Popularizada através do fenômeno que irrompe por toda parte, ainda não mereceu, dos homens da Ciência, o interesse e a pesquisa séria. Em nosso próprio meio, muitos estão ainda tateando em busca de uma compreensão maior acerca da mediunidade.

101.4　Afirma Allan Kardec que o Espiritismo, compreendendo a gravidade dessa questão, "elevou a mediunidade à categoria de missão". E complementa: "A mediunidade é coisa santa, que deve ser praticada santamente, religiosamente [...]". (O *evangelho segundo o espiritismo*, cap. 26, it. 9 e 10).

A história da Doutrina Espírita em nosso País registra nomes respeitáveis de médiuns que, assimilando os conceitos espíritas, apreendendo-lhes o sentido superior, exerceram atividades mediúnicas imbuídos dessa seriedade preconizada pelo Codificador. Em decorrência disso, as suas produções mediúnicas revelam alto nível espiritual a expressar-se nas orientações que lhes foram transmitidas pelos Espíritos, no teor e conteúdo dessas mensagens, na elevada linguagem que adotam, evidenciando assim a sua procedência e o superior grau de filtragem conseguido por esses medianeiros. Em nenhum momento houve o barateamento da mediunidade ou o abastardamento das suas funções de intermediários.

Esses nomes assinalaram o progresso da Doutrina em terras brasileiras. E dentre eles desponta a figura exponencial de Chico Xavier, que há mais de meio século marcou nos fastos do Espiritismo o princípio de um novo e luminoso capítulo.

Quanto mais estudamos, analisamos e comparamos a obra mediúnica de Chico Xavier, mais nos certificamos de que toda ela está solidamente assentada sobre os princípios basilares da Doutrina Espírita.

O exercício da mediunidade em Chico Xavier é notavelmente coerente e fiel às recomendações de Kardec. 101.5

O elevado padrão dessa obra mediúnica fala por si mesmo da categoria dos Espíritos que a transmitem.

Emmanuel, por exemplo, apresenta-se num estilo sóbrio, sério, grave, com raro poder de síntese, onde cada palavra e cada frase têm um peso adequado e revestem-se de clareza e profundidade, não faltando, todavia, um bem dosado toque de lirismo capaz de despertar, no leitor atento e sintonizado, as mais suaves emoções. Toda a produção mediúnica do instrutor espiritual de Chico Xavier ressuma sublime espiritualidade e deixa entrever a superioridade que o identifica, como também nos possibilita vislumbrar o que deve ser a vida nas elevadas esferas do Mundo Maior.

A respeito de Emmanuel, o conhecido escritor argentino Humberto Mariotti diz, em seu excelente trabalho publicado em *Reformador,* de fevereiro de 1982, no qual comenta o livro *A caminho da luz*:

> *Las revelaciones mediúmnicas de Emmanuel al analizar las contradicciones de los procesos histórico-sociales se expresan con precisión crítica, especialmente en el libro que lleva su nombre:* Emmanuel. *Si se sigue con atención su pensamiento lógico se comprueba la llamada verdad histórica, pues no hay disimulos en sus reflexiones socio-filosóficas, razón por la cual es que nos atrevemos a decir que Emmanuel ha fundado*

mediumnicamente la Filosofía crítico-religiosa, la cual difiere notablemente del criticismo kantiano. El saber crítico de Emmanuel es un saber desencarnado, es decir, libre de las restricciones que le impone al ser la ley de reencarnación. Va pues directamente al error cometido por el hombre en su andar por la Tierra. No oculta ni disfraza nada temeroso de ser condenado por los poderes temporales. Por el contrario, revela la verdad histórica y en ese elevado énfasis que pone en su pensamiento es cuando se revelan en él los delineamientos de una Filosofía crítico-religiosa asentada en la concepción espirita de la historia. Se nota en él el mismo método crítico utilizado por Jesús que, no obstante sus condenaciones de orden imperante de su tiempo, no deja por eso de lado la caridad y el amor.

101.6 *Sabe Dios de qué honduras divinas procede un Espíritu como Emmanuel que no sólo delineó en América una filosofía crítica,* sino que vino a confirmar en el Nuevo Mundo toda la obra filosófica y religiosa de Allan Kardec! (grifo nosso).

Há quem pretenda, contudo, que a linguagem dos Espíritos seja a das ruas, desça do seu nível, vulgarizando-se. Cita-se como argumento que isso propiciaria maior penetração junto ao povo. Tal, porém, seria o mesmo que dar razão aos que dizem que Allan Kardec escreveu de maneira difícil e quase inacessível à inteligência comum. São comentários descabidos, todos estes, pois é imprescindível que cada um faça por si mesmo, ou com ajuda de terceiros, os esforços para ampliar o seu raciocínio e elevar-se à altura dos ensinos da Codificação. Ninguém pretenderia pedir a Allan Kardec usasse um estilo diferente do que lhe é próprio, ou uma linguagem ainda mais popular. Seria pretender demais. Importa é que os mais cultos e que melhor apreendem os ensinamentos se empenhem em transmiti-los aos demais, por meio de grupos de estudos, palestras, livros, etc. Tal, aliás, como se faz hoje em dia.

Se atentarmos para o fundamento de que Emmanuel tem uma linguagem demasiadamente elevada,[12] vamos acaso querer que os Espíritos Superiores baixem ao nosso nível para poupar-nos do esforço de nos elevarmos até eles? 101.7

* * *

Quando Wantuil de Freitas comenta sobre a necessidade de que André Luiz prossiga transmitindo também ensinamentos mais simples, ele está se referindo à forma de apresentação, porquanto o autor espiritual mantém o seu estilo e as suas características em qualquer de seus escritos.

São feitas referências ao livro de Meimei, lançado em 1960, com o título de *Evangelho em casa*.

Chico narra o extravio de outro livro dessa mesma autora espiritual, cujos originais terminaram sendo

---

[12] N.E.: Não apenas Emmanuel, mas também André Luiz, Victor Hugo, Joanna de Ângelis, Manoel P. de Miranda, e tantos outros, são citados como autores difíceis, cuja linguagem, segundo os que têm essa opinião, deveria ser mais fácil, mais natural, mais do povo. Esses Espíritos, entretanto, deixam entrever exatamente dentro desse estilo, na alta qualidade do discurso de cada um, as características que os distinguem como de escala superior, conforme orienta Allan Kardec a esse respeito.

publicados num jornal de Minas, como de autoria de jovem jornalista.

101.8 No último parágrafo, elogia os artigos de H.C.M., ou seja, Hermínio Correia de Miranda, hoje escritor conhecido e admirado pelos seus excelentes livros.

— 102 —
SURGE HILÁRIO SILVA

4-3-1960

[...] O irmão a que nos referimos e sobre o qual o nosso prezado Jordão te escreveu está muito moço (refiro-me mais à mocidade do Espírito que do corpo). Abracei-o e ouvi-o, notando que está presentemente numa onda boa, mas pareceu-me árvore ainda muito verde para produzir, já, já... Enfim, está no Evangelho e na experiência diária de todos nós que para Deus tudo é possível [...]. 102.1

[...] Recebi cópia da carta-autorização dada para a publicação do *Voltei*, em espanhol, e achei ótima a tua medida. Não acredites possa me agastar com qualquer providência que venhas a adotar, quanto aos livros de nossos benfeitores. Sei que ages e te conduzes só para o bem da causa e sinto nisso o maior descanso. Será uma realização admirável estender a obra da FEB, pelos países sul-americanos ou, aliás, nos países de raiz espanhola [...].

Por falar nisso, o nosso Ismael, por um amigo de Belo Horizonte, deu-me a conhecer *Agenda cristiana*, tradução de *Agenda cristã*, de André Luiz, em espanhol, pelo nosso companheiro de ideal, Dr. Cristóforo Postiglioni. Ficarei contente e reconhecido, se puderes conseguir para mim cinco exemplares, quando chegarem à FEB.

102.2 [...] Ainda sobre os livros de nossos amigos espirituais e este teu pobre criado, devo dizer-te que, ao aproximar-me do meio século de existência na atualidade, é um grande sossego para mim saber que todos os livros deles, entregues à FEB, estão carinhosamente amparados. Saber que a desencarnação pode chegar para mim, de um instante para outro, e que o teu pulso amigo e firme, com os nossos irmãos da FEB, está sustentando o trabalho deles, é uma grande felicidade em meu coração. Podes, assim, acerca desses assuntos, agir como melhor entenderes. O que fizeres está bem feito.

[...] Quanto ao livro do nosso Hilário (Hilário Silva), vamos ver se recebemos alguns contos novos dele para substituir os mais fracos, logo que julgues conveniente. Em todo caso, nosso Hilário é estreante. Pedimos ao teu critério apontar-nos tudo o que seja necessário fazer, não só no trabalho dele como em outros. Primeiro, a obra espírita, e sabemos que deste à obra espírita o teu próprio coração [...].

Novamente Chico evidencia a sua confiança nas medidas adotadas por Wantuil de Freitas.

Diz-se tranquilo por saber que toda a obra dos amigos espirituais, entregue à FEB, está resguardada.

Na parte final, Chico refere-se a um novo autor: Hilário Silva. Curiosamente percebe-se que o médium parece estar ajudando, intercedendo por ele.

Hilário Silva, que também foi médico na sua última encarnação, aparece pela primeira vez junto de André Luiz no livro *Entre a Terra e o céu* e permanece ao lado deste nas outras duas obras seguintes: *Nos domínios da mediunidade* e *Ação e reação*.

É preciso assinalar, contudo, que após o livro 102.3
Evangelho em casa, de Meimei, mencionado na carta anterior, Chico psicografa um importante livro: *Religião dos espíritos* (1960), o primeiro da série em que Emmanuel comenta as obras básicas da Codificação.

Convém ainda ressaltar, nos comentários finais, o entrosamento entre Chico e Wantuil, que já é do nosso conhecimento. Wantuil acha fracos alguns contos de Hilário Silva e Chico promete consultar o Espírito, a fim de que sejam substituídos ou melhorados.

Essa liberdade de consulta e entendimento entre os encarnados e os Espíritos transmite-nos uma grande lição.

Se houvesse, da parte de Chico Xavier e dos Espíritos que o assessoram, quaisquer laivos de melindres às críticas, qualquer tipo de agastamento à menor objeção ao estudo e análise das mensagens, ficaria evidenciada a real natureza de seus propósitos, dos seus interesses, e é lógico que tais Espíritos não pertenceriam à categoria de Espíritos Superiores. Mas, o que se observa é exatamente o contrário: o entendimento de ambos os lados, a liberdade de opinar, a aceitação pelos Espíritos das observações feitas pelos encarnados, tudo em alto nível de respeito mútuo e todos visando ao fim comum de servir à Doutrina Espírita, este ideal maior, a bandeira pela qual todos trabalham.

— 103 —
ALMAS EM DESFILE

30-9-1960

103.1 [...] Nosso caro Waldo escrever-te-á em breves dias e então enviará as explicações que pedes para alguns dos tópicos de *Almas em desfile*. Ouviremos o nosso caro Hilário e dar-te-emos os esclarecimentos. À historieta da página 96 está faltando um pequeno trecho. O Dr. Lameira trazia um calo arruinado que sofrera intervenção cirúrgica e estava sentado à espera de um automóvel. Estava impossibilitado de caminhar.

Ficamos confortados com a tua opinião, acerca do *Almas em desfile*. Nosso Hilário escreveu-o com muito amor. Deus o abençoe nessa sementeira de devotamento à nossa causa.

A tua palavra sobre o projeto *Diretrizes e bases da educação* nos encorajou de algum modo. O assunto tem agitado imensamente nossos meios espíritas e temos todos receio de mais ampla perseguição religiosa, embora velada, em nossos estabelecimentos de ensino [...].

Recebemos também o *Vocabulário...*, do nosso caro Dr. Roberto Macedo, o que muito nos alegrou. Muito reconhecidos à tua gentileza e ao distinto trabalho dele.

> **103.2** Aguardaremos com muito carinho e interesse o trabalho do Zêus, em *Reformador*, de outubro próximo. Cremos que a medida é providencial, pois realmente as páginas divulgadas pelo [...] pedem um esclarecimento. Os próprios Espíritos instrutores e Allan Kardec sabiam que a Doutrina Espírita deveria evoluir e caminhar. Esperemos que o trabalho do Zêus asserene as ondas e nos consolide a segurança para o caminho.
>
> Para melhor esclarecimento no soneto de nossa Auta, propõe nossa irmã a seguinte forma:
>
> E espalhe a caridade qual perfume
>
> No espinho aberto em lâmina e veneno.
>
> Se julgares mais acertado, porém, podes afastar o soneto da publicação.
>
> Comunico-te que devo ir a PL, para votar, em 3 de outubro. Minha repartição assim exige. Dia 6 ou 7, permitindo Jesus, aqui estarei de regresso.
>
> Como vai a saúde do nosso Ismael? [...]

Prosseguem os acertos em torno do livro *Almas em desfile*, de Hilário Silva. A historieta mencionada não consta do livro.

Referências do médium às possíveis perseguições religiosas.

Notícias e comentários diversos, inclusive sobre artigo de Zêus Wantuil com esclarecimentos relativos a determinadas páginas publicadas e que estariam gerando alguma confusão.

103.3   Também se fazem ajustes sobre um soneto de Auta de Souza, mas Chico autoriza Wantuil a excluí-lo da publicação caso ache necessário.

— 104 —
ANTOLOGIA DOS IMORTAIS

27-5-1963

[...] Muito nos sensibilizaram as tuas notícias acerca do nosso caro amigo professor Porto Carreiro. Permita o Senhor possamos tê-lo, por muitos anos ainda junto de nós, na Terra, nas elevadas tarefas que lhe marcam a abençoada existência. Ficaremos muito reconhecidos pelas novas notícias dele que nos envies.

104.1

As tuas informações sobre o *Antologia dos imortais* nos entusiasmaram. Louvado seja Deus! Tanto o nosso Waldo quanto eu nos rejubilamos com a tua notícia de que antes de 1° de agosto todos teremos o gosto de ver o livro publicado. A vitória pertence aos benfeitores espirituais e a ti mesmo que, com o nosso Zêus, tudo tens feito pelo lançamento correto e digno da obra. Deus te abençoe e inspire sempre.

O preço do livro será mesmo *preço record*, mas a inflação alterou tudo e só nos resta ir trabalhando conforme as circunstâncias. O que dizes das dificuldades em curso é muito exato. Se aqui, em nosso pequenino setor, os embaraços são enormes para satisfazer ao programa traçado para as nossas singelas tarefas, imaginamos o que te acontece, chamado pelo Alto, como te vês, ao comando de um navio tão grande como seja a nossa querida FEB, comparável a um Estado da Espiritualidade na Terra, com inúmeros problemas por resolver! Que o Senhor nos guarde e proteja. Confiemos na assistência da Esfera Superior.

104.2 Sobre o folheto em torno de Eurípedes Barsanulfo, cheguei a lê-lo, mas não entendi bem. Nosso Waldo informa que o movimento parte de um patrício nosso, do Estado de São Paulo, um Sr [...]. que dizem estar fazendo uma nova religião. Nosso Waldo te explicará melhor o caso, quem sabe, pessoalmente? Estamos dando todas as nossas forças, Waldo e eu, ao novo trabalho do nosso André, para fazer-te a remessa em breve, se Deus quiser, e continuamos de esperanças voltadas para o mês de julho próximo.

Em anexo, Waldo e eu te enviamos páginas dos nossos benfeitores espirituais, destinadas à nossa querida revista, explicando que todo o material remetido deve obedecer-te ao critério de seleção. Farás das páginas por nós recebidas o que julgues necessário e justo como sempre [...].

Referências ao estado de saúde do professor Porto Carreiro.

Chico e Waldo alegram-se com a possibilidade de verem o lançamento de *Antologia dos imortais*, o que de fato ocorre logo depois.

A organização e o prefácio dessa obra são do Dr. Elias Barbosa, que também faz observações muito elucidativas sobre a técnica poética adotada pelos autores espirituais.

O livro, psicografado por Chico Xavier e Waldo Vieira, consta de 200 produções poéticas da autoria espiritual de 110 poetas.

Em sua apresentação, escreve o Dr. Elias Barbosa: 104.3

> Um ponto, contudo, deve ficar claro: é que todos os poetas, quase sem exceção, buscaram ater-se, neste livro, à confirmação do continuísmo da vida após a morte do corpo físico e aos consoladores ensinos da Doutrina Espírita, acentuando-se que vários deles chegaram a se especializar em determinados assuntos doutrinários, quais sejam a exposição da Lei de Causa e Efeito, as narrativas das regiões inferiores do Espaço, a posição espiritual dos que atravessam as faixas da morte, a experiência do processo liberatório, as consequências do suicídio, a importância do amparo ao coração infantil, o quadro de responsabilidade dos pais terrestres, etc. Tal preocupação, quer-nos parecer, não existia, num sentido total, no *Parnaso de além-túmulo*.
>
> Os aedos no intercâmbio de ontem tinham como que a obrigação formal de evidenciar a própria personalidade, atreitos às idiossincrasias que os singularizavam, para, ao que supomos, serem reconhecidos pelos críticos literários.

Referindo-se ainda aos poetas que constam da *Antologia*, complementa o Dr. Elias Barbosa:

> Enriquecidos pelo conhecimento superior da Doutrina Espírita, não se prendem à beleza formal tão somente, atendo-se mais à excelência do fundo, como que a evidenciar que o conceito de arte pela arte persiste, mas sob novas diretrizes temáticas, graças ao influxo, sem dúvida, de novas vivências [...].
>
> Em alguns casos — e são muitos deles assim — verá (o leitor) que os poetas comprometidos com a Lei de Causa e Efeito, por escritos pouco edificantes que deixaram na Terra, voltaram com poemas que são respostas autênticas

a todas as dúvidas que lhes acicatavam as almas de desesperançados, atualmente em luta respeitável para dissipar as nuvens de sombra forjadas por eles mesmos.

104.4   Só por isso, aliás, teria esta *Antologia* um valor inestimável.

É mais um livro da obra mediúnica de Chico Xavier/Waldo Vieira que recomendamos ao leitor. Vale a pena ler e sentir a beleza dos versos e as formosas lições que os autores transmitem.

* * *

Chico menciona o problema da inflação, isso em 1963...

Faz em seguida comparação muito bonita, dizendo ser a FEB como que um "Estado da Espiritualidade na Terra".

Evidentemente, Chico tem uma visão bastante abrangente das grandes responsabilidades espirituais afetas à FEB, que desde o fim do século passado vem sustentando o edifício doutrinário em nosso País. Esse tem sido um trabalho lento, gradual e perseverante, exigindo, muitas vezes, dos tarefeiros encarnados, posicionamentos decisivos e abnegação total na defesa dos postulados doutrinários, a fim de que as atividades não sofram solução de continuidade.

Em que pese as críticas que se lhe façam, com base em opiniões diversas, é inadmissível não reconhecer-se o extraordinário esforço daqueles que a têm conduzido através de um século de lutas.

Humberto de Campos, referindo-se à FEB, em seu notável livro *Brasil, coração do mundo, pátria do evangelho*, afirma (cap. 28): 104.5

> A realidade é que, considerada às vezes como excessivamente conservadora, pela inquietação do século, a respeitável e antiga instituição é, até hoje, a depositária e diretora de todas as atividades evangélicas da *Pátria do Cruzeiro*. Todos os grupos doutrinários, ainda os que se lhe conservam infensos, ou indiferentes, estão ligados a ela por laços indissolúveis no Mundo Espiritual. Todos os espiritistas do país se lhe reúnem pelas mais sacrossantas afinidades sentimentais na obra comum, e os seus ascendentes têm ligações no Plano Invisível com as mais obscuras tendas de caridade, onde entidades humildes, de antigos africanos, procuram fazer o bem aos seus semelhantes.
>
> As forças das sombras alimentam, muitas vezes, o personalismo e a vaidade dos homens, mesmo daqueles que se encontram reunidos nas tarefas mais sagradas; mas a direção suprema do trabalho do Evangelho se processa no Alto e a Federação Espírita Brasileira, dentro da sua organização baseada nos ensinamentos do Mestre, está sempre segura do seu labor junto das almas e dos corações, cultivando os mais belos frutos de espiritualidade na seara de Jesus, consciente da sua responsabilidade e da sua elevada missão.

No trecho final da carta, Chico menciona um folheto sobre Eurípedes Barsanulfo, que estaria gerando alguma confusão.

104.6   Lê-se também a primeira referência ao novo trabalho de André Luiz, cujo título seria *Desobsessão*, como veremos adiante.

— 105 —
LIVROS DOADOS À C.E.C.

29-6-1964

[...] As tuas referências acerca do soneto *E assim Deus fez* **105.1**
me trouxeram grande contentamento, pois que também, de minha parte, ao vê-lo sair do lápis mediúnico de nosso Waldo, na reunião pública, muito me entusiasmei. É uma peça de grande beleza espiritual.

Compreendemos o que nos dizes sobre as dificuldades que vens encontrando nas atividades do D.E., diante do encarecimento de tudo. Avaliamos a extensão de tuas lutas, porque, com o assentimento e amparo do nosso abnegado Emmanuel — condoído das despesas enormes a que a Comunhão Espírita Cristã (C.E.C.) vem sendo obrigada na difusão da Doutrina —, a nossa instituição assumiu responsabilidades para o lançamento de vários livros, a ela doados por nossos amigos espirituais, por nosso intermédio, com o fim de ampará-la no programa de difusão doutrinária, e estamos vendo, com a nossa própria experiência, que as organizações editoriais são obrigadas a imensos sacrifícios daqueles que as orientam e dirigem. Permita Jesus possam nossos amigos da C.E.C. encontrar êxito na difícil empresa a que se arrojam por amor à nossa causa, que é a causa do Espiritismo Cristão. Aqui, a nossa Diretoria, para atender a compromissos de ordem moral e material, empenhou-se até mesmo em elevados débitos e imaginamos, por isso, a extensão das lutas da nossa FEB, que comparada à nossa casa humilde é um transatlântico à frente de um barquinho.

105.2 Jesus te renove as energias e te sustente para que a obra prossiga com a firmeza de tuas mãos generosas de sempre.

Em anexo, seguem algumas páginas dos nossos caros benfeitores espirituais, destinadas à nossa querida revista. Como sempre, o critério de aceitação e seleção te pertence.

Nosso Waldo envia-te muitas lembranças e ambos as endereçamos para D. Zilfa, Zêus e todos os teus caros familiares. Rogando ao Senhor por tua saúde e tranquilidade, peço receberes o coração reconhecido do teu de sempre.

CHICO

Um belo soneto psicografado por Waldo Vieira é alvo dos elogios de Wantuil e Chico.

Chico tece comentários sobre as dificuldades que cercam o trabalho de uma editora espírita.

Na carta, o médium diz a Wantuil de Freitas que por orientação de Emmanuel foram doados à C.E.C. vários livros psicografados por ele, com a finalidade de cooperar com a instituição que abriga o seu labor mediúnico.

Em face dos obstáculos e compromissos financeiros assumidos pela C.E.C., Chico avalia a extensão das lutas da FEB, especialmente no Departamento Editorial — D.E.

— 106 —
DESOBSESSÃO

4-8-1964

106.1 A carta com a data acima contém o parecer de André Luiz e a opinião de Chico e Waldo — todos favoráveis a que o livro *Desobsessão*, só seja publicado com as fotografias ilustrativas dos capítulos, obedecendo a uma diagramação que envolva uma segunda cor, etc.

As conclusões de André Luiz, de que partilham os médiuns, estão assim apresentadas na carta datilografada:

> [...] Será preferível para nós, os servidores da Doutrina Espírita, na hora atual, que o livro fique mais caro do ponto de vista financeiro e pouco acessível à bolsa pública, no momento que passa, porquanto precisamos de um trabalho que auxilie a desobsessão, sem os prejuízos do misticismo, como sejam rituais, defumações, figurações cabalísticas, ídolos diversos e fórmulas outras do magismo, respeitáveis naqueles que os aceitam de intenção pura, mas incompatíveis com os princípios libertadores da Doutrina Espírita, e tão só com as ilustrações pelas fotos conseguirá o livro *Desobsessão* apresentar ao povo uma ideia indeformável das tarefas de desobsessão,

partindo do ponto de vista científico popular, sem as interferências negativas do sincretismo religioso. Mais vale deixarmos, nesse assunto, um livro sem qualquer lucro financeiro, mas que defina perante o futuro a nossa posição de espíritas conscientes, do que não sofrermos prejuízos materiais e relegarmos aos nossos continuadores uma definição que, coletivamente, seremos obrigados a fazer, agora ou mais tarde, salientando-se que os bons Espíritos, na atualidade, estão nos proporcionando os recursos e os meios para que semelhante definição seja feita, consoante os deveres que abraçamos e dos quais, sem a mínima dúvida, prestaremos os esclarecimentos precisos no Plano Espiritual.

106.2 Pelas razões expostas, razões que apresentamos ao nosso caro Wantuil com todo o respeito e com todo o potencial de nossa capacidade afetiva, tomamos a liberdade de rogar para que as fotos sejam mantidas no volume ou, então, insistimos para que o livro *Desobsessão* espere melhores tempos, conservado na FEB ou aqui, em nossas mãos, até que o plano traçado por nossos amigos espirituais, quanto ao livro, possa ser exatamente cumprido.

Rogando ao nosso querido Wantuil nos perdoe, se o nosso propósito de acertar com os nossos deveres na Doutrina Espírita (aqui definidos com muita veneração e carinho, perante a sua autoridade de orientador e perante a sua infatigável dedicação de amigo) não puder estar de acordo com o seu respeitável ponto de vista, subscrevemonos, reconhecidamente, como sendo, ontem, hoje e sempre, os seus admiradores e servidores muito e muito agradecidos.

CHICO E WALDO

"Um livro diferente", diz Emmanuel na introdu- 106.3
ção de *Desobsessão*.

E realmente essa obra de André Luiz difere de todas as outras de sua coleção, mas veio em decorrência delas, numa harmoniosa sequência de temas relacionados com a mediunidade com Jesus.

A obsessão é enfermidade da alma. André Luiz refere-se a esse angustiante problema em várias de suas obras, sendo o tema do seu livro *Libertação*, escrito em 1949, conforme comentamos na carta datada de 13-3-1949.

Emmanuel, explicando o objetivo do livro *Desobsessão*, diz (prefácio):

> Sentindo de perto semelhante necessidade, o nosso amigo André Luiz organizou este livro diferente de quantos lhe constituem a coleção de estudioso dos temas da alma, no intuito de arregimentar novos grupos de seareiros do bem que se proponham reajustar os que se veem arredados da realidade fora do campo físico. Nada mais oportuno e mais justo, uma vez que se a ignorância reclama devotamento de professores na escola e a psicopatologia espera pela abnegação dos médicos que usam a palavra equilibrante nos gabinetes de análise psicológica, a alienação mental dos Espíritos desencarnados exige o concurso fraterno de corações amigos, com bastante entendimento e bastante amor para auxiliar nos templos espíritas, atualmente dedicados à recuperação do Cristianismo em sua feição clara e simples.

O assunto da carta é o livro *Desobsessão*, de André Luiz, psicografado por Chico Xavier e Waldo Vieira, e mais especificamente a questão das fotos que o ilustram.

106.4   Wantuil de Freitas argumentou que as ilustrações iriam encarecer o livro, dificultando sua aquisição pela classe mais pobre, mas André Luiz retrucou estar em jogo a importância doutrinária da obra e que o problema poderia ser minimizado com a obtenção de menor lucro na venda do livro.

É muito oportuno que os nossos comentários sejam feitos 20 anos depois.

Já agora podemos avaliar melhor a orientação do autor espiritual e, sobretudo, entender aquele momento vivido por todos os envolvidos: Chico, Waldo, Wantuil e André Luiz.

Quando André Luiz dá essa orientação, está lançando um olhar para o futuro. Quer deixar registrado o transcurso da reunião mediúnica através de imagens fotográficas.

Quando afirma que o recinto da reunião é simples: sem enfeites, sem imagens, sem flores, sem a necessidade de móveis caros ou especiais, mostra isto claramente por meio das fotos.

Quando deixa implícito que as pessoas que participam não são iniciados, e sim pessoas iguais às outras, não estão com vestes ou adornos especiais, não se portam de modo estranho, não têm atitudes místicas, não praticam rituais, não há mistério algum, prova isto pelas fotos, sem a menor dúvida.

Quando explica aos médiuns que as comunicações de Espíritos necessitados devem ser disciplinadas e que no momento das comunicações o médium deve manter-se equilibrado, sem se levantar, ou deixar-se cair no chão, sem gritar e sem provocar distúrbios, mostra tudo isto pelas ilustrações.

Orientando aos médiuns, dirigentes e participantes de sessões mediúnicas, ensina que a reunião de prática da mediunidade se faz num recinto preservado de olhares curiosos e se reveste de seriedade e respeito, realizada longe dos olhos do público, não porque nela se pratiquem ritos ou porque haja mistério, mas por respeito aos Espíritos que se comunicam, que são seres humanos como nós, que vêm contar as suas dores e os seus dramas, buscar ajuda e consolo. E expor em público essas chagas morais é extremamente descaridoso e inoportuno, além de prejudicar o rendimento dos trabalhos. **106.5**

Vinte anos depois já se pode fazer uma avaliação do livro, dos possíveis progressos conquistados na área da mediunidade.

Infelizmente, constatamos que a mediunidade é ainda catalisadora de crendices e superstições. É o escoadouro preferido para o componente mágico que o ser humano gosta de cultivar. É o próprio sobrenatural. O mistério, enfim.

Mesmo nos meios espiritistas as diferenças de entendimento quanto à mediunidade são visíveis e nítidas. A Codificação Kardequiana prossegue desconhecida da maioria.

E no bojo de todas essas dificuldades, a obra mediúnica de Chico Xavier desponta com incrível atualidade, falando a linguagem do povo, ou difundindo o conhecimento científico e especializado como apoio e continuidade dos ensinamentos básicos da Codificação.

106.6   O livro *Desobsessão* contém o resumo fotográfico dos próprios trabalhos exercidos por Chico Xavier. No futuro, quando os anos rolarem, não se levantarão suposições distorcidas de como teriam sido realizadas as sessões mediúnicas de Chico Xavier. De que *eleitos* se constituiria a sua equipe, pois as fotografias contarão a história, mostrando os detalhes e dirimindo dúvidas.

André Luiz, uma vez mais, se adianta e faz do conjunto de sua obra a mais notável profilaxia contra o absurdo.

Chico e Waldo estão, portanto, argumentando com Wantuil, porque sentem que é imprescindível deixar bem claros e evidentes os princípios doutrinários que norteiam os trabalhos mediúnicos.

A preservação doutrinária sempre foi uma preocupação constante de Chico Xavier e dos seus instrutores espirituais.

Chico respeita a crença daqueles que ainda sentem necessidade de apoiar os seus atos religiosos com práticas diversas, símbolos e fórmulas, mas na coerência de suas atitudes em nossa seara espírita sabe que o momento exige uma definição mais precisa e mais objetiva e que não deixe margem a quaisquer outras interpretações.

O livro *Desobsessão* é atualíssimo e precioso roteiro 106.7
para os centros espíritas. Abrange não apenas os trabalhos desobsessivos, mas também as reuniões mediúnicas em geral, que têm em suas páginas as elucidações de que precisam para se organizarem e conduzirem.

Na introdução, André Luiz, após reportar-se aos múltiplos males espirituais que afetam o homem, explica:

> Refletindo nisso e diligenciando cooperar na medicação a esses males de sintomatologia imprecisa, imaginamos a organização deste livro dedicado a todos os companheiros que se interessam pelo socorro aos obsidiados — livro que se caracteriza por absoluta simplicidade na exposição dos assuntos indispensáveis à constituição e sustentação dos grupos espíritas devotados à obra libertadora e curativa da desobsessão. Livro que possa servir aos recintos consagrados a esse mister, estejam eles nos derradeiros recantos das zonas rurais ou nos edifícios das grandes cidades, cartilha de trabalho em que as imagens auxiliem o entendimento da explicação escrita, a fim de que os obreiros da Doutrina Espírita atendam à desobsessão, consoante os princípios concatenados por Allan Kardec.

PALAVRAS FINAIS

Ao encerrarmos os comentários de toda essa correspondência, apraz-nos parar e fazer silêncio em nosso íntimo. E meditarmos sobre os exemplos de vida que o nosso querido Chico Xavier nos transmite.

Vem-nos, então, à mente a figura venerável de Emmanuel, em que nos detemos.

É impossível dissociá-lo quando se pretende falar sobre o seu médium. Ambos caminham tão intimamente ligados, que à simples menção do nome de um deles já o outro se lhe associa.

Emmanuel é aquele coração profundamente evangelizado, que conhece Jesus e lhe devota profundo amor. É ele o responsável por todo esse grandioso movimento espiritual que tem em Chico Xavier o medianeiro encarnado.

Se analisarmos os antecedentes espirituais da obra mediúnica iniciada em 1927, em Pedro Leopoldo, e que já se prolonga por quase 60 anos, iremos encontrar prodigiosa programação cujas raízes estão profundamente fixadas na própria Codificação Kardequiana.

A falange do Consolador — inclusive Kardec — prossegue, por certo, cuidando da obra. A revelação é progressiva e a plêiade de entidades luminosas liderada pelo Espírito de Verdade não iria lançar as suas balizas e retirar-se para os altos planos da Espiritualidade.

Dizem-nos o bom senso e a lógica que muitos daqueles que a integram ficariam incumbidos de zelar mais de perto para que a Doutrina Espírita se espraiasse pela Terra.

O trabalho de implantação foi sacrificial. Homens e instrutores espirituais em contínuo intercâmbio saíram a semear.

Em *Brasil, coração do mundo, pátria do evangelho*, o magistral livro de Humberto de Campos, ele esclarece que a árvore do Evangelho foi transplantada para o nosso País e que este tem a orientação espiritual de Ismael. Nessa linha de pensamento, vamos encontrar Emmanuel como responsável pela continuidade e desdobramento dos ensinos dos Espíritos, sendo ele próprio um dos componentes da falange do Espírito de Verdade, e que assina a comunicação datada de 1861, inserida no cap. 9 de *O evangelho segundo o espiritismo*, intitulada *O egoísmo*. É Emmanuel, portanto, quem estabelece a ligação entre a Codificação e o movimento mediúnico instaurado no Brasil por meio de Chico Xavier.

Para que isso se tornasse realidade, o instrutor espiritual convoca um contingente apreciável de Espíritos e organiza vasto programa para cuja realização encarnados e desencarnados somariam esforços.

Humberto Mariotti, o notável escritor argentino, em excelente trabalho publicado em *Reformador*, de janeiro e fevereiro de 1982, intitulado *La filosofía de la historia*, em *A caminho da luz*, obra mediúnica de Francisco Cândido Xavier, diz:

> *Emmanuel, ese Espíritu que ha reafirmado para el mundo moderno la obra de Allan Kardec, al vigorizar la mano psicográfica de Francisco Cândido Xavier ha brindado a la Ciencia, la Filosofía y la Religión los nuevos elementos para comprobar el sentido espiritual del hombre y la Naturaleza. [...]*
>
> *La visión filosófica que expone en A caminho da luz tiene vinculaciones con ese otro libro que lleva su nombre: Emmanuel y se resume en forma general en O consolador, donde tan eminente Espíritu desencarnado da repetidas pruebas de haber interpretado ampliamente el destino espiritual, social y religioso de la Codificación Kardequiana.*
>
> *Estos hechos ocurren cuando el médium es el resultado de un destino y de una misión. Francisco Cândido Xavier, que es el fiel amanuense de Emmanuel, ha cumplido y la está cumpliendo aún su misión mediúmnica porque su vida tanto pública como privada está al servicio del mundo invisible, es decir, que no vive más que para servir humilde y serenamente los grandes delineamientos del Espíritu de Verdad.*

* * *

Testemunhos de Chico Xavier não tem pretensão alguma de biografar o médium. É, entretanto, por meio dessas cartas, que nós o conhecemos um pouco mais. Suas emoções, suas reações ante as lutas e asperezas do caminho, o seu modo de proceder, e, sobretudo, esse constante exercício de amar que faz parte do seu modo de ser.

É essencial assinalar que Chico Xavier, tal como o seu mentor espiritual, ama a Jesus com todas as veras d'alma. É desse amor que deflui todo o sentimento com que ele envolve cada criatura, cada ser, com que ele, afinal, enxerga e sente a vida.

Esse amor é apanágio de todos os missionários, das almas eleitas, dos Espíritos de escol.

Chico não tem receio de amar e o demonstra a todo momento. As decepções, as ingratidões existem, e ele mesmo tem convivido com elas diuturnamente. Entretanto, tais dissabores são superados pela grandeza desse sentimento maior, que aumenta enquanto extravasa, que se fortalece quanto mais se doa, que se renova no próprio exercício de ser.

É isto que muitos não conseguem entender e interpretam como uma necessidade compulsiva de sofrer ou como uma resignação passiva e alienada.

A vida de Chico Xavier é a do bem e do amor. O que talvez, neste mundo conturbado de transição, neste mundo de conflitos acerbos, seja quase impossível de se conceber.

* * *

"[...] Há certas cruzes sob as quais deveremos morrer", escreve Chico em uma de suas cartas.

Que de sofrimentos, abnegação e renúncia é a sua vida.

Chico elegeu, para essa encarnação, a mediunidade com Jesus.

A mediunidade seria a sua meta, o seu fanal, o desiderato para o qual viveria em toda a plenitude.

Sabia, de antemão, que a existência terrena, desde os primeiros passos, não lhe seria fácil.

Como todos os médiuns do passado, teria que arrostar os preconceitos humanos, convivendo dia a dia com as perseguições, das quais nenhum dos que lhe antecederam escapou.

Não desconhecia também que a renúncia e a solidão seriam as suas companheiras do cotidiano.

Mas, acima de tudo, Chico entendia que nos momentos mais cruciais e decisivos, nas horas amargas dos testemunhos, ele teria a presença dos seres invisíveis e amigos ao seu lado — ele teria Jesus! Jamais estaria a sós, estando com Ele. Frente às ciladas armadas sub-repticiamente, diante das calúnias e agressões, das traições e injustiças a lhe ferirem o coração justo e amoroso, encontraria n'Ele o refúgio balsâmico.

E Chico compreendia, ainda, que nessa cruzada de doação de si mesmo, a que se propunha, encontraria também as mais suaves e doces alegrias concedidas ao ser humano — aquelas que advêm do exercício sublime do amor.

Enxugar lágrimas, estender a mão aos aflitos, amenizar os dramas pungentes do próximo, devolver o sorriso aos velhinhos, aos órfãos, aos que perderam os entes queridos — esse o caminho que escolhera!

Hoje, a colheita dos frutos sazonados.

Sessenta anos se passaram desde o dia em que iniciou publicamente a sua missão. Parece que foi ontem.

Entretanto, aí estão milhares e milhares de páginas que suas mãos abençoadas psicografaram. As letras reunidas celeremente escorrem do Mundo Maior como ouro liquefeito. As páginas de luz atravessam as fronteiras do túmulo para virem ao encontro das dores do mundo.

E os consolados, os que recuperaram a visão espiritual, os que redescobriram a esperança, os que se dessedentaram nessa fonte que promana de Jesus — o Provedor de todas as bênçãos —, todos lhe agradecemos intimamente e o não esquecemos.

* * *

"Há certas cruzes sob as quais deveremos morrer", são palavras dos benfeitores espirituais a Chico Xavier, retransmitidas a seu amigo Wantuil.

Inteirar-se, na sua correspondência particular, do modo como ele se coloca diante das perseguições, dos problemas a sucederem a cada passo, das críticas ferinas e injustas, das agressões físicas e morais, da defecção daqueles que supunha amigos, da hostilidade e incompreensão dos companheiros, e sentir nas entrelinhas o que ele não disse, mas que lhe ressuma das frases bondosas e serenas — tudo isso leva-nos a entender que esse admirável missionário do Cristo cumpriu e cumpre, integralmente, aquele ensinamento dos Espíritos.

Chico Xavier! Ao fechar este livro guardamos no coração a certeza de que essa cruz invisível não lhe pesa mais sobre os ombros, e que, ante os nossos olhos deslumbrados, ela se cobre hoje de estrelas e de flores a representarem o carinho, a gratidão e o amor de quantos lhe agradecemos, reconhecendo em você legítimo *pescador de almas* que nos auxilia a retornar ao aprisco de Jesus.

ÍNDICE GERAL[13]

Agenda Cristã, livro
André Luiz – 43.2; 101.2

Agenda cristiana, livro
tradução de *Agenda cristã* para o espanhol – 102.1

Almanaque de lembranças, Lisboa
publicação do soneto *Senhora da amargura* – 86.5

Almas crucificadas, livro
Victor Hugo, Espírito – 18.1; 18.2
Zilda Gama, médium – 18.1; 18.2

Almas culpadas, livro *ver* Almas crucificadas, livro

Almas em desfile, livro
Hilário Silva, Espírito – 103.1; 103.2

Alvorada cristã, livro
Neio Lúcio – 51.4

Andrade, Ernani Guimarães
Matéria psi, A, livro – 56.5

Andrade, Henrique
Bem da verdade, A, livro – 16.2

Ângelis, Joanna de, Espírito
arena do mundo – 50.2
Divaldo Pereira Franco – 50.2
felicidade – 46.4
serviço do espiritismo, A, livro – 50.2

Anjos, Augusto dos, poeta
Voz do Infinito, poema – 31.4

Antologia dos imortais, livro
apresentação – 104.3
Elias Barbosa – 104.2
lançamento – 104.2
poetas que constam do livro – 104.3
psicografia de Chico Xavier e Waldo Vieira – 104.2

Assembleia Deliberativa da FEB
relatório de Wantuil de Freitas – 8.3

Assis, Armando de Oliveira
ex-presidente da FEB – pref.

Aurora, jornal espírita
Ignácio Bittencourt, diretor – 86.3
publicação de trabalhos de Chico Xavier – 86.3

Auta de Souza, livro
Senhora da amargura, soneto – 86.4; 86.5
visita do Espírito Auta de Souza – 86.4; 86.5

Ave, Cristo!, livro – 79.1
romance do Espírito Emmanuel – 79.1; 83.3

Barbosa, Elias
Antologia dos imortais, livro – 104.2

---

[13] N.E.: Remete à numeração presente à margem das páginas.

ÍNDICE GERAL

entrevista concedida por Chico Xavier – 18.3; 58.4; 86.3
Presença de Chico Xavier, livro – 31.4

Barbosa, Rui
identificação da personalidade de José Bonifácio – 75.2

Barsanulfo, Eurípedes
confusão em folheto – 140.5

Bem da verdade, A, livro
combate a obra *Os quatro evangelhos* de J.B. Roustaing – 16.2
Henrique Andrade, autor – 16.2

Bittencourt, Esmeraldo, D.
Nosso livro – 69.1; 69.3

Bittencourt, Ignácio
diretor do jornal espírita *Aurora* – 86.3

Bonifácio, José
análise da vida de * e de Rui Barbosa – 75.3
identificação da personalidade de * em Rui Barbosa – 75.2

Braga, Ismael Gomes
cópia da carta do Bispo de Maura – 8.7
críticas – 65.1
programa de Esperanto – 1.1; 40.5

Braga, Jaime, Espírito
Ciência divina, livro – 43.2

Brasil, coração do mundo, pátria do evangelho, livro
árvore do Evangelho transplantada para o Brasil – 106.9
Francisco Cândido Xavier – 99.7
Humberto de Campos – 99.7
segundo período com a chegada da equipe espiritual – 36.5
trecho alusivo a Roustaing – 28.1; 28.3; 29.2; 30.2; 36.2

Caminho da luz, A, livro
Emmanuel, Espírito – 36.5; 99.7; 99.8

Filosofia de la historia, La, artigo – 106.10
Francisco Cândido Xavier – 36.5; 99.7; 106.10
segundo período com a chegada da equipe espiritual – 36.5

Caminho oculto, O, livro
Emmanuel, Espírito – 85.4
gradação da voltagem – 85.4
livro dedicado à infância – 10.2
ministra Veneranda – 10.2; 10.4
utilização nos círculos de educação infantil em Nosso Lar – 10.1

Caminho, verdade e vida, livro
Emmanuel, Espírito – 60.2; 63.2

Campos, Humberto de
Boa nova, livro – 95.2
Brasil, coração do mundo, pátria do Evangelho, livro – 95.2; 99.7
cartas privadas e confidenciais de Chico Xavier – 4.1
Chico Xavier – apres.
Crônicas de além-túmulo, livro – 95.2
decisões do Supremo Tribunal – 5.2
identidade oculta – 6.7
Novas mensagens, livro – 8.2; 95.2
prefácio de * no livro *Crônicas de além-túmulo* – 6.6
prefácio do livro *Luz acima* – 47.3
referência de * à FEB – 104.5
Reportagens de além-túmulo, livro – 95.2
retirada do nome de * dos livros editados – 95.2
retorno à lida – 6.8
sentimentos e emoções na mensagem psicografada – 6.3

Caravana da Fraternidade
Arthur Lins de Vasconcellos, Dr. – 74.2

Carta de Chico Xavier
Antônio Wantuil de Freitas – pref.; apres.
dimensão da figura humana de Chico Xavier – apres.

ÍNDICE GERAL

Suely Caldas Schubert – pref.

Casa de Ismael *ver também* **Federação**
Espírita Brasileira
revista *Reformador* – pref.

Castro, Almerindo Martins de
Martírio de um suicida, O, livro – 91.3, nota

Centro Espírita Luiz Gonzaga
legalização da situação dos livros – 54.2

Centro Espírita Padre Zabeu
sessões de materialização – 96.2

Céu e o inferno, O, livro
Allan Kardec – 77.7

Chuva de livros
Mundo de Chico Xavier, No, livro – 34.1, nota
significado da expressão – 34.1, nota

Ciência divina, livro
Jaime Braga, Espírito – 43.2
Porto Carreiro Neto, Dr. – 43.2

Cigarra, A, revista
reportagem sobre Chico Xavier – 52.1

Cinquenta anos de parnaso, livro
Clóvis Ramos – 85.2
comentário de Francisco Thiesen – 85.7

Circuito mediúnico
conceito – 85.3-85.5

Código Penal
decretação – 8.6

Conceitos elucidativos, artigo
revista *Reformador* – 81.2
Wantuil de Freitas – 81.2

Conferência espiritista-crista
inauguração da * na penitenciária – 10.1

I Congresso Brasileiro de Unificação
Espírita – 57.2

Consolador prometido por Jesus *ver também* **Doutrina Espírita**
acesso à mensagem excelsa – pref.
bálsamo dos ensinos da Doutrina Espírita – 3.2

Contos e apólogos, livro
Irmão X – 93.2

Corpo espiritual *ver* **Perispírito**

Corpo fluídico *ver* **Perispírito**

Corpo Fluídico?, artigo
revista *Reformador* – 42.3
Wantuil de Freitas, autor – 42.3

Crônicas de além-túmulo, livro
prefácio de Humberto de Campos – 6.6

Cruz
companheira imprescindível – 77.5; 77.6

Delanne, Gabriel
livro plagiando o trabalho – 22.2

Denis, Léon
considerações sobre perispírito – 61.3
encontro espiritual entre * e Yvonne do Amaral Pereira – 89.2
Invisível, No, livro – 37.4; 85.6; 96.6
lei das manifestações espíritas – 37.3
leis das comunicações espíritas – 99.6
mediunidade de Chico Xavier – 85.6

Desdobramento
conceito – 58.5; 98.3
Livro dos espíritos, O – 58.5

Desobsessão, livro
André Luiz, Espírito – 106.3; 106.7

ÍNDICE GERAL

condição para publicação – 106.1
considerações – 62.2
objetivo do * segundo Emmanuel – 106.3
psicografia de Chico Xavier e Waldo Vieira – 106.3
resumo fotográfico dos trabalhos – 106.6
roteiro para os centros espíritas – 106.7

Deus, João de, Espírito
Lições para Angelita, livro – 86.2

Devassando o invisível, livro
Yvonne do A. Pereira – 17.8

Documentos e Depoimentos para a
História do Espiritismo no Brasil
Clóvis Ramos – 7.4; 7.6; 7.7; 8.3
relatório de Wantuil de Freitas – 7.6; 8.3

Domingo, Amália
Memorias do padre Germano, livro – 72.2

Domínios da mediunidade, Nos, livro
André Luiz, Espírito – 51.3
Francisco Cândido Xavier – 16.1

Dor
Joanna de Ângelis, Espírito – 77.7

Doutrina Espírita *ver também* **Espiritismo**
bálsamo dos ensinos da * - O Consolador Prometido – 3.2
Chico Xavier, patrimônio moral e espiritual – 84.3
impedimento das trevas à chegada da luz – 6.7
percalços na difusão – 6.5
recenseamento em 1940 – 13.6

E assim Deus fez, soneto
Waldo Vieira – 105.1

Egoísmo, O, mensagem
Emmanuel, Espírito – 106.9

Emmanuel, Espírito
alteração da obra – 2.3
apresentação do livro *Mecanismos da mediunidade* – 101.3
ataque a obra – 1.5
Ave, Cristo!, livro – 79.1; 83.3
Caminho, verdade e vida, livro – 60.2; 63.2
comando das faculdades mediúnicas de Chico Xavier – 86.5
considerações – 9.4
consulta ao * sobre a tradução dos livros para o espanhol – 2.1
designação da tarefa cristã – 59.1; 59.2
Egoísmo, O, mensagem – 106.9
evidência do trabalho de equipe – 36.7
falange do Espírito de Verdade – 106.9
Fonte viva, livro – 34.2; 38.4; 47.2; 77.6; 92.2
guia espiritual de Chico Xavier – apres.
harmonização e sintonia entre * e Chico Xavier – 85.6
identificação da qualidade do livro espírita – 36.6
intermediação entre a ministra Veneranda e Chico Xavier – 10.3
linguagem elevada – 101.7
Luz acima, livro – apres.; 47.1
notícia sobre livro infantil – 9.5
objetivo do livro *Desobsessão* – 106.3
Pensamento e vida, livro – 38.5
perfil – 101.5
prefácio do livro *Evolução em dois mundos* – 99.2
pregador de cartazes convidando à festa do Reino – 12.1; 12.2
produção mediúnica pacífica e produtiva – 6.1
professor de Doutrina Espírita em escola no Plano Espiritual – 98.3
Religião dos espíritos, livro – 102.3
responsabilidade pelo grande movimento espiritual – 106.8

ÍNDICE GERAL

Roteiro, livro – 38.5
Seara dos médiuns, livro – 36.4
significado de *Luz acim*a – 47.1; 47.2
sintonia entre * e Chico Xavier/ Wantuil de Freitas – pref.
subida através da luz – apres.
tradução de livros de * para o inglês – 82.1

Encontros no tempo, livro
Francisco Cândido Xavier – 17.5; 100.3
processo psicográfico usado – 99.4

Entendimento
dificuldade de chegar a tão alto grau – 40.6

Entre a terra e o céu, livro
André Luiz – 84.2

Erasto
missão dos espíritas – apres.
resposta de * para Allan Kardec – 36.3

Erraticidade
conceito – 9.4, nota

Esperanto
programa do * a cargo de Ismael Gomes Braga – 1.1; 40.5
tradução de várias obras espíritas – 25.1

Espírita
denominação do * segundo Chico Xavier – 9.3
fé * cristã – 82.3
transformação do * em juiz descaridoso – 4.4
vivência do Cristianismo – 26.4

Espiritismo *ver também* Doutrina Espírita
conhecimentos compatíveis com o estágio evolutivo da Humanidade – 17.9
documentos e depoimentos para a História do * no Brasil – 7.4

orientador de fenômenos de ordem espiritual – 81.4
passagem da história do * no Brasil – 7.3
restrições contra as atividades religiosas – 7.3

Espírito
médium, expressão do pensamento – 36.7
existência trabalhosa para o * imortal – 35.2

Espírito amigo
Chico Xavier - o pescador de almas – 3.2

Espírito de Verdade
Evangelho segundo o espiritismo, O, livro – 13.7
Livro dos médiuns, O – 13.11; 13.12

Espírito puro
perispírito – 61.5

Espírito Superior
ocupação do * com coisas indignas – 36.10

Estado da Espiritualidade na Terra
Federação Espírita Brasileira – pref.

Evangelho em casa, livro
Meimei, Espírito – 101.7; 102.3

Evangelho segundo o espiritismo, O, livro
Allan Kardec – 13.7; 78.2
Egoísmo, O, mensagem – 106.9
Espírito de Verdade – 13.7

Evolução em dois mundos, livro
André Luiz, Espírito – 94.4, nota; 99.7; 99.8
ovoides – 61.5
perispírito – 61.5
prefácios – 99.2
processo psicográfico usado – 99.3
psicografia de Chico Xavier e Waldo Vieira – 99.2; 99.8

ÍNDICE GERAL

psicosfera – 94.4, nota

Falando à Terra, livro
   mensagem *Oração ao Brasil* de Rui Barbosa – 75.2

Felicidade
   purificação completa do Espírito – 77.7

FEB *ver* Federação Espírita Brasileira

Federação Espírita Brasileira
ver também Casa de Ismael
   Armando de Oliveira Assis, ex-presidente – pref.
   Antônio Wantuil de Freitas – pref.
   Brasil, coração do mundo, pátria do Evangelho, livro – 28.1; 28.3; 29.2; 30.2
   Casa-Mater do Espiritismo no Brasil – pref.
   elemento da Diretoria da * contrário ao Esperanto – 40.5
   Estado da Espiritualidade na Terra – pref.; 104.4
   fechamento das portas – 7.3
   Francisco Thiesen, presidente – 85.2
   guarda dos originais dos livros – 1.5
   livros-astros da Espiritualidade Superior – pref.
   Miguel Timponi, Dr., advogado – 6.2; 6.7
   ocupação da * nas atividades de unificação dos espíritas – pref.
   referência de Humberto de Campos – 104.5
   renúncia ao legado a favor – 26.2; 26.4

Fígner, Frederico, Sr.
   desencarnação – 26.1; 45.5
   Irmão Frederico – 61.1
   notícias – 8.1; 26.1; 46.2
   pseudônimo – 60.2; 61.1; 64.1

Fígner, Sras.
   carta das * para Chico Xavier – 27.1; 31.2; 50.1

Filhos do grande rei, Os
   Emmanuel, Espírito – 85.4
   gradação da voltagem – 85.4
   livro dedicado à infância – 10.2
   ministra Veneranda do livro *Nosso lar* – 10.2
   utilização nos círculos de educação infantil em Nosso Lar – 10.1; 10.4

Filosofia de la historia, La, artigo
   Caminho da luz, A, livro – 106.10
   Humberto Mariotti – 106.10

Fluido espiritual
   corrupção do * pelos maus pensamentos – 38.3
   emprego do pensamento e da vontade – 17.1

Fonte viva, livro
   Emmanuel, Espírito – 34.2; 38.4; 47.2; 77.6; 92.2
   Francisco Cândido Xavier – 34.2; 38.4; 47.2; 92.2

Fox, Kate
   desencarnação – 100.4
   Margaret Fox, irmã – 100.4

Fox, Margaret
   arrependimento – 100.4
   desencarnação – 100.4
   Kate Fox, irmã – 100.4
   preconceitos religiosos – 100.4

Franco, Divaldo Pereira
   Joanna de Ângelis, Espírito – 15.2; 50.2
   Rumos libertadores, livro – 15.2
   serviço do espiritismo, A, livro – 50.2
   vidência do padre Germano – 72.3

Freitas, Antônio Wantuil de
   afastamento voluntário da FEB – 77.1

ÍNDICE GERAL

anonimato na aquisição das oficinas gráficas – 44.3
apaziguamento dos ânimos na própria diretoria – 23.2
assunção à presidência da Federação Espírita Brasileira – pref.; 7.2
carta de * para Chico Xavier em nome da Vovó Virgínia – 58.4
cartas recebidas de Chico Xavier – pref.; apres.
compromissos assumidos no Plano Espiritual Maior – 13.4
Conceitos elucidativos, artigo – 81.2
conselho de Chico Xavier – 40.7
controle doutrinário das publicações – 2.2
conversa entre * e Francisco Thiesen – pref.
cópia da carta do Bispo de Maura – 8.7
Corpo fluídico?, artigo – 42.3
descrição do lar de * por André Luiz – 29.4
desencarnação – pref.
doença de * e aflição de Chico Xavier – 32.1
expansão do programa do livro espírita – 34.4
experiência no trabalho espírita – pref.
gerente do *Reformador* – 11.1; 7.2
hostilidades e ataques à FEB – pref.
I. Pequeno, pseudônimo – 46.4
identificação entre * e Chico Xavier – 3.1
importância da missão – 13.5
Mínimus, pseudônimo – 18.2
modificação de artigos do *Código Penal Brasileiro* – 8.2
pai de Zêus Wantuil – pref.
recomendações para Francisco Thiesen – pref.
reeleição ao cargo de Presidente da FEB – pref.
relatório de * na revista *Reformador* – 7.6; 8.3
revisão do livro *Parnaso de além--túmulo* – 31.1; 31.2; 85.8

Síntese de o Novo Testamento, livro – 18.2
sintonia entre * e Chico Xavier/ Emmanuel – pref.
tarefa de difusão do livro espírita – 1.3
Verdade, A, jornal – 58.4
Zilfa, Sra., esposa – 29.4

Gaio, Manoel Jorge, Sr.
colaboração do * para sustento aos necessitados – 26.2; 26,4

Galileu, Espírito
Gênese, A, livro – 61.4; 99.8

Gama, Ramiro
Lindos casos de Chico Xavier, livro – 44.2; 87.1

Gama, Zilda, médium
Almas culpadas, livro – 18.1; 18.2
Sombra e na luz, Na, livro – 93.2

Gandhi, Mohandas Karamchand
filosofia de vida – 38.6

Gênese, A, livro
ação dos fluidos – 38.3
Allan Kardec – 17.1; 17.9; 38.3; 51.3; 56.3
Galileu, Espírito – 61.3; 99.8

Grupo espírita de Pedro Leopoldo
ponto de vista sobre a entrega do trabalho para a Casa de Ismael – 2.2; 2.3

Há dois mil anos, livro
tradução para o castelhano – 53.2

Hace dos mil años, livro
tradução na Argentina do livro *Há dois mil anos* – 73.3

História do espiritismo, livro
Conan Doyle – 100.4

Hugo, Victor, Espírito
Almas crucificadas, livro – 18.1; 18.2

ÍNDICE GERAL

Sombra e na luz, Na, livro – 93.2
Zilda Gama, médium – 18.1; 18.2

I. Pequeno
pseudônimo de Wantuil de Freitas – 46.4

Ignacio de Antioquia, Santo
Docetismo – 57.1

Imortal, O, jornal
importância da obra de André Luiz – 56.5

Instruções psicofônicas, livro
diversos Espíritos – 89.2

Invisível, No, livro
Léon Denis – 37.4; 85.6; 96.6
mediunidade de Chico Xavier – 85.6
perispírito – 61.4

Invólucro fluídico *ver* Perispírito

Irmão X *ver também* Campos, Humberto de
artigo para *Reformador* – 6.1
Contos e apólogos, livro – 93.2
identidade oculta – 6.7
Luz acima, livro – 43.2; 46.2
origem do pseudônimo – 6.2
Pontos e contos, livro – 72.2
Santuário de Ismael, O, mensagem – 71.1

Ismael
guia espiritual do Brasil – 1.4
obediência ao programa de * na obra de Chico Xavier – 36.9

Jacob, Irmão
descrição de Bittencourt Sampaio – 61.6
Francisco Cândido Xavier – 10.4; 43.3
pseudônimo – 64.1
Voltei, livro – 10.4; 43.3

Jardim da infância, livro
João de Deus, Espírito – 16.2

Jesus
mediunidade com * e acesso à mensagem excelsa do Consolador prometido – pref.
mediunidade com * e parâmetros de Chico Xavier – 44.5

Joanna de Ângelis, Espírito
Divaldo Pereira Franco – 15.2
dor – 77.7
Limiar do infinito, No, livro – 77.7
Rumos libertadores, livro – 15.2

Juventude
autonomia, independência e autossuficiência – 35.5

Kardec, Allan
alma dos animais – 72.3
Céu e o inferno, O, livro – 77.7
considerações sobre perispírito – 61.3
Evangelho segundo o espiritismo, O, livro – 78.2
expressão de * quanto aos perseguidos e injuriados – 78.2
fotografia do pensamento – 51.3
Gênese, A, livro – 17.1; 17.9; 56.3
Livro dos espíritos, O, – 9.4, nota; 13.6; 35.7
Livro dos médiuns, O – 13.11; 13.12; 36.3
médium mecânico – 99.5
Obras póstumas, livro – 61.4
referência aos adversários – 42.2
resposta de Erasto – 36.3
silêncio em face dos ataques – 73.2
Viagem espírita em 1862, livro – 42.2

Lei das manifestações espíritas
Léon Denis – 37.3

Lei Divina
determinismo – 6.6

Libertação
estudo da Doutrina Espírita e assimilação dos ensinamentos – 77.4

Libertação, livro
André Luiz, Espírito – 9.4; 60.2; 61.1; 62.2
Chico Xavier – 9.4
perda da perispírito – 61.2; 62.4

Lições para Angelita, livro
João de Deus, Espírito – 86.2

Limiar do infinito, No, livro
Joanna de Ângelis, Espírito – 77.7

Lindos casos de Chico Xavier, livro
Ramiro Gama – 44.2; 87.1

Livro dos espíritos, O
Allan Kardec – 9.4, nota; 13.6; 35.7; 58.5; 99.9
alma dos animais – 72.3; 99.9
desdobramento – 58.5; 98.3
erraticidade – 9.4, nota
Espírito puro – 61.6
intervenção das trevas – 35.7
Jesus, guia e modelo – 13.6
perispírito – 61.5

Livro dos médiuns, O
Allan Kardec – 13.11; 13.12; 36.3
Espírito de Verdade – 13.11; 13.12; 36.3
incorreções de estilo e de ortografia – 36.7
médium mecânico – 99.5
perispírito – 61.3

Livro espírita
identificação da qualidade – 36.6
obra do * e Francisco Cândido Xavier – pref.

Livro mediúnico
chegada diária de * de inferior qualidade – 40.4

Lomba, Carlos, Dr.
Chico Xavier recusa ajuda material – 35.1

Lúcio, Neio, Espírito
Alvorada cristã, livro – 51.4

Mensagem do pequeno morto, livro – 18.2

Luiz, André, Espírito
Agenda cristã, livro – 43.2
animais na Espiritualidade – 72.3
apresentação do * no livro *Mecanismos da mediunidade* – 101.3
Chico Xavier – apres.
descrição do lar de Wantuil de Freitas – 29.4
ditado da coleção – 36.5
dossiê dos irmãos gaúchos – 57.2, nota
Domínios da mediunidade, Nos, livro – 51.3
Entre a terra e o céu, livro – 84.2
Evolução em dois mundos, livro – 94.4, nota; 99.2; 99.7
início do trabalho com o livro *Nosso lar* – 17.3
Libertação, livro – 9.4; 60.2; 61.1
Mundo maior, No, livro – 29.2
Obreiros da vida eterna, livro – 9.4, nota
prefácio do livro *Evolução em dois mundos* – 99.2
referências de * a respeito da ministra Veneranda – 10.2
representante de autoridades superiores – 17.4; 56.5
reuniões no Plano Espiritual para exame de certas teses – 17.4
trabalho de despertamento – 17.3
vibrações compensadas – 16.1

Luz acima, livro
Emmanuel, Espírito – apres.; 46.2
Irmão X, Espírito – 43.2; 46.2
significado de Luz acima segundo o Espírito Emmanuel – 47.1; 47.2

Mal
considerações – 76.2

Marcelo, personagem do livro *No mundo maior*
existência anterior de Zêus Wantuil – 29.2; 29.3

ÍNDICE GERAL

Maria, Júlio, padre
  desencarnação – 9.6
  trabalho combativo contra Emmanuel – 9.6
  trabalho combativo contra o livro *Parnaso de além-túmulo* – 9.6

Mariotti, Humberto, escritor argentino
  comentário sobre o livro *A caminho da luz* – 101.5
  Filosofia de la historia, La, artigo – 106.10

***Martírio de um suicida, O*, livro**
  Almerindo Martins de Castro – 91.3, nota

***Matéria psi*, A, livro**
  Ernani Guimarães Andrade – 56.5

***Mecanismos da mediunidade*, livro**
  apresentação de Emmanuel e André Luiz – 101.3
  mecanismos de uma comunicação mediúnica – 85.2; 85.3; 85.5
  processo psicográfico usado – 99.3

Médium
  cuidado com a falta de estudo – 88.3
  expressão do pensamento do Espírito – 36.7
  fascinação de um * invigilante – 88.2
  representante dos Espíritos benfeitores no plano terrestre – 1.2
  selecionamento da mensagem – 85.4
  treinamento do * de desobsessão – 98.4

Médium curador
  modificação de artigos do Código Penal Brasileiro – 8.2

Mediunato
  Chico Xavier – 1.2, nota
  exigências – 36.4
  significado da palavra – 1.2, nota

Mediunidade
  acesso à mensagem excelsa do Consolador – pref.
  catalizadora de crendices e superstições – 106.3
  comentário de Léon Denis – 96.5
  parâmetros da * com jesus – 4.5
  seriedade e cuidados – 88.2

Meimei, Espírito
  Evangelho em casa, livro – 101.7; 102.3
  livro sobre o culto do Evangelho – 101.2

***Memórias de um suicida*, livro**
  clássico da literatura espírita – 91.3, nota
  sugestões de Chico Xavier – 91.1; 91.2
  Yvonne do Amaral Pereira – 91.1; 91.2

***Memorias do padre Germano*, livro**
  Amália Domingo – 72.2

Menezes, Bezerra de, Espírito
  diretor da mediunidade receitista de Chico Xavier – apres.

***Mensageiros, Os*, livro**
  lançamento – 56.3

Mensagem do pequeno morto
  Neio Lúcio, Espírito – 18.2

Mensagem espírita
  condições para transmissão – 85.4
  incorreções de estilo e de ortografia – 36.7

***Mesas girantes e o espiritismo, As*, livro**
  finalidade – pref.
  interesse para todos os tempos da Doutrina Espírita – 98.1; 98.2
  Suely Caldas Schubert, médium – pref.

477

Índice geral

Miranda, Hermínio Correia de
  elogio aos artigos de * por Chico Xavier – 101.8

***Missionários da luz*, livro**
  André Luiz, Espírito – 36.3
  Francisco Cândido Xavier – 36.3
  notícias de uma reunião mediúnica – 36.3

Monoideísmo auto-hipnotizante
  perda do perispírito – 61.6

Movimento Espírita
  filhos rebeldes – 52.3
  formação – 13.12

***Mundo de Chico Xavier, No*, livro**
  chuva de livros – 34.1, nota
  entrevista concedida a Elias Barbosa – 18.3; 58.4; 86.3
  entrevista de Chico Xavier dada a O Espírita Mineiro – 58.4
  processo psicográfico – 99.4

***Mundo maior, No*, livro**
  André Luiz – 29.2
  caso de Marcelo – 29.2
  Francisco Cândido Xavier – 29.2

Neto, Porto Carreiro, Dr.
  Ciência divina, livro – 43.2
  revisão do livro *Parnaso de além--túmulo* – 31.1; 31.2
  Semear e colher, livro – 45.4; 45.5
  tradução de obras espíritas para o Esperanto – 25.1
  valorização e incentivo por parte de Chico Xavier – 30.2
  Volta Bocage..., livro – 25.1

***Nosso lar*, livro**
  início do trabalho de André Luiz – 17.3
  instalação do terceiro período, do entendimento – 36.5
  Francisco Cândido Xavier – 36.5
  lançamento – 56.3
  tradução para o Esperanto – 93.1
  Veneranda, ministra – 10.1

***Novas mensagens*, livro**
  Humberto de Campos, autor – 8.2

***Novo testamento*, livro**
  Huberto Rohden, padre – 18.1; 19.1; 19.2

***Obras póstumas*, livro**
  Allan Kardec – 61.4
  perispírito – 61.4

***Obreiros da vida eterna*, livro**
  André Luiz, Espírito – 9.4, nota
  Chico Xavier – 9.4, nota; 13.2
  descrições das zonas inferiores da erraticidade – 9.4, nota
  relato de quatro casos de desencarnação e uma desencarnação adiada – 9.4

Obsessão
  conceito – 106.3

Oração ao Brasil
  Falando à Terra, livro – 75.2
  mensagem de Rui Barbosa – 75.2
  psicografia de Chico Xavier – 75;2

***Organização federativa do espiritismo*, livro**
  alusivo a FEB – 16.2

Ovoide – 61.5-61.7

Pacto Áureo
  Casa-Mater do Espiritismo no Brasil – 57.3
  Unificação – 13.11; 74.2

***Parnaso de além-túmulo*, livro**
  cooperação na revisão – 31.1; 85.8
  corrigendas – 40.4
  dúvidas de Chico Xavier – 91.2
  fase de aviso para a tarefa de Chico Xavier – 36.5
  Francisco Cândido Xavier – 7.2; 40.2
  lançamento – 31.3; 40.2
  plêiade de nomes expressivos – 31.4
  revisões – 85.1
  trabalhos combativos – 9.6

Índice Geral

Passado
necessidade de expurgo das faltas
– 77.6

Passe
congelamento de mãos – 51.1; 51.2

***Paulo e Estêvão*, livro**
Emmanuel, Espírito – 36.5
segundo período com a chegada da equipe espiritual – 36.5
Francisco Cândido Xavier – 36.5

Paulo, apóstolo
Apóstolo dos Gentios – 35.3
marcas do Cristo – apres.

Pensamento
corrupção do fluido espiritual – 38.3
emprego do * e da vontade sobre os fluidos espirituais – 17.1
fotografia – 51.3
modelagem do mundo íntimo – 38.4

***Pensamento e vida*, livro**
ação dos pensamentos – 38.5
Emmanuel – 38.5; 97.1
Francisco Cândido Xavier – 38.5; 97.1

Pereira, Yvonne do A., médium
Devassando o invisível, livro – 17.8
encontro espiritual entre * e Léon Denis – 89.2
Memórias de um suicida, livro – 91.1; 91.2
Recordações da mediunidade, livro – 92.2
silêncio sobre suas mais belas visões – 17.8
Telas do infinito, Nas, livro – 89.2

Perispírito
considerações de Allan Kardec – 61.3
considerações de Léon Denis – 61.3
Livro dos médiuns, O – 61.3
Obras póstumas, livro – 61.4

perda do * no livro *Libertação* – 61.2

Pinga-Fogo
entrevista com Herculano Pires – 99.6

Plano Espiritual
reuniões no * para exame de certas teses de André Luiz – 17.4

***Pontos e contos*, livro**
Irmão X – 72.2

Presença de Chico Xavier, livro
Elias Barbosa, autor – 31.4

Progresso
sacrifício pessoal pela marcha do * humano – 77.5

***Psicografia ante os tribunais, A*, livro**
Francisco Cândido Xavier – 6.2

Psicosfera
definição – 94.4, nota
Evolução em dois mundos, livro – 94.4, nota

***Quatro evangelhos, Os*, livro**
J. B. Roustaing – 16.2

Quatro livros do Novo Testamento, Os,
Livro *ver Novo testamento*, livro

Ramos, Clóvis
Cinquenta anos de parnaso, livro – 85.2
Documentos e Depoimentos para a História do Espiritismo no Brasil – 7.4; 8.3
relatório de Wantuil de Freitas – 7.6; 8.3

***Recordações da mediunidade*, livro**
Yvonne do Amaral Pereira – 92.2

Reencarnação
abertura de uma janela para a História – 75.3

interesse pela * passada – 88.3
preparação que antecedeu à * de Chico Xavier – 6.5

Reformador, revista
artigo de Irmão X – 6.1
Conceitos elucidativos, artigo – 81.2
Documentos e Depoimentos para a História do Espiritismo no Brasil – 7.4; 7.6; 8.3
mensagem do padre Germano – 72.3
Palavras aos espíritas, mensagem de Emmanuel – 100.2
porta-voz da Casa de Ismael – pref.
relato complementar de Wantuil de Freitas – 8.4
Religião e psiquiatria, artigo – 79.1
Santuário de Ismael, O, mensagem – 71.1

Religião dos espíritos, livro
Emmanuel, Espírito – 102.3

Religião e psiquiatria, artigo
revista *Reformador* – 79.1
Zêus Wantuil – 79.1

Reportagens de além-túmulo, livro
Luiz Olímpio Guillon Ribeiro, Dr. – 7.1
Ribeiro, Luiz Olímpio Guillon, Dr.
afinidade entre * e Chico Xavier – 7.2
desencarnação – 1.1; 7.2
missão – 7.2
presidente da FEB – 7.1
relatório sobre as restrições religiosas – 7.4; 7.6
Reportagens de além-túmulo, livro – 7.1

Rohden, Huberto, professor
Novo testamento, livro – 18.1; 19.1; 19.2
visita pessoal – 77.9

Rola, Joaquim
idealizador do Hotel Quitandinha – 60.3
idealizador do Pavilhão de São Cristóvão – 60.3
reencarnação de imperador romano Caracala – 60.3
transformação de materialista em crente do Espiritismo – 60.3

Roteiro, livro
ação dos pensamentos – 38.5
Emmanuel – 38.5
Francisco Cândido Xavier – 38.5

Rumos libertadores, livro
Divaldo Pereira Franco – 15.2
Joanna de Ângelis, Espírito

Santuário de Ismael, O, mensagem
dedicada a Wantuil de Freitas e FEB – 71.1
Espírito Irmão X – 71.1
psicografia de Chico Xavier – 71.1
revista *Reformador* – 71.1

Schubert, Suely Caldas, médium
cartas recebidas de Chico Xavier – pref.
contatos pessoais com Chico Xavier – pref.
exame da primeira carta de Chico Xavier para Wantuil de Freitas – 1.3
Mesas girantes e o espiritismo, As, livro – pref.
motivos que teriam levado a escolha de André Luiz – 17.5
Obsessão/desobsessão: profilaxia e terapêuticas espíritas – pref.
sugestões de Chico Xavier – pref.
trabalho pronto para o prelo – pref.

Seara dos médiuns, livro
Emmanuel, Espírito – 36.4
Francisco Cândido Xavier – 36.4

ÍNDICE GERAL

Semear e colher, livro
Porto Carreiro Neto, Dr. – 45.4; 45.5

Ser cristão
significado do * para Chico Xavier – 45.3

Sereias estão cantando, As
simbolismo – 8.6

Serviço do espiritismo, A, livro
Joanna de Ângelis, Espírito – 50.2
Divaldo Pereira Franco – 50.2

Serviço espiritual
divisão no * de ordem superior – 35.4

Servidor da morte
características – 9.3

Silva, Hilário, Espírito
Almas em desfile, livro – 103.1; 103.2
contos – 102.2; 102.3

Síntese de o novo testamento, livro
Mínimus, pseudônimo – 18.2
prefácio – 24.2
Wantuil de Freitas – 18.2

Sofrimento
apologia – 77.8
companheiro de toda hora – 38.2
misterioso operário – 96.6

Sombra e na luz, Na, livro
Espírito Victor Hugo – 93.2
tradução para o Esperanto – 93.1
Zilda Gama, médium – 93.2

Souza, Auta de, Espírito
soneto – 103.3

Tavares, Clóvis
Trinta anos com Chico Xavier, livro – 72.3; 86.1

Telas do infinito, Nas, livro
Adolfo Bezerra de Menezes, Espírito – 89.2

Camilo Castelo Branco, Espírito – 89.2
Yvonne do Amaral Pereira – 89.2

Thiesen, Francisco
cartas históricas – pref.
comentário de * no livro *Cinquenta anos de parnaso* – 85.7
conversa entre * e Antônio Wantuil de Freitas – pref.
presidente da Federação Espírita Brasileira – pref., nota; 85.2

Timponi, Miguel, Dr., advogado
Federação Espírita Brasileira – 6.2; 6.7

Túnica nupcial
significado da expressão – 12.2

Trabalho espiritual
forma de apresentação do * no mundo – 36.7

Trinta anos com Chico Xavier, livro
Clóvis Tavares – 72.3; 86.1
mensagem do padre Germano – 72.3

Ubaldi, Pietro, professor
recepção – 77.9

Unificação
Pacto Áureo – 13.11

Vasconcellos, Arthur Lins de, Dr.
Caravana da fraternidade – 74.2

Veneranda, ministra
intermediação de Emmanuel entre a * e Chico Xavier – 10.3
Nosso lar, livro – 10.1
referências de André Luiz – 10.2

Verdade, A, jornal
Francisco Cândido Xavier – 58.1
Wantuil de Freitas – 58.4

Verdadeiro espírita
caráter – 13.8

ÍNDICE GERAL

Adelaide Câmara – 13.8
Anália Franco – 13.8
Antonio Sayão – 13.8
Bezerra de Menezes – 13.8
Bittencourt Sampaio – 13.8
Cairbar Schutel – 13.8
Eurípedes Barsanulfo – 13.8
Guillon Ribeiro – 13.8
José Petitinga – 13.8
Zilda Gama – 13.8

Viagem espírita em 1862, livro
adversários – 69.2
Allan Kardec – 42.2; 69.2; 73.3

Vida no mundo espiritual, A, livro
André Luiz, Espírito – 57.2, nota
previsões científicas e tecnológicas – 57.2, nota

Vieira, Waldo, médico
Antologia dos imortais, livro – 104.2
apoio de Chico Xavier ao labor psicográfico – 45.5
Desobsessão, livro – 106.3
E assim Deus fez, soneto – 105.1
nova visão da trajetória da alma humana – 99.10
primeiras páginas psicografadas – 95.2
psicografia do livro *Evolução em dois mundos* – 99.2
tipo de mediunidade – 99.6

Vinha de Luz, livro
Emmanuel – 35.3
Francisco Cândido Xavier – 35.3

Vinicius, Espírito
Pedro de Camargo – 56.2

Volta Bocage..., livro
Francisco Candido Xavier – 25.1
Porto Carreiro Neto, Dr. – 25.1

*Volte*i, livro
carta-autorização para publicação em espanhol – 102.1
descrição de Bittencourt Sampaio – 61.6

Francisco Cândido Xavier – 10.4; 43.3
Irmão Jacob – 10.4; 43,3

Vontade
emprego da * e do pensamento sobre os fluidos espirituais – 17.1

Vozes do grande além, livro
estudos da mediunidade – 89.3

Wantuil, Zêus
cartas de Chico Xavier dirigidas à Antônio Wantuil de Freitas – pref.; apres.
filho de Antônio Wantuil de Freitas – pref.; 29.2
reencarnação de Marcelo, personagem do livro *No mundo maior* – 29.2; 29.3
Religião e psiquiatria, artigo – 79.1

Xavier, Francisco Cândido *ver também* Chico Xavier
afinidade entre * e Guillon Ribeiro – 7.2
Agenda cristã, livro – 43.2
Antologia dos imortais, livro – 104.2
aguilhões abençoados – 5.4
amigo estimulante – 41.1; 41.2
apoio à Diretoria da FEB – 2.2
apoio de * ao labor psicográfico de Waldo Vieira – 45.5
aposentadoria – 99.12
batismo de fogo – 45.1
Brasil, coração do mundo, pátria do Evangelho, livro – 28.1; 28.3; 29.2; 30.2; 99.7
Caminho da luz, A, livro – 36.5; 99.7
carta das Sras. Fígner – 27.1
carta de Wantuil de Freitas para * em nome da Vovó Virgínia – 58.4
carta de * dirigida às filhas de Frederico Fígner – 26.2
carta do Bispo de Maura – 8.6, nota; 8.7
cartas de * dirigidas à Antônio Wantuil de Freitas – pref.; apres.

ÍNDICE GERAL

cartas privadas e confidenciais no caso Humberto de Campos – 4.1
casamento – 76.2
casamento da irmã Lucília – 45.3
caso do arquivo dos trabalhos – 84.1
cessão de direitos autorais a outras entidades doutrinárias – 12.3
Chiodo, Dr. – 9.4
Coleção André Luiz – 17.5; 36.5
comando das faculdades mediúnicas – 86.5
confortadora advertência – 5.1
congelamento de mãos em passes – 51.1; 51.2
conselho de * para Wantuil Freitas – 40.7
consolidação da obra – 36.6
contatos pessoais com Suely Caldas Schubert – pref.
denominação dos espíritos – 9.3
desânimo – 49.2
Desobsessão, livro – 106.3
direitos autorais cedidos – 9.1
diretor da mediunidade receitista – apres.
disciplina...disciplina – 44.1
doação à Comunhão Espírita Cristã – 105.1
Domínios da mediunidade, Nos, livro – 16.1
Encontros no tempo, livro – 17.5
endeusamento – 54.2
entrevista ao repórter da Rede Manchete – 74.2
entrevista com Herculano Pires no Pinga-Fogo – 99.6
entrevista concedida a Elias Barbosa – 18.3
Evolução em dois mundos, livro – 99.7
exemplos de vida – 106.8
experiência sofrida no caso Humberto de Campos – 27.1
felicidade na Terra – 52.3
fichário das obras mediúnicas – 39.1
Fonte Viva, livro – 34.2

Frequência a uma escola do Espaço – 98.2; 98.3
guia espiritual – apres.
harmonização e sintonia entre * e Emmanuel – 85.6
História de Maricota, livro – 43.2
identificação entre * e Wantuil de Freitas – 3.1
incenso do mundo – 67.2
informes sobre o novo livro de Zilda Gama – 9.5
início da atividade missionária – 7.2
intermediação de Emmanuel entre * e a ministra Veneranda – 10.3
Jardim da infância, livro – 16.2; 43.2
jornalistas dos Diários Associados – 49.1; 50.1
leviandades e agressões dos confrades – 5.2
lições – 53; 28.4
literatura mediúnica em 1985 – 5.3
Luz acima, livro – 43.2
mal e bem – 76.2
mediunato – 1.2, nota
mensagem do padre Germano – 72.3
Mensagem do pequeno morto, livro – 43.2
Mundo espírita, livro – 15.1
Mundo maior, No, livro – 29.2
Nosso guia, livro – 15.1
notícias do Sr. Fígner – 8.1; 26.1
obra do livro espírita – pref.
obra mediúnica de * em obediência ao programa de Ismael – 36.9
obra psicográfica e caritativa – apres.
Obreiros da vida eterna, livro – 9.4, nota; 13.2
opinião de * sobre André Luiz e sua obra – 17.10
Parnaso de além-túmulo, livro – 7.2
patrimônio moral e espiritual da Doutrina Espírita – 84.3
períodos na missão – 36.4; 36.5
pescador de almas – 106.14

preço à pagar no sacrifício e abnegação – 6.9
preço do livro espírita – 11.2
preocupações com o movimento das mocidades espíritas – 47.3
preocupações em relação a assembleia da FEB – 13.1
preparação que antecedeu à reencarnação – 6.5
primeiras produções mediúnicas – 86.4
Psicografia ante os tribunais, A, livro – 6.2
psicografia do livro *Evolução em dois mundos* – 99.2
quadragésimo aniversário de atividades mediúnicas – 18.3
reação de * quando atacado injustamente – 4.3
referência ao médium Waldo Vieira – 94.2
reportagem sobre * na revista A Cigarra – 52.1
residência em Uberaba – 100.2
romances de Emmanuel – 17.2
Santuário de Ismael, O, mensagem – 71.1
Seara dos médiuns, livro – 36.4
significado da programação espiritual – 36.2
silêncio em face dos ataques – 73.2
sintonia entre * e Emmanuel/Wantuil de Freitas – pref.
tarefa de difusão do livro espírita – 1.3
trabalho pronto para o prelo – pref.
trabalho sobre Kardec-Roustaing – 14.2, nota
trabalhos com a assinatura de F. Xavier – 86.2
trabalhos umbandistas – 81.1
transmissão e recepção das mensagens mediúnicas – 37.2
Verdade, A, jornal – 58.1
verdadeira dimensão da figura humana – apres
verdadeira humildade – 13.13
vidência do padre Germano – 72.3
Vinha de Luz, livro – 35.3

visão espiritual do cão Lorde – 72.3
visita de políticos – 33.1
visita do Espírito Auta de Souza – 86.4
visita de frei Boaventura Kloppenburg – 93.1; 93.2
Volta Bocage..., livro – 25.1
Voltei, livro – 10.4; 43.3
Xavier, José Cândido, irmão – 76.3; 86.2; 86.3
Zina Xavier Pena, irmã – 39.2; 76.3

O QUE É ESPIRITISMO?

O ESPIRITISMO É UM CONJUNTO DE PRINCÍPIOS E LEIS revelados por Espíritos Superiores ao educador francês Allan Kardec, que compilou o material em cinco obras que ficariam conhecidas posteriormente como a Codificação: *O livro dos espíritos*, *O livro dos médiuns*, *O evangelho segundo o espiritismo*, *O céu e o inferno* e *A gênese*.

Como uma nova ciência, o Espiritismo veio apresentar à Humanidade, com provas indiscutíveis, a existência e a natureza do Mundo Espiritual, além de suas relações com o mundo físico. A partir dessas evidências, o Mundo Espiritual deixa de ser algo sobrenatural e passa a ser considerado como inesgotável força da Natureza, fonte viva de inúmeros fenômenos até hoje incompreendidos e, por esse motivo, são tidos como fantasiosos e extraordinários.

Jesus Cristo ressaltou a relação entre homem e Espírito por várias vezes durante sua jornada na Terra, e talvez alguns de seus ensinamentos pareçam incompreensíveis ou sejam erroneamente interpretados por não se perceber essa associação. O Espiritismo surge então como uma chave, que esclarece e explica as palavras do Mestre.

A Doutrina Espírita revela novos e profundos conceitos sobre Deus, o Universo, a Humanidade, os Espíritos e as leis que regem a vida. Ela merece ser estudada, analisada e praticada todos os dias de nossa existência, pois o seu valioso conteúdo servirá de grande impulso à nossa evolução.

O LIVRO ESPÍRITA

Cada livro edificante é porta libertadora.

O livro espírita, entretanto, emancipa a alma nos fundamentos da vida.

O livro científico livra da incultura; o livro espírita livra da crueldade, para que os louros intelectuais não se desregrem na delinquência.

O livro filosófico livra do preconceito; o livro espírita livra da divagação delirante, a fim de que a elucidação não se converta em palavras inúteis.

O livro piedoso livra do desespero; o livro espírita livra da superstição, para que a fé não se abastarde em fanatismo.

O livro jurídico livra da injustiça; o livro espírita livra da parcialidade, a fim de que o direito não se faça instrumento da opressão.

O livro técnico livra da insipiência; o livro espírita livra da vaidade, para que a especialização não seja manejada em prejuízo dos outros.

O livro de agricultura livra do primitivismo; o livro espírita livra da ambição desvairada, a fim de que o trabalho da gleba não se envileça.

O livro de regras sociais livra da rudeza de trato; o livro espírita livra da irresponsabilidade que, muitas vezes, transfigura o lar em atormentado reduto de sofrimento.

O livro de consolo livra da aflição; o livro espírita livra do êxtase inerte, para que o reconforto não se acomode em preguiça.

O livro de informações livra do atraso; o livro espírita livra do tempo perdido, a fim de que a hora vazia não nos arraste à queda em dívidas escabrosas.

Amparemos o livro respeitável, que é luz de hoje; no entanto, auxiliemos e divulguemos, quanto nos seja possível, o livro espírita, que é luz de hoje, amanhã e sempre.

O livro nobre livra da ignorância, mas o livro espírita livra da ignorância e livra do mal.

Emmanuel[*]

---

[*] Página recebida pelo médium Francisco Cândido Xavier, em reunião pública da Comunhão Espírita Cristã, na noite de 25/2/1963, em Uberaba (MG), e transcrita em *Reformador*, abr. 1963, p. 9.

LITERATURA ESPÍRITA

EM QUALQUER PARTE DO MUNDO, é comum encontrar pessoas que se interessem por assuntos como imortalidade, comunicação com Espíritos, vida após a morte e reencarnação. A crescente popularidade desses temas pode ser avaliada com o sucesso de vários filmes, seriados, novelas e peças teatrais que incluem em seus roteiros conceitos ligados à espiritualidade e à alma.

Cada vez mais, a imprensa evidencia a literatura espírita, cujas obras impressionam até mesmo grandes veículos de comunicação devido ao seu grande número de vendas. O principal motivo pela busca dos filmes e livros do gênero é simples: o Espiritismo consegue responder, de forma clara, perguntas que pairam sobre a Humanidade desde o princípio dos tempos. Quem somos nós? De onde viemos? Para onde vamos?

A literatura espírita apresenta argumentos fundamentados na razão, que acabam atraindo leitores de todas as idades. Os textos são trabalhados com afinco, apresentam boas histórias e informações coerentes, pois se baseiam em fatos reais.

Os ensinamentos espíritas trazem a mensagem consoladora de que existe vida após a morte, e essa é uma das melhores notícias que podemos receber quando temos entes queridos que já não habitam mais a Terra. As conquistas e os aprendizados adquiridos em vida sempre farão parte do nosso futuro e prosseguirão de forma ininterrupta por toda a jornada pessoal de cada um.

Divulgar o Espiritismo por meio da literatura é a principal missão da FEB, que, há mais de cem anos, seleciona conteúdos doutrinários de qualidade para espalhar a palavra e o ideal do Cristo por todo o mundo, rumo ao caminho da felicidade e plenitude.

Conselho Editorial:
Jorge Godinho Barreto Nery – Presidente
Geraldo Campetti Sobrinho – Coord. Editorial
Cirne Ferreira de Araújo
Evandro Noleto Bezerra
Maria de Lourdes Pereira de Oliveira
Marta Antunes de Oliveira de Moura
Miriam Lúcia Herrera Masotti Dusi

Produção Editorial:
Rosiane Dias Rodrigues

Revisão:
Jorge Leite
Miguel Hollanda
Plotino Ladeira da Matta

Capa e Projeto Gráfico:
Thiago Pereira Campos

Diagramação:
Rones José Silvano de Lima – www.bookebooks.com.br

Foto de Capa:
Acervo FEB

Normalização Técnica:
Biblioteca de Obras Raras e Documentos Patrimoniais do Livro

Esta edição foi impressa pela Lis Gráfica e Editora Ltda., Bonsucesso, SP, com uma tiragem de 2 mil exemplares, todos em formato fechado de 140x210 mm e com mancha de 95x165 mm. Os papéis utilizados foram o Lux Cream 70 g/m² para o miolo e o Cartão 250 g/m² para a capa. O texto principal foi composto em fonte Adobe Garamond 11/13 e os títulos em Adobe Garamond 15/18. Impresso no Brasil. *Presita en Brazilo.*